JÖRG MAGENAU

BESTSELLER

Bücher, die wir liebten –
und was sie über uns verraten

Hoffmann und Campe

1. Auflage 2018
Copyright © 2018 by Hoffmann und Campe Verlag, Hamburg
www.hoca.de
Satz: Dörlemann Satz, Lemförde
Gesetzt aus der Aldus und der URW Geometric
Druck und Bindung: CPI books GmbH, Leck
Printed in Germany
ISBN 978-3-455-50379-1

Ein Unternehmen der
GANSKE VERLAGSGRUPPE

INHALT

VORAUSSETZUNGEN

Die Bücher, die mir als Kind begegneten, waren immer schon da. So wie die große, weite, rätselhafte Welt um mich herum immer schon da war. Räuber Hotzenplotz, Pippi Langstrumpf, Jim Knopf und Lukas der Lokomotivführer traten als mythische Figuren aus einer zeitlosen Gegenwart heraus. Sie waren vollkommen präsent und so wahrhaftig wie Hänsel und Gretel, Hänschen im Blaubeerwald oder der Mönch von Heisterbach, der an einem einzigen Nachmittag gleich dreihundert Jahre im Wald verbracht hatte und am Abend in eine veränderte Welt zurückkehrte. Ich fragte nicht danach, wer diese Figuren ausgedacht und aufgeschrieben hatte oder seit wann es sie schon gab. Dass Hotzenplotz und Jim Knopf damals nicht viel älter waren als ich selbst, nahezu Neuheiten der Saison, wäre mir nie in den Sinn gekommen. Zeit und Geschichte gab es nicht in der Kindheit, also auch keine Neuerscheinungen und schon gar keine Bestseller. Jedes Buch, das ich las, war ein Klassiker. Jedes Buch, das ich las, war ein Buch für mich. Karlsson vom Dach, Grischka und sein Bär, Tecumseh wurden meine Freunde, und wenn einer von ihnen starb, dann beweinte ich seinen Tod. Oder ich fieberte mit ihnen wie mit dem Müllerburschen Krabat, der dem Teufel begegnete. Aber das war dann schon ein paar Jahre später.

Die frühesten Bücher hatten keine Autoren, sondern bestanden aus Figuren, Geschichten und Bildern. Sie waren nicht geschrieben, sondern ganz einfach der Wirklichkeit entnommen. Irgendwann aber kehrten sich die Verhältnisse um. Erwachsen werden bedeutet, wissen zu wollen, woher etwas kommt, und Ordnungen zu erschaffen, in die sich die Einzelphänomene einordnen lassen. Jetzt wurde ich zu einem Leser, der sich zuerst an den Schriftstellernamen orientierte. Ich las nicht mehr einzelne Bücher, sondern ganze Werke. Dabei fing ich chronologisch mit dem Debüt an und hörte beim letzten Roman auf. Der Gegenwart war ich damit immer noch fern, aber aus anderen Gründen. Ich durchlief, wie wir alle, meine Hermann-Hesse-Phase. Dass es sich bei *Siddhartha, Narziss und Goldmund* oder dem *Steppenwolf* um Allzeit-Bestseller handelte, war mir nicht klar. Bestseller hätte ich instinktiv abgelehnt, denn was für alle gut ist, kann doch nicht auch für mich das Richtige sein. Es folgten die Max-Frisch-Phase, die Martin-Walser-Phase, die Jean-Paul-Sartre- und dann auch die Simone-de-Beauvoir-Phase, und überall versteckten sich Bestseller: *Homo Faber, Ein fliehendes Pferd, Der Ekel, Die Mandarins von Paris.*

Dass es nicht so außergewöhnlich ist, von Hesses meditativem Indien ins existentialistische Frankreich überzusiedeln, hätte mir bewusst sein können. Ich bewegte mich im Kanon, obwohl ich mit dem Markt nichts zu tun haben wollte. Geist ist doch etwas anderes als das, was alle kaufen. Dabei gab es auch Johannes Mario Simmel, die Harmlosigkeiten von Ephraim Kishon oder *Wum und Wendelin. Und Jimmy ging zum Regenbogen* hatte ich gerne gelesen, über Kishons Familiengeschichten hatte ich herzlich gelacht, und Loriot war schon damals unsterblich. Die kamen direkt von der Bestsellerliste, aber das wusste ich nicht. Geballte Ablehnung dann erst später, gegenüber Uta Danella, Rosamunde Pilcher und dergleichen, aber warum eigentlich, ich hatte sie ja nie gelesen. Das Vorurteil, Bestseller sind Bücher für alle, also für den Durchschnitt, verfestigte sich mehr und mehr.

Auf die Werke folgten die Epochen. Jetzt waren es nicht

mehr einzelne Autoren, die ich las, sondern ich benutzte die Bücher, um dadurch etwas über ihre Entstehungszeit zu erfahren. Sturm und Drang, Realismus, Nachkriegsliteratur: Das fing im Deutschunterricht an und setzte sich im Germanistikstudium fort. Die Entdeckung der Zeitgeschichte bedeutete, das Geschriebene historisch zu relativieren. Jetzt waren es nicht mehr einfach nur brauchbare Erkenntnisse, Gefühlslagen und Geschichten, die mir erzählt wurden, sondern zeitgebundene Indizien. Sie verkündeten keine Wahrheiten, sondern verwiesen auf die bestimmten Zustände ihrer Epoche. Als Literaturkritiker, zu dem ich schließlich wurde, ohne das beabsichtigt zu haben (wer will schon Literaturkritiker sein?), versuchte ich, beides miteinander zu verbinden: das Buch als ein Gegenüber zu betrachten, das sich objektiv beschreiben lässt, und dabei doch ein Leser zu bleiben, der in seine Lektüre eintaucht und dabei vor allem etwas über sich selbst erfährt. Denn das Lesen ist ja immer eine Begegnung, zu der zwei gehören: das Buch und der Leser.

Wie aber werden wir zu Lesern? Und wann fangen wir damit an, in Buchhandlungen nicht nach dem Ewigen zu suchen, sondern nach dem Neuen? Oder ist das ein ganz falscher Gegensatz? Wir wollen überrascht werden. Wir wollen lernen, die Welt mit anderen Augen zu sehen. Wir wollen verstehen. Und wir wollen entführt und abgelenkt werden, um über uns und den eigenen Horizont hinauszugelangen. Deshalb lesen wir und spüren unserer Gegenwart mit ihren immer neuen Phänomenen und erstaunlichen Geschichten hinterher. Der Buchmarkt ist ein Spiegelbild all dessen, was sich ereignet Jahr für Jahr. Er zeigt, was uns umgibt und wie reich an Möglichkeiten die Wirklichkeit ist. Er umfasst in jedem Moment unsere ganze Geschichte und all unsere Wünsche. Damit sind wir nie allein. In den Büchern begegnet uns das, was uns ausmacht und was uns mit allen anderen verbindet. Manchmal sprechen sie zu uns persönlich, ganz direkt, als ob sie uns kennen würden. So genau erfassen sie, was wir denken und wie wir fühlen, nur dass wir selbst es vielleicht nicht so ausgedrückt hätten. Sie nehmen uns auf und führen uns hinaus in unbekannte Regionen.

Erfolg ist kein Makel, sondern ein Ausweis von Aktualität. Das ist an sich weder gut noch schlecht. Ein Platz auf der Bestsellerliste ist kein Qualitätsmerkmal für das betreffende Werk, aber doch ein Beleg dafür, dass es auf irgendeine Weise jetzt gerade, heute, zu uns spricht. Darum geht es mir in dieser kleinen Geschichte der Bestseller. Warum waren bestimmte Titel in Deutschland zu ihrer Zeit so erfolgreich? Was erzählen sie über uns? Welche Instinkte, welche Ängste, welche Hoffnungen verknüpfen sich mit den Büchern, die wir liebten? Das wollte ich wissen, und so fing ich an, vieles von dem zu lesen, was ich früher zur Seite gelegt hatte. Und siehe da: Es gab einiges zu entdecken.

Wenn ich mit Freunden über dieses Thema sprach, dann leuchteten die Augen auf. Dann nannten sie sofort Titel, die für sie wichtig waren, und gerieten in eine erinnerungsfrohe Begeisterung. Kommt denn auch *Vom Winde verweht* drin vor? Oder *Doktor Schiwago*? Oder die *Love Story*? Und was ist mit Heinrich Böll, Luise Rinser oder Hochhuths *Stellvertreter*? Was mit Jussi Adler-Olsen und Henning Mankell? Mit Michael Crichton und Dan Brown? Mit Otto Waalkes und Axel Hacke? Mit Umberto Eco oder Isabel Allende? Jede Biographie ließe sich auch entlang der eigenen großen, lustvollen Leseerlebnisse erzählen. Wenn der Mensch ist, was er isst, dann ist er noch viel mehr das, was er liest. Und wenn ich mit Schriftstellern zusammentraf, berühmteren zumal, was berufsbedingt öfters geschieht, und mit ihnen über mein Thema sprach, waren sie zart beglückt von der Aussicht, dass es dann ja wohl auch ein Kapitelchen über sie geben müsse und ihren größten Erfolg. Aber ach! Ich musste sie fast alle enttäuschen. Sind so viele Bücher, kann man nicht alle erwähnen, ja die allermeisten bleiben notwendigerweise außen vor, wenn das Ganze nicht enzyklopädische Ausmaße oder lexikalische Nachschlagehaftigkeit annehmen soll.

Die Auswahl, die sich schließlich ergab, ist ganz und gar subjektiv. Es kann nicht anders sein. Und so sehe ich schon jetzt die unendliche Mängelliste und die Beschwerden derer, die nicht darin enthalten sind, die ihr Lieblingsbuch vermissen oder ganz andere epochale Zäsuren gesetzt hätten. Doch Subjektivität ist keine Beliebigkeit. Sie folgt vielmehr den Notwendigkeiten, die sich aus dem eigenen Blick und aus dem Zusammenhang ergeben. Und sie folgt durchaus Kriterien. Darum ging es dann auch immer sehr schnell, in all den Gesprächen mit den Freunden: Wie willst du das denn entscheiden, was in so eine Geschichte hineingehört und was nicht? Ist zum Beispiel die Auflagenhöhe ein Kriterium? Ja und nein, sagte ich. Es werden sicher nicht nur Millionenseller sein, aber auch keine Titel mit weniger als ein paar hunderttausend verkauften Exemplaren. Da Verlage nur selten ehrliche Zahlen herausgeben, ist es schwer, sich nach der Verkaufsauflage zu richten. Außerdem sagt die schiere Quantität nicht so viel aus. Es gibt Millionenseller, die spurlos im Vergessen versunken sind, und andere, nicht so exorbitant gut verkaufte Bücher, die aber heftige Debatten auslösten. Viele der großen Erfolge waren dann halt doch bloß gute Unterhaltung und nicht weiter der Rede wert. Dagegen ist nichts zu sagen, aber eben auch nichts darüber. Die hier vorliegende Geschichte konzentriert sich auf Bestseller, die idealerweise beides verbinden: Hohe Auflagen und Aufmerksamkeit mit einer spürbaren Wirkungsgeschichte. Das Typische ist dabei wichtiger als die lückenlose Dokumentation der konkreten Einzelfälle.

Aus rein pragmatischen Gründen konzentriere ich mich darüber hinaus auf deutschsprachige Titel – von einigen Ausnahmen abgesehen. Der deutsche Buchmarkt ist ja wie die deutsche Kultur überhaupt keine autonome Insel, sondern ein

Abbild weltweiter Verflechtungen, Beeinflussungen und Interessen von uns Lesern. Der Buchmarkt ist ganz sicher eine Einwanderungsgesellschaft, die nach keiner Obergrenze verlangt. Wissen und Erfahrungen kommen von überall her. Internationale Phänomene wie *Harry Potter* oder *Shades of Grey* spielen natürlich auch hierzulande eine große Rolle. Doch ohne sie zu vernachlässigen, stehen trotzdem andere Bücher im Fokus, die, als spezifisch deutsch, mehr aussagen über uns, die hiesige Leserschaft.

Eine andere Differenzierung des Buchmarktes entfällt dafür völlig: Die zwischen Belletristik und Sachbuch. Diese Grenze ist künstlich und fließend und lässt sich schon gar nicht am Unterschied zwischen »Fiction« und »Non-Fiction« festmachen. Denn so wie es faktenfeste Romane gibt, gibt es Sachbücher, die hochgradig fiktiv sind. Biographien zum Beispiel und Erinnerungsliteratur aller Art gehören dazu; sie werden auf den Listen mal hier und mal da einsortiert. Man muss nicht auf die Memoiren von Albert Speer verweisen, um zu erkennen, dass jede Lebensgeschichte eben vor allem das ist: eine Geschichte voll fragwürdiger Tatsachen und voller Erfindungen und konstruierter Wahrheiten, die noch nicht einmal die Autoren selbst auseinanderhalten können. Und warum Erich von Däniken mit seinen Außerirdischen-Phantasien unter Sachbuch lief und nicht unter Science-Fiction, lässt sich allenfalls aus Marketinggründen, aber nicht aus der Sache heraus erklären.

Entscheidend war in jedem Fall: Es mussten Bücher sein, die mich interessieren, die mir mehr bedeuten als nur das Abarbeiten einer Liste oder das Abtasten einer historischen Stimmungskurve. Alles Lesen ist subjektiv; das ist ein Gemeinplatz. Deshalb aber wäre es verkehrt, über eine Begeisterung zu schreiben, die man selber nicht teilt oder wenigstens nachvollziehen kann. Es geht mir um Bücher, an denen sich zeigen lässt, was Lesen überhaupt ist, was dabei geschieht und welche

Bedürfnisse es befriedigt. Es geht also auch um das, was wir verlieren würden, wenn wir aufhörten zu lesen. Es sind Bücher, die wie alle Bestseller aus ihrer Zeit heraus zu begreifen sind, die aber daneben, dahinter, darüber hinaus auch vollkommen zeitlose Strukturen erkennen lassen. Da erst wird es interessant, wo sich zeigt, was in der Begegnung von Buch und Lesern, von Gegenwart und Dauer passiert.

Ich gehöre nicht zu denen, die das Buch für eine aussterbende Gattung halten. Ob es auf Papier gelesen wird, auf einem E-Book-Reader oder als frei flottierende Datei im Internet, spielt nur eine untergeordnete Rolle. Gelesen wird immer, denn sonst ist der Mensch kein Mensch und schon gar kein geschichtliches Wesen. Stimmungen, Meinungen, Lebensweisen sind die Voraussetzung jeder Lektüre – und deren Resultat. Wir sind enthalten in den Büchern, die wir liebten, und die Bücher sind ein Teil von uns. Das gilt für uns als Individuen genauso wie für die kollektive Geschichte der Bundesrepublik. Im Phänomen der Bestseller fällt beides zusammen. Jeder von uns ist Teil dieser Geschichte, ob er will oder nicht. Als Leser schreiben wir sie mit.

DER ERSTE SATZ

»Und da war Gnotke.« Auch wenn wir nicht wissen, wer Gnotke ist, wissen wir sofort, dass wir es wissen sollten. Gnotke war da, und wer so sehr da ist, den möchten wir kennenlernen, wir Leser. Denn darauf hoffen wir doch: dass uns einer begegnet, dessen Geschichte uns etwas angeht und der zu uns spricht. Es könnte eine Freundschaft daraus werden, wer weiß. Und Gnotke war da. Er wartete schon auf uns, so wie alle Roman-figuren darauf warten, dass eines Tages jemand kommt, den Buchdeckel aufschlägt und sie lesend zum Leben erweckt.

Mit dem ersten Satz fängt jede Geschichte an. Der erste Satz entscheidet noch nichts. Er setzt eine Duftmarke. Er ruft etwas hervor. Er schließt keine Möglichkeit aus und ist doch bestimmt genug, um uns ins offene, weite Gelände hinauszu-locken, das vor uns liegt: das unberührte, ungelesene Buch. So sind wir im zweiten Satz schon unterwegs und mittendrin: »Es war ein grauer Novembertag, und August Gnotke hatte einen Spaten in der Hand.«[1]

Unteroffizier Gnotke grub sich ein ins kollektive Gedächtnis. Acht Meter lang, zwei Meter breit und anderthalb Meter tief war die Grube, die er zusammen mit seinen Kameraden ausge-hoben hatte. »Der letzte Spatenstich war gemacht.« So deutete sich das Ende an, knapp drei Jahre zuvor an der Ostfront, und so setzte 1945 der erste große deutsche Nachkriegs-Bestseller ein: *Stalingrad* von Theodor Plievier.

Gnotke war einer von vielen aus Hitlers Sechster Armee.

Weil er vor versammelter Truppe einen Befehl verweigert hatte, war er einem Strafbataillon zugewiesen worden, das an vorderster Front, im Bogen des Don, Leichen beseitigen, Minen räumen und Stacheldraht entwirren musste. Als »Staubkörnchen« empfanden sie sich, als »nächtliche Gespenster«, als »durch den Dunst ziehende Schemen«[2]. Ein paar Seiten weiter sind sie fast alle tot. Nur Gnotke ist noch am Leben und hockt vor einem Haufen bizarr verkrümmter Leichen, die ihm den letzten Hauch ihrer Körperwärme spenden.

Stalingrad erschien wenige Monate nach Kriegsende, zunächst im Ost-Berliner Aufbau-Verlag, und es dauerte nicht lange, bis eine halbe Million verkauft war.[3] Ein Kriegsroman gleich nach Kriegsende, ein vernichtendes Buch über den Vernichtungsfeldzug im Osten, der mit der eigenen Vernichtung endete. Die Lizenzausgabe bei Kurt Desch in München kam bis Anfang der sechziger Jahre auf 287 000 verkaufte Exemplare.[4] Doch die Publikationen in den verschiedenen Besatzungszonen sind unübersichtlich, die Zahlen unzuverlässig. Und dann gab es auch noch die auf Zeitungspapier gedruckte Reihe »Rowohlts Rotations Romane« – möglichst viele Worte auf möglichst wenig Papier für möglichst wenig Geld, wie die

Verlagswerbung verkündete –, wo *Stalingrad* 1947 mit einer Auflage von mindestens 100 000 für fünfzig Pfennig Verbreitung fand.[5]

Hatten wir denn nicht genug vom Krieg, wir Leser? Heißt es nicht, die Deutschen wollten von dem, was hinter ihnen lag, nichts mehr hören und wissen? Warum dann die Begeisterung für diesen gnadenlosen Roman? Mussten wir, um neu anfangen zu können, zurückkehren in das, was wir erst einmal als militärische Niederlage begriffen, als Irrsinn und Verbrechen der Führung, des »Führers« am eigenen Volk? Zum mythisch hochgestimmten Untergangsepos mit Platz für Heldengeschichten wurde die Schlacht um Stalingrad erst später. Plievier hatte im Moskauer Exil die Gelegenheit bekommen, Briefe von Kriegsgefangenen auszuwerten und Interviews zu führen. So konnte er authentische Geschichten mit dokumentarischer Drastik erzählen. Er schilderte das Verrecken im Dreck, die Zerstückelung der Leiber und der Lebensgeschichten im Hagel der Explosionen. Er zeigte die ganze Sinnlosigkeit des Krieges, die Brutalität des Mordens, die Vergeblichkeit des Sterbens. Er blickte in einen Schützenpanzer, den eine Granate getroffen hatte, und beschrieb die Reste der Besatzung als blutigen Schaum an den Innenwänden. Er zitierte aus den Briefen derer, die schon zerfetzt waren. »Geliebtes Goldschatzel«. »Lieber Bruder und Schwager«. »Mein über alles geliebter Matz«. Das ging ans Herz. War das im Jahr 1945 ein Trost? Eine notwendige Lektion? Ein Abschied? Hatten wir denn nicht gerade eben noch mit »Heil Hitler« gegrüßt und auf den Endsieg gehofft? Begann dort, in der Vernichtung, die Suche nach dem Neubeginn?

Vier Jahre später, Ende 1949 und kurz nach der Gründung der Bundesrepublik, hatten wir schon etwas Abstand genommen und hielten uns an das, was uns ein anderer Autor mit seinem ersten Satz empfahl, auch wenn es ungewöhnlich war: »Ich rate dem Leser, das Buch nicht auf der ersten Seite zu beginnen.«[6] Von ihm ließen wir uns zunächst ins alte Ägypten führen, zu den Pyramiden und den Pharaonengräbern, und blätterten von dort aus in die näheren Vergangenheiten des verschütteten Pompeji und des Trojanischen Krieges. *Götter, Gräber und Gelehrte* hieß dieser *Roman der Archäologie*, den Kurt W. Marek unter dem Pseudonym C. W. Ceram im Rowohlt Verlag eingeschmuggelt hatte, wo er als Lektor das eigene Manuskript betreut und mit sich selbst den Autorenvertrag abgeschlossen hatte. Auch Plieviers *Stalingrad* war über seinen Schreibtisch gegangen; er hatte ein Nachwort dazu verfasst, in dem er über die »totale Vermassung«, den »Untergang des Individuums« und das »Sterben der europäischen Seele« spekulierte.[7] Der erste Satz seines eigenen Buches ließ nicht ahnen, dass es über Jahrzehnte hinweg zum größten deutschen Sachbuchbestseller nach 1945 werden würde. Zwar handelte es sich um ein Geschichtbuch, aber es war weit entfernt von der schmerzhaft gegenwärtigen deutschen Geschichte. Wo wäre da auch der erste Satz zu verankern? Wo beginnen nach dem Untergang, wenn nicht gleich in Babylon?

Die Entstehungsgeschichte der *Götter* liest sich selbst wie ein Roman, und weil derlei Legenden Teil der Erfolgsstory sind, hat Marek sie später aufgeschrieben. Sie fängt damit an, wie er den Verleger Ernst Rowohlt kennenlernte. Marek war damals, Februar 1946, einem Ruf des Publizisten Hans Zehrer gefolgt und Redakteur der *Welt* in Hamburg geworden. Er bewohnte zwei Telefonzellen im dritten Stock des schwer zerstörten Broschek-Hauses, einem riesigen Kontorgebäude in der Innenstadt. Die Trennwand zwischen den beiden Zellen war herausgenommen worden, sodass er sich mit Liege und Tischchen darin einrichten konnte. So jedenfalls sollen wir uns seine Wohnlage vorstellen. Rowohlt, der eine Etage höher Quartier bezogen hatte, tappte mit einer Kerze in der Hand durch den finsteren Korridor, und es ist schwer zu entscheiden, wer von den beiden heftiger erschrak, als sie sich dort begegneten. »Wer zum Teufel sind Sie denn?«, soll Rowohlt gesagt haben, worauf Marek ihn zu einem Pfund Weißkäse einlud. »Weißkäse? Meinen Sie Quark?« – »Ja.« – »Mensch, ich hab noch 'nen Kanten trocken Brot! Moment, ich komm runter!« – »Bringen Sie 'nen Löffel mit, ich hab nur 'ne Gabel!«[8]

Die so beginnende kernige Männerfreundschaft wurde bei langen Gesprächen über Literatur vertieft. Marek kannte sich aus. Er hatte Anfang der dreißiger Jahre bei einem Berliner Großantiquar eine Buchhändlerlehre absolviert. Dort wurden nach 1933 die Titel unerwünschter Autoren verramscht, sodass er sich auf diese Weise durchs Rowohlt-Programm rauf und runter gelesen hatte.[9] Dass beide, Rowohlt und Marek, im Krieg in einer Propaganda-Einheit der Wehrmacht gedient hatten, mag ebenso zu ihrer raschen Verbundenheit und zum beherzten Tonfall der Gespräche beigetragen haben. Marek hatte über seine norwegischen Kriegserlebnisse 1941 den Landser-Roman *Wir hielten Narvik* veröffentlicht. Er hielt sich zugute, dass der Name Adolf Hitler in dieser betont unheroischen Darstellung kein einziges Mal vorkomme[10], und legte Wert auf eine möglichst naturalistische Beschreibung des Soldatenalltags ohne Pathos und ideologische Überhöhung. Hans Zehrer, der den Stalling Verlag in Oldenburg leitete, behauptete, das Buch durch die Zensur geschmuggelt zu haben.[11] Ob das nötig war, ist eine andere Frage. Immerhin erschien – trotz Verbotsgerüchten – eine zweite Auflage im 71. bis 80. Tausend[12], und Mareks Bericht hatte zur Folge, dass er zur Propagandaeinheit eingezogen wurde. Der nüchterne Stil und der kalte Blick waren in Kreisen der Wehrmacht durchaus erwünscht.

Beim Stalling Verlag in Oldenburg sollte nach dem Krieg auch sein nächstes Buch erscheinen. Der Vertrag über den *Roman der Archäologie* war bereits abgeschlossen. Als Rowohlt ihm nun den Finger in die Brust stieß und ihm sagte: »Sie werden mein Lektor«, war die Sache aber anders entschieden: Marek bat Zehrer um Vertragsauflösung und brachte das ungeschriebene Buch mit einem halbfertigen ersten Kapitel mit, obwohl Rowohlt den Plan für Blödsinn hielt. »Archäologie? Will doch kein Mensch wissen! Aber egal. Kommen Sie rüber damit!«[13] Und so geschah es. Marek schloss als Lektor den Autorenvertrag mit sich selbst (sehr fair, wie er behauptete), und Rowohlt vergaß die Angelegenheit gleich wieder.

Marek aber schrieb. Er schrieb nach Feierabend, denn tagsüber hatte er zu tun. Er war nicht nur Verlagslektor, der die Autoren Wolfgang Borchert, Walter Jens und Arno Schmidt betreute (den er entdeckte und durchsetzte), er blieb daneben weiterhin Autor der britisch lizensierten Tageszeitung *Die Welt* und Kritiker beim Nordwestdeutschen Rundfunk, wo erstaunlich viele Rowohlt-Bücher besprochen wurden. Drei Jahre brauchte er deshalb, bis er mit seinem Archäologie-Buch so weit gediehen war, dass er mit Rowohlt darüber sprechen konnte. Den Autorennamen hatte Kurt Willi Marek kurzerhand umgedreht und aufgehübscht und C.W. Ceram erfunden. Ein »gewendeter« Autor, der seine Vorgeschichte als Kriegsberichterstatter hinter sich ließ: Das könnte kaum symbolträchtiger sein in der jungen Bundesrepublik. Dass in Marek auch »Marke« steckt, wäre eine weitere Pointe, wurde er doch zum Prototyp eines Bestsellerautors, dessen Name als Markenartikel funktioniert. Dabei wollte er mit dem Pseudonym angeblich genau das verhindern: Weil man ihn als Journalisten kannte, fürchtete er, man würde ihm den Archäologen nicht abnehmen. Also lieferte er auch hier gleich die Erweckungsgeschichte mit, die der *Spiegel* schon vor Erscheinen des Buches kolportierte: »Im Krieg war er Oberleutnant bei der Fallschirmtruppe. Er zählte fünf Granatsplitter in seinem Arm, als er 1944 aus den Ruinen von Cassino in ein Lazarett von Verona kam. Hier las er sein erstes archäologisches Buch. Hier und nach seiner Heimkehr aus amerikanischer Kriegsgefangenschaft las er weitere 294 archäologische Bücher und schrieb den ›Roman der Archäologie‹.«[14]

Ernst Rowohlt vertraute seinem Lektor, lesen wollte er nichts, und so ging das Manuskript dieses Ceram in Druck, ohne dass jemand anderes als der Autor es kannte – und es war auch der Autor selbst, der es in seiner Eigenschaft als Lektor angenommen und redigiert hatte. Niemand im Verlag wusste um dieses Geheimnis. Erst viele Wochen später, als Rowohlt dann doch einmal fragte, wer dieser Ceram eigentlich sei, klärte Marek seinen Verleger auf, der ihn daraufhin als »Schuft« bezeichnete, ihn lange stumm ansah und schließlich sagte: »Nun mal ehrlich, unter uns: Taugt das Buch was?« Marek bejahte die Frage, und so stießen die beiden auf diese schöne Offenbarung an.[15] An einen Erfolg glaubte Rowohlt aber noch lange nicht.

Als Lektor betreute Marek auch Ernst von Salomon. Er besuchte ihn auf der Insel Sylt, um mit ihm an seinem *Fragebogen* zu arbeiten – ein weiteres Buch der jungen Bundesrepublik, das zum Bestseller werden würde.[16] Marek war – über sein eigenes Werk hinaus – ein Zentrum der frühen Bestsellerproduktion des Landes. Salomon hatte sich den Entnazifizierungsfragebogen der Alliierten vorgenommen. Er beantwortete ihn in aller Ausführlichkeit und führte ihn dadurch ad absurdum. Die Antworten wuchsen sich zu einem dicken autobiographischen Roman aus. Doch die Arbeit stagnierte, er kam nicht voran, wusste nicht weiter und lief angeblich – so die von Marek verbreitete Legende – über die Heide, wo er die Manuskriptblätter pathetisch verstreute. Seine Frau, die ihm folgte, sammelte sie hinter ihm wieder auf. Und dann kam Marek. Um Salomon von dessen Nöten abzulenken, zeigte er ihm ein Kapitel seines Archäologie-Buches. Salomon war demnach der Einzige, der etwas davon zu sehen bekam.

Das Manuskript sollte nun aber in Druck gehen. Die beiden saßen in einem Wirtshaus, als Rowohlt anrief, um mit Marek über die Auflagenhöhe zu sprechen. Wieviel? 20 000 sagte Ma-

GŒTTER GRÆBER VND GELEHRTE

ROMAN DER ARCHÆOLOGIE VON C·W·CERAM

ROWOHLT

rek, was der Verleger mit eisigem Schweigen quittierte. Als dann auch Salomon für 20 000 plädierte, fragte Rowohlt den Wirt, was die beiden denn getrunken hätten. Der beruhigte: drei Schnäpse, nicht mehr. Und so gab Rowohlt 12 000 Exemplare in Auftrag, obwohl der Verlag nach der Währungsreform in finanziellen Schwierigkeiten steckte und er dafür einen Kredit über 50 000 Mark aufnehmen musste. Ein Misserfolg hätte ihn ruiniert.[17]

Götter, Gräber und Gelehrte erschien am 15. November 1949. Es war mit 18 Mark ein teures Buch, in Leinen gebunden, mit Goldprägung und zahlreichen Bildtafeln in Tiefdruck. Das Kalkül, etwas Kostbares würde Begehren wecken und käme im Weihnachtsgeschäft als Geschenk in Frage, ging auf. Der bildlose, eher schlichte Umschlag, der Titel und Autorennamen in stilisiert antikisierten Lettern in Rot und Schwarz wiedergab, machte einen gravitätischen, seriösen Eindruck. Dieses Buch versprach menschheitsgeschichtliche Bildung, zugleich aber auch höchste, romanhafte Lesbarkeit. Drei Tage vor Heiligabend war die erste Auflage ausverkauft, und so ging es weiter, Jahr für Jahr in steter Regelmäßigkeit und mit einem im Lauf der Jahrzehnte – bis heute – nur geringfügig modifizierten

Cover. Das Buch entwickelte sich zu einem echten Longseller. Anfang der sechziger Jahre war die erste Million der *Götter* weg. Der *Spiegel* meldete 1962 rund 1,3 Millionen verkaufte Exemplare[18], Ende 1964 waren es 1,5 Millionen. Bis zur Jahrtausendwende wurden weltweit rund fünf Millionen abgesetzt[19] mit Lizenzausgaben in 31 Ländern und Übersetzungen in 33 Sprachen.[20]

Cerams Erfolg war kein deutsches, sondern ein internationales Phänomen. Doch zu Beginn, in den Ruinenlandschaften der zerstörten deutschen Städte, wirkten die verschütteten Überreste ferner Epochen besonders anziehend. So war es also schon immer gewesen: Kulturen entstanden und vergingen, und was zurückblieb, waren ein paar versunkene Kostbarkeiten im Wüstenstaub. Vielleicht würde auch in den Trümmern der jüngsten europäischen Katastrophengeschichte eines Tages ein Goldschatz gefunden werden? Nach dem Ende des Ersten Weltkriegs hatte Oswald Spengler mit *Der Untergang des Abendlandes* die Theorie des ewigen Kreislaufs der Kulturen – Aufstieg, Blüte und Verfall – vorgelegt; Ceram lieferte einen Krieg später die archäologischen Fundstücke dazu, und er schloss mit einer beruhigenden Botschaft: »Was bleibt zu sagen? Es wird weitergegraben in aller Welt. Denn wir brauchen die letzten 5000 Jahre, um die nächsten 100 mit einiger Gelassenheit ertragen zu können.«[21] Der Verlag warb explizit damit, dass dieses Buch einen Deutschen als Verfasser habe, der jedoch »kein Wort an die beiden Weltkriege, ihre Generale und Staatsmänner« verlöre.[22] Aber genau das war das Spannungsmoment: Im Subtext des Unausgesprochenen war die deutsche Geschichte eben doch präsent – trostreich und schicksalhaft aufgehoben in der großen Geschichte der Götter und der versunkenen Heiligtümer.

Doch Vorsicht! Ist es nicht viel zu einfach, wenn der überraschende Erfolg der Ceram'schen Trümmerliteratur in der Trümmerkulisse der Nachkriegszeit im Nachhinein so bezwingend verständlich erscheint? Wer weiß denn schon, was in jedem von uns beim Lesen vorgeht! Als Leser sind wir immer allein, jeder von uns reagiert auf seine eigene, besondere Weise, und oft wissen wir selbst nicht so genau, was da in uns angesprochen wird und welche Erinnerungen in uns nachklingen. Cerams Angebot, in die Antike auszuweichen, war verführerisch. Er bot andere, weit entfernte Welten an, die zugleich die eigenen jüngsten Erfahrungen und Traumata widerspiegelten und so auch bearbeitbar machten.

Es greift deshalb zu kurz, wenn Christian Adam diese Beschäftigung mit der Vergangenheit als bloße »Vermeidungsstrategie« bezeichnet.[23] In seiner großen Studie über die Bestseller der Nachkriegszeit schreibt er: »An einem Dauererfolg wie dem Roman der Archäologie *Götter, Gräber und Gelehrte* lässt sich exemplarisch zeigen, dass sogar der Ausflug in ferne Zeitalter vor allem als Flucht vor der jüngsten Vergangenheit inszeniert wird. Gerade jener Fluchtmöglichkeit verdanken dieser und unzählige andere Titel ihren großen Publikumszuspruch.«[24] Das stimmt – und es stimmt nicht. Denn Adams These verkennt die Dialektik der »Fluchtmöglichkeit«. Vielleicht war die Auseinandersetzung mit Krieg und Zerstörung und Schuld nach der allerersten, direkten Konfrontation in Plieviers *Stalingrad* grade jetzt eben nur so möglich: als Ausflug in ferne Zeiten und Kulturen, in denen das eigene Erleben sichtbar werden konnte, ohne gleich allzu bedrängend zu wirken. Das Verdrängte bleibt präsent, sonst ließe es sich ja nicht verdrängen. Oder anders gesagt: Es ist nur verdrängt, aber als Verdrängtes noch lange nicht verschwunden.

Wie ein spätes Echo auf Cerams Altertumskunde klang es, als Michael Ende vierundzwanzig Jahre später den Roman *Momo* mit dem Satz beginnen ließ: »In alten, alten Zeiten, als die Menschen noch in ganz anderen Sprachen redeten, gab es in den warmen Ländern schon große und prächtige Städte.«[25] Nachdem er deren Schönheit und Reichtum heraufbeschworen, ihren Untergang und Zerfall beklagt hatte, setzte er mit seiner Geschichte genau dort ein, wo wir uns noch von Cerams *Götter, Gräber und Gelehrte* her auskannten. In der Ruine einer antiken Theaterstätte erhielt das Mädchen Momo seinen ersten Auftritt. Genau da war ihr Platz, wie sie den besorgten Erwachsenen versicherte, die gelegentlich dort auftauchten, Touristen zumeist. Sie, die von »irgendwoher kommt« und eigentlich »immer schon« da war, fühlte sich in der Ort- und Zeitlosigkeit zu Hause. Von da aus nahm sie den Kampf mit den »grauen Männern« auf, die mit ihren dicken Zigarren die den Menschen gestohlene Zeit wie Tabak verbrauchten und verrauchten. Gegen den alles verwertenden Kapitalismus einer durchökonomisierten Wirklichkeit – und dafür standen diese gesichtslosen grauen Männer doch wohl – halfen die Phantasie, das Märchen und eben auch die antike Gegenwelt.

Über sieben Millionen Mal wurde der in 40 Sprachen übersetzte Roman Michael Endes seither weltweit verkauft. Und doch dauerte es in Deutschland sechs Jahre, bis diese »seltsame Geschichte von den Zeit-Dieben und von dem Kind, das den Menschen die gestohlene Zeit zurückbrachte«, wie der umständliche Untertitel lautete, zum Mega-Bestseller wurde. 1974 erhielt *Momo* den Deutschen Jugendbuchpreis, doch auf die Spitzenplätze der Bestsellerliste geriet das Buch erst 1981, im Gefolge des nächsten, noch erfolgreicheren Romans von Ende, *Die unendliche Geschichte.* Diesem wiederum war der Weg geebnet worden durch den Klassiker der Fantasy-Literatur, der 1980 plötzlich zum bestverkauften Roman wurde und der mit dem Satz zu erzählen begann: »Als Herr Bilbo Beutlin von Beutelsend ankündigte, dass er demnächst zur Feier seines einundelfzigsten Geburtstages ein besonders prächtiges Fest geben wolle, war des Geredes und der Aufregung in Hobbingen kein Ende.«[26] Tolkiens *Herr der Ringe* aus den fünfziger Jahren, in deutscher Übersetzung 1969 erschienen, war 1980 zum Jahresbestseller herangereift und leitete so die Konjunktur literarischer Phantasiewelten ein, die über Michael Ende zu Umberto Ecos Mittelalter-Klosterdrama *Der Name der Rose* reichte und von dort weiter zu Patrick Süskinds *Parfum* – dem 1985 erschienenen Millionen-Seller.

Es wäre zu einfach, unsere Lust an all diesen Büchern als fortgesetzten Eskapismus und als Wirklichkeitsflucht zu begreifen, auch wenn sich dieser Eindruck aufdrängen mag: Die achtziger Jahre waren das Jahrzehnt der »German Angst« und der großen Friedensdemonstrationen. Waldsterben und Nato-Nachrüstung beherrschten die Debatten und die apokalyptische Gefühlslage. Die Anti-AKW-Bewegung protestierte in Gorleben, Brokdorf, Wyhl und Wackersdorf und erhielt schließlich in der Reaktorkatastrophe von Tschernobyl ihre Bestätigung. Aber auch dieser Super-GAU erwies sich schließlich als überlebbar, sodass paradoxerweise gerade das Eintreffen der Katastrophe das Ende der Angst einläutete.

Das Bedürfnis nach phantastischen Gegenwelten war groß – und doch verwiesen auch diese literarischen Eskapaden zurück auf die Probleme der Gegenwart. Wenn sich *Momo* als antikapitalistischer Roman lesen lässt, so arbeitete Tolkien die Erfahrung der beiden Weltkriege zum Kampf um Mittelerde um. Die Hobbits als erdverbundene Wesen erschienen zu Beginn der achtziger Jahre plötzlich wie zeitgemäße Vorläufer der Grünen, die mit den Zyklen der Natur und ohne die Hektik industrieller Produktionsweise gut zu leben verstanden. Wenn die finsteren Orks Bäume ausrissen und Wälder zerstörten, beschworen sie den Widerstand der Natur herauf. In den Kampf um Mittelerde griffen schließlich auch die Bäume ein. Auch dieses Motiv erhielt eine aktuelle Bedeutung, schien es doch so, als hätte Tolkien das Waldsterben schon vorausgeahnt.

Die Bewegung aus der Geschichte heraus, die die phantastische Literatur vollzieht, führt immer wieder dorthin zurück. Lesen ist eine Doppelbewegung, die auf dem Umweg über andere Welten unser eigenes Leben neu und anders zu beleuchten vermag. Der serbische Autor Bora Ćosić hat das einmal so formuliert: »Lesen ist Flucht, aber nicht aus der ›Wirklichkeit‹ in ein profanes Exil, Lesen platziert den Leser in einer außergewöhnlichen zeitlichen Kapsel.«[27] Lesen ist eine Flucht, aber es ist eine Flucht in die verwandelte Wirklichkeit und in die Vorstellung, dass das Leben auch ganz anders sein könnte als immer bloß so, wie es gerade ist. Lesen heißt fliehen, um verwandelt zurückzukehren. Auch Träumen ist erlaubt. Darin liegt die subversive Kraft der Bücher.

LIEBESVERHÄLTNISSE

»Wer sind wir, wenn wir lesen? Was passiert mit uns, wenn wir langsam, noch zögernd, in die erste Zeile gleiten, welcher Film läuft ab, wenn wir kopfüber in den Text stürzen? (…) Oft ist Lesen nur ein zerstreutes Vorbeigleiten, ein flüchtiger, unwilliger Kontakt. Dann wieder ist es ein ozeanisches Vergnügen, Eintauchen in eine abgründige Welt, in der wir uns verlieren und vielleicht irgendwann wiederfinden. Ein seltsames Taucherspiel von Selbstverlust und Selbstgewinn.«[1] Lesen ist, so wie Ulrich Raulff es als »ozeanisches Vergnügen« beschwört, ein Liebesakt. Zum Eintauchen in das Textmeer, wie es sich im gelingenden Lesen vollzieht, gehört der Autor als Gefährte unter der Oberfläche der Worte naturgemäß dazu. Dass man sich auch ihn als einen Liebenden vorstellen muss, hat Navid Kermani in seinem Roman *Sozusagen Paris* spürbar werden lassen. Der Ich-Erzähler dieses Buches ist ein Schriftsteller, der ihm, dem Autor Kermani, geradezu demonstrativ gleicht. Er sagt: »Aber sind Romanschreiber nicht alle irgendwie Liebende, die sich – und sei es postum – nach dir, Leser, verzehren, und gehört nicht die Narrheit zur Liebe dazu? Ja, du, die Anrede genau in der Intimität, die mir im Alltag oft unangenehm, in der Werbung ganz unerträglich ist, du Leser, weil ich gar nicht anders kann, mir dich als einen Freund oder eine Freundin zu wünschen, eine mir nahe und nachsichtige Person, damit ich so literarisiert auch immer schreibe, was mir jetzt wichtig ist.«[2]

Schreiben und Lesen sind Bewegungen aufeinander zu, die eine spürbare Intimität erzeugen. Lesen und Schreiben sind einander nicht nur verwandt, »sondern eine einzige Art Tätigkeit«, meint Martin Walser.[3] Als Schreibender und als ein Lesender, der seine Texte über Literatur *Liebeserklärungen* nennt, muss er das wissen. Wir beginnen im Lesen ein Spiel aus Berührung und Zurückweichen, aus Anteilnahme und Distanz, aus Faszination und Erschrecken. Gelingende Lektüre ist ein lustvoller Vorgang, ein erotischer Verschmelzungsakt. Literaturwissenschaftler bezeichnen das als »Identifikation«[4]; sie halten »identifikatorisches Lesen« für naiv. Und doch wird Lesen erst dann zum Erlebnis und zum Abenteuer mit offenem Ausgang, wenn wir mit Haut und Haar eintauchen in den uns als Fremdes begegnenden Text.

Lesen ist eine Lust. »Lernen und Genießen sind das Geheimnis eines erfüllten Lebens«, schreibt Richard David Precht in seiner zum Bestseller gewordenen Philosophiegeschichte.[5] Die Verbindung von Lernen und Genießen, von Lesen und der Lust am Denken ist aber auch das Geheimnis seines eigenen phänomenalen Erfolgs. Ein gutes Buch ist wie ein guter Freund. Es ist da, wenn wir es brauchen, und gibt das Vertrauen zurück, das wir ihm schenken. Es ist das Gegenüber, an dem wir wachsen und lernen. Wir Leser. Ein flüsterndes, nächtliches Gespräch entsteht zwischen ihm und uns, eine so starke wie geheimnisvolle Bindung. »Was man beim Lesen finden kann, ist das Lesen«, sagt der Schriftsteller Peter Handke.[6] Das ist nur scheinbar eine Tautologie, denn lesend – wenn es gelingt und wenn wir dabei wirkliche Leser werden – gehen wir tatsächlich in einen anderen Aggregatzustand der Existenz über. Noch einmal Martin Walser: »Jeder Leser liest SEIN Buch. Er bemächtigt sich nicht des Buches, er bezeugt, was das Buch in ihm bewirkt hat.«[7] Lesen verwandelt. In der Sprache erschaffen wir uns immer wieder neu.

Was sich da genau abspielt, ist kaum zu ergründen und bleibt in der Tiefe unzugänglich. Es lässt sich noch nicht einmal genau sagen, was wir währenddessen wahrnehmen, was wir uns merken und was wir sofort wieder vergessen. Mancher Satz entgleitet uns schon, während wir ihn lesen, und wer behält auch nur die zuletzt gelesenen Sätze mehr als schemenhaft im Gedächtnis? Wie nehmen wir Sinn und Bedeutung auf, wenn wir mit den Augen doch immer am gerade aktuell gelesenen Wort kleben? Wie stellen wir Bezüge her? Wie machen wir Erfahrungen im Lesen, und wo lagern sie sich ab? Was nehmen wir auf von einem Text, den wir nicht in all seiner Tiefe verstehen? Welche Spuren hinterlässt er, wenn wir ihn längst vergessen haben? Was suchen wir in ihm? Und was heißt das überhaupt: Verstehen?

»Was Lesen ist und wie Lesen geschieht, scheint mir eines der noch dunkelsten und einer phänomenologischen Analyse am meisten bedürftigen Dinge«, schrieb der Begründer der philosophischen Hermeneutik, Hans-Georg Gadamer.[8] Wir werfen unsere ganze Biographie, all unsere Urteile und Vorurteile, unser Wissen und Nichtwissen, unsere Herkunft und unsere gesellschaftliche Stellung in den Leseprozess hinein und werfen damit aber auch alles weg und vergessen es für den Moment.[9] Beides geschieht zur gleichen Zeit, wir sind da und nicht da. Wir werden berührt, gefesselt, aufgewühlt, manchmal auch bloß gelangweilt oder verärgert und abgestoßen. Spannung stellt sich ein, Neugier und manchmal diese seltsame Art von Nähe, wenn es gelingt, ganz in die erzählte Geschichte einzutreten, als wäre es nicht ein anderes Leben, das vor uns abläuft, sondern tatsächlich das eigene. So erweitern wir unseren Horizont.

Der Schweizer Schriftsteller Peter Bichsel drückte das einmal so aus: »Lesen ist für mich sozusagen immer und unabhängig vom Inhalt der Eintritt in eine Gegenwelt.«[10] Als Leser befinde er sich in einer anderen Welt mit anderen Qualitäten. »Nur wer Lesen als eine Gegenwelt erfährt, wird zum Leser.«[11]

Das ist mehr als bloß eine unterhaltsame Beschäftigung oder etwas so Würdeloses wie ein »Hobby«. Es hat etwas mit Leidenschaft zu tun, ja mit Berauschtheit, denn Leser spüren »ein leichtes Abheben vom Boden, das sich steigern kann bis zum Gefühl der Schwerelosigkeit.«[12] Es ist ein leiblicher Vorgang, etwas, das sich in uns vollzieht wie das Atmen und das einen Übergang in einen anderen Bewusstseinszustand bezeichnet wie das Einschlafen. Es setzt viel Zeit voraus, Langsamkeit, Bereitschaft, also so etwas wie Muße. Lesen ist nichts für zwischendurch, kein Zeitvertreib, sondern ein Aufgehen in der Zeit. Es ist, wie Bora Ćosić meint, »gar kein Aufenthalt in der Zeit, sondern außerhalb von ihr.«[13]

Was sich im Lesen ereignet, ist etwas anderes als bloßer Wissenstransfer. Jedes Wort, jeder Satz schillert in seiner Bedeutungsvielfalt. Je genauer wir uns als Leser auf eine Bedeutung festlegen, indem wir das Gelesene deuten, umso mehr verengen wir es und nehmen ihm damit womöglich seine Eigenart. Gerade literarische Texte – Prosa ebenso wie Lyrik – gehen niemals in einer Deutung auf. Jeder Text ist größer als das darin Gemeinte. »Lesen geschieht in der abenteuerlichen Offenheit des Nichtverstehens«, schreibt der Schweizer Literaturwissenschaftler Hans-Jost Frey. Es findet in einem Zwischenraum statt, der sich zwischen »der Absicht des Schreibers« und den »Vorurteilen des Lesers« öffnet.

Lesen ist weder rein passive Aufnahme noch kreativer Schöpfungsakt. Es ist auch etwas anderes als die Wahrnehmung eines Gegenstandes: Zwar erfassen wir den Text sinnlich mit den Augen, doch er bleibt dabei etwas Zeichenhaftes, das auf einen Sinn verweist, der nicht sichtbar ist. Frey nennt den Vorgang des Lesens den »Vollzug« des Textes. Das verlangt, wie er kompliziert, aber treffend formuliert, »dass man den Standpunkt aufgibt, von dem aus man ihm gegenüber ist. Die Vollzugsbewegung ist die des Textes selbst. Lesen ist deshalb, wie das Schreiben und anders, eine Art Hervorbringung des

Textes, den es zwar immer schon geben muss, wenn er gelesen werden soll, der aber auch jedesmal, wenn er gelesen wird, noch einmal entsteht.«[14]

Das Buch scheint dich zu kennen und sich genau an dich zu richten. Das Buch macht dir deutlich, wie du immer schon empfunden hast, ohne es so genau in Worte fassen zu können. Das Buch weiß etwas, das schon in dir bereitliegt und das bloß noch geborgen werden muss. Aber zugleich tritt es dir als Fremdes gegenüber, bringt dich auf ganz neue Gedanken, ermöglicht dir den Zugang zu unbekannten Welten, sodass du schließlich von dort aus auf dein eigenes Leben wie mit fremden Augen zu schauen lernst.

»Du musst dein Leben ändern«, heißt die Schlusszeile in dem berühmten Rilke-Gedicht *Archaischer Torso Apollos*, in dem exemplarisch vorgeführt wird, wie das Kunstwerk den Betrachter in den Blick nimmt: »Denn da ist keine Stelle, die dich nicht sieht«.[15] Rilke schildert in diesem Gedicht, was sich in der Begegnung mit einem Kunstwerk ereignet. Dabei handelt es sich um den Torso einer griechischen Statue. Der Kopf fehlt und damit auch das Entscheidende: die Augen. Doch das gesamte Kunstwerk verwandelt sich unter den Augen des Betrachters in etwas, das »sieht« und zur Selbstveränderung aufruft. Darin liegt für ihn die Moral der Kunst. Wie er es formuliert, ist es ja ein Gebot: Du musst dein Leben ändern. Allerdings ist es nicht »das Kunstwerk«, das spricht, sondern der Blick des Betrachters, der sich in ihm spiegelt und auf ihn selbst zurückfällt. Genau dasselbe geschieht auch im Vorgang des Lesens. Auch der Text »blickt« auf uns Leser und mehr als das: Wenn wir als Lesende aus dem Text heraus auf uns zu blicken lernen, ruft er uns dazu auf, unser Leben zu ändern. Und auch wenn es sich bei Rilke um die ganz »hohe« Kunst handelt: zumindest in Spurenelementen ist diese Blickumkehr in jeder noch so trivialen Lektüre möglich.

Lesend werden wir eine Andere, ein Anderer. Und wenn wir

in unsere eigene Existenz zurückkehren, könnte es sein, dass wir uns unterdessen verändert haben. Auch so lässt sich ein Liebesverhältnis begreifen. Doch worin besteht die mögliche Verwandlung? Sie bleibt ja an den Moment der Kunstwahrnehmung gebunden, sie ist, wie der amerikanische Kritiker A. O. Scott meint, eine »sublime Tautologie«. Das Ziel sei »die Art von Leben, die den Geboten gehorcht, wie sie von Skulpturen, Gemälden und Gedichten ausgesprochen werden«. Die Bedeutung eines Kunstwerkes oder eines Romans besteht also darin, zu »einer Veränderung des Lebens auf der Basis der Ermahnungen der Kunst bereit« zu machen.[16]

Rilkes Augenblick der Wandlung ist eine fast schon religiöse Erfahrung, die nur als Begegnung des einzelnen, sich versenkenden Lesers mit dem Kunstwerk möglich scheint und darin zu einer Selbsterfahrung wird. So sieht es Jan Philipp Reemtsma in seinem Buch über die Kunst der Interpretation. Er versteht den Satz: »denn da ist keine Stelle, die dich nicht sieht« als Begründung der durch das Kunstwerk vorgebrachten Aufforderung, das eigene Leben ändern zu müssen. Dieses aber, ein Blick, der alles sieht, sei »gemeinhin nur von Gott geläufig. Gott ist unteilbar, hat keine Partien, die man als ›Stellen‹ bezeichnen könnte, aber Rilkes Reden von den Stellen-die-sehen, genauer: von keiner, die das nicht tut, ist von der Idee des Ganzen getragen.«[17]

Auch Peter Sloterdijk rückt Rilkes Kunsterfahrung in den Kontext der »Religiosität«, die dadurch bestimmt wird, dass Subjekt und Objekt die Plätze tauschen: »Auf der Position, wo üblicherweise das Objekt erscheint, welches ebendarum, weil es Objekt ist, niemals zurückschaut, ›erkenne‹ ich nun ein Subjekt, das die Fähigkeit besitzt, zu schauen und Blicke zu erwidern. (…) Der Lohn für meine Bereitschaft zur Beteiligung an der Objekt-Subjekt-Umkehrung fällt mir unter der Form einer privaten Erleuchtung zu – im vorliegenden Fall als ästhetische Ergriffenheit.«[18]

Sloterdijk und Reemtsma verkennen jedoch, dass es sich nicht einfach nur um einen Platzwechsel von Subjekt und Objekt handelt. Dann wäre es ja immer noch der eigene Blick, der bloß von einer anderen Stelle aus auf den Schauenden oder analog dazu im Leseprozess auf den Lesenden zurückfällt. Sondern es handelt sich um ein prozesshaftes Geschehen zwischen den beiden Polen. Das Subjekt ist das Objekt ist das Subjekt und also keins von beidem. Das Gesehenwerden setzt das Sehen voraus und umgekehrt: Erst das Gesehenwerden ermöglicht den genauen, losgelösten Blick, der nicht mehr von Subjektivität verstellt ist. Jedes Lesen ist auch ein Gelesenwerden, und wenn wir das Buch verstehen, versteht das Buch auch uns.

Die Frage drängt sich auf, ob dieses hohe Kunsterlebnis auch auf Bestseller wie zum Beispiel Charlotte Roches *Feuchtgebiete*, auf die Memoiren von Konrad Adenauer oder auf die von Wanderhuren und Muschelsuchern durchschrittenen Seichtgebiete der literarischen Niederungen übertragbar ist. Die Antwort lautet: Ja. Weil in jedem Lesevorgang, wie trivial, trocken oder feucht auch immer, etwas von dieser Blickumkehr vorhanden ist, wenn wir als Leser merken, wie der Text »Du« zu uns sagt. Im Phänomen der Bestseller aber wird aus unseren einsamen Lektüren ein gemeinschaftlicher Vorgang: Derselbe Prozess, dieselbe Verschmelzung ereignen sich vielfach. Bücher sind niemals monogam. Das eine Buch spricht nicht nur zu dir so intim, sondern auf nämliche (oder ganz andere) Weise zu vielen anderen. Es sagt Du zu jedem von uns und meint: genau dich, mich, uns alle. Und es trifft uns jenseits unserer Identitäten als Mann oder Frau, Greis oder Jugendlichen, Großstädter oder Landbewohner.

Wie kann das gehen? Sind Bestseller ein Indiz dafür, dass wir uns als Lesende sehr viel stärker ähneln, als wir, die wir doch alle so einzigartig sein möchten, annehmen? Was verschmilzt da womit, im massenhaften Gefallen des einen, von allen geliebten Werks? Und wie kann dieses eine Werk uns alle so gut kennen und zu jedem von uns sprechen? Empfinden wir, obwohl wir doch Individuen und jeweils einzigartige Leser sind, dann doch im kollektiven Gleichklang? Oder haben Bestseller die besondere Qualität, offene Flächen zu bieten, an denen jeder auf seine besondere Weise andocken kann?

Für den Schriftsteller Julian Barnes ist völlig klar, dass er sich schreibend nicht nur an ein Du, sondern an viele Leser wendet. Als schüchterner Mensch sei es ihm immer unmöglich gewesen, zu einer größeren Gruppe zu sprechen. Als er mit Anfang Dreißig für eine Zeitung arbeitete, habe er in Redaktionskonferenzen kein Wort herausgebracht, starr vor Angst, jemand könne ihn zum Reden zwingen. Das Schreiben sei damals seine Rettung gewesen, seine Art, »mit vielen Leuten ins Gespräch zu kommen«.[19] Barnes wendet sich also nicht an ein unbekanntes Du, sondern an uns alle als Gesprächspartner.

Ein Bestseller ist das Resultat einer merkwürdigen Verschiebung. In ihm verschmilzt der einsame Vorgang des Lesens zu einem massenhaften Ereignis. Ja mehr noch: Im Bestseller erkennt sich jeder von uns als Teil einer Gemeinschaft der Lesenden wieder und sieht, dass er eben doch nicht alleine ist. Die Zugehörigkeit zu den Vielen, das Eintauchen in den Mainstream, die Teilhabe an der Menge der Leserschaft eines Buches, die in die Millionen gehen kann, ist tröstlich, wenn auch für manche erschreckend. Dabei wird diese Leser-Masse überhaupt nur vermittelt über die Bestsellerlisten sichtbar. Zwar suchen wir für unsere Leseerlebnisse Gesprächspartner. Wir reden mit Freunden über Bücher, die uns wichtig sind, denn wir wollen uns austauschen über das, was uns darin begegnet ist. Auf diese Weise, durch Empfehlung, durchs Gespräch, treten manche Bücher ihren Erfolgsweg an. »Wer liest, ist in Gesellschaft«, sagt Peter Bichsel, dem das Lesen erklärtermaßen wichtiger ist als das Schreiben. »Leser brauchen Mitleser. Wenn ich ein Buch gelesen habe, suche ich einen, der es auch gelesen hat. Wir diskutieren dann nicht über das Buch, wir sagen nur: wunderbar!« Die Erotik, die darin steckt, beschreibt Bichsel so: »Wenn ich zwei Menschen auf der Straße sehe, die aufeinanderzueilen und sich umarmen, ist mein erster Gedanke immer: Die haben dasselbe Buch gelesen.«[20]

Die »Vielen« aber, die Masse, die den Bestseller macht, gibt es nur als Summe der einzelnen Verkäufe und der sich womöglich daran im Verborgenen anschließenden Leseakte. Erst dann, wenn sich der autonome Leser mit seiner persönlichen Vorliebe auf der Bestsellerliste gespiegelt wiederfindet (oder auch nicht), ist er in der Lage, sich mit seinem eigenen Geschmack »ins Verhältnis zu einer gesellschaftlichen Dynamik zu setzen«.[21] Genau deshalb sind Bestsellerlisten so beliebt und so wirkungsvoll. Sie erlauben jedem Einzelnen, sich mit den Anderen, den Vielen zu vergleichen – ganz egal, ob er ihnen folgt und sich bei ihnen wohlfühlt, oder ob er sie verachtet und sich in seiner Abweichung und Besonderheit gefällt. Bei jedem einzelnen Erfolgstitel gilt es zu unterscheiden, ob es sich beim ausgelösten Massenzuspruch um einen Fall von Schwarmintelligenz handelt, um überraschende Übereinstimmung oder bloß um ein Beispiel dafür, dass der Teufel halt immer auf den größten Haufen scheißt.

STIMMUNGEN

Jedes Buch trifft nicht bloß auf seine Leser, sondern auch auf einen besonderen Augenblick, in dem sich all unsere Sehnsüchte, Hoffnungen, Ängste, Wissens- und Unterhaltungsbedürfnisse bündeln – oder auch unsere Sensationsgier, unser Voyeurismus und unsere Niedertracht. In all diesen disparaten Erwartungen und Haltungen überschneiden sich langfristige, vielleicht einigermaßen erahnbare Entwicklungslinien kollektiver Befindlichkeit mit nur schwer voraussehbaren Tagesaktualitäten, saisonalen Stimmungen und politischen Konjunkturen, die durch die Medien täglich neu befeuert werden. Eben dies ist die Gemeinschaft der Leser. Bestseller sind eine Folge dieser Wirkungen, wirken zugleich aber auch als Verstärker darauf zurück. So lassen sie, was bis dahin verborgen blieb, hervortreten.

Ein gutes Beispiel dafür war Thilo Sarrazins Millionenerfolg *Deutschland schafft sich ab* aus dem Jahr 2010, zu dessen umstrittenen Thesen ganz explizit der Gestus des »Endlich-sagt's-mal-einer« bzw. des »Man-wird-doch-wohl-noch-sagen-dürfen« gehörte. Das Motto des sozialdemokratischen Gründervaters Ferdinand Lassalle, das Sarrazin seinem Buch voranstellte, ließ daran keinen Zweifel: »Alle politische Kleingeisterei besteht in dem Verschweigen und Bemänteln dessen, was ist.«[1] Man darf es als gezielte Provokation verstehen, dass er sich für sein Pamphlet, das ihm beinahe den Ausschluss aus der SPD eingebracht hätte, ausgerechnet einen frühen Exponenten der Arbeiterbewegung als Gewährsmann suchte. Dem Verschweigen unbequemer Wahrheiten, so der Gestus, würde er mit tabubrecherischem Heroismus begegnen. Insofern hätte ihm nichts Besseres passieren können als ein Parteiausschluss, der ihn in dieser Haltung ja nur bestätigt hätte.

Halb Märtyrer, halb Messias – so trat er auf. Mit seiner sauertöpfischen Bürokratenmiene lebte er die Schmerzensrolle des Gepeinigten. Empathie ließ er, der als Berliner Finanzsenator mit der Strenge eines Sparkommissars bekannt geworden war, eigentlich nur für sich selbst und die eigene angebliche Ausgegrenztheit erkennen. Er litt sichtbar darunter, dass viel zu wenig auf ihn und seine Thesen gehört werde, denn die Welt wäre eine bessere, wenn sie ihm nur folgen würde. Das ist im Übrigen eine Haltung, die bei allen Populisten zu beobachten ist. Bei einer Millionenauflage ist diese Art des Leidens durchaus eine Leistung. Die Behauptung, ein Tabu auszusprechen und damit eine gesellschaftliche Verkrampfung zu lösen, war jedoch ein wesentlicher Bestandteil seines Erfolgs, mit dem er sogar Cerams *Götter, Gräber und Gelehrte* übertrumpfte.[2] Die Ressentiments, die rassistischen Denkfiguren, die Sarrazin vorführte, trafen auf eine gärende Stimmung, in der sich der Aufschwung der rechtspopulistischen AfD ein paar Jahre später ankündigte. Sein Buch kaufte man nicht unbedingt, um es zu lesen, sondern um damit ein politisches Statement abzugeben und sich in der eigenen unausgesprochenen Haltung bestärken zu lassen.

Schon in den zwanziger Jahren des 20. Jahrhunderts fasste der Soziologe Siegfried Kracauer Bestseller als »Zeichen eines geglückten soziologischen Experiments« auf und sah in ihnen den »Beweis dafür, dass wieder einmal eine Mischung von Elementen gelungen ist, die dem Geschmack der anonymen Lesermassen entspricht.« Kracauer hatte begriffen, dass die massenhafte Nachfrage nach einem Buch sich nicht durch dessen Qualität erklären lässt, sondern vielmehr aus den »sozialen Verhältnissen der Konsumenten« heraus begründet werden muss.[3] Die Bestsellertauglichkeit eines Buches entscheide sich daran, inwiefern es die Bedürfnisse der Masse befriedigen könne, bestimmte Elemente begierig aufzusaugen, andere aber entschieden abzulehnen.[4] Die bahnbrechende Erkenntnis Kracauers, so der Medienwissenschaftler Werner Faulstich in seiner Studie über Bestseller, bestand darin, sie als »Kompensationsmechanismus im Gefolge gesellschaftlicher Strukturveränderungen« zu erklären.[5] In der Tat ist das Phänomen Sarrazin erst auf diese Art nachvollziehbar. Man muss sich allerdings davor hüten, die »sozialen Verhältnisse« allzu schlicht als Klassen- und Schichtverhältnisse zu interpretieren. Das Phänomen der Bestseller erklärt sich viel eher daraus, dass sie die Kraft haben, schichtübergreifend Konsens und Widerspruch zu organisieren, gesamtgesellschaftlich virulente Themen anzusprechen und Debatten auf sich zu ziehen.

Bestseller sind keine isolierten Ereignisse. Sie stehen in vielfältigen gesellschaftlichen Bezügen und Abhängigkeiten. Das Geheimnis ihres Erfolges liegt nicht einfach und nicht allein im Buch und noch weniger im Autor – und auch nicht bloß in den Lesern und ihren Erwartungen, sondern im Zusammentreffen von Buch und Leser und einem gemeinsamen Dritten, auf dem sie beruhen: Das ist der historische Boden, auf dem wir stehen. Der Erfolg erlaubt deshalb nur wenige Rückschlüsse darauf, wie ein Bestseller gestrickt sein muss. Es gibt sie nicht, die Bestseller-Formel. Gäbe es sie, hätten die Verleger sie längst entschlüsselt und müssten nicht mit jedem Buch erneut das Risiko unwägbarer Kalkulation eingehen. Im Besitz der Zauberformel oder eines Erfolgs-Algorithmus könnten sie ganz einfach errechnen, welche Themen in welchem Augenblick zünden und welche Autoren, Schreibweisen und Werbestrategien ratsam wären, um der Zündung dann auch das erhoffte Verkaufsfeuerwerk folgen zu lassen. Dass das nicht funktioniert, spricht für uns Leser. Darin besteht unsere Freiheit.

Allerdings behauptete 2016 das Autorenduo Jodie Archer und Matthew L. Jockers, den *Bestseller-Code* geknackt zu haben.[6] In empirischen Studien an 5000 Romanen aus 30 Jahren hatten sie nach Gemeinsamkeiten in Bestsellern gesucht und ein Computerprogramm entwickelt, das Bestseller angeblich mit einer Trefferwahrscheinlichkeit von 80 Prozent erkennen kann. Ob Rowling, King, Brown oder Grisham – gibt es bestimmte Muster, die den Erfolg ausmachen? Die Antwort der Lektorin und des Englischprofessors lautete: Ja. Aber dabei handelt es sich um eher banale Einsichten. Wichtig sei vor allem, dass ein Buch nicht mehr als zwei Themen behandle, am besten solche, die miteinander in Konflikt stehen und eigentlich zusammengehören. Liebe oder Familie versus Krieg oder Krankheit zum Beispiel. Erfolgsprinzip Nummer eins also: Einfachheit und Übersichtlichkeit und Verzicht auf komplexe Strukturen.

Blockbuster-Leser würden in erster Linie etwas über sich selbst erfahren wollen, über Leute und Milieus, die so sind wie sie. Prinzip Nummer zwei lautet demnach: Keine Experimente, sondern Altvertrautes! Keinesfalls fehlen dürfe – Prinzip Nummer drei – »menschliche Nähe«[7]. Damit ist nicht etwa Sex gemeint, sondern Passagen, in denen Menschen über ihr Verhältnis zueinander sprechen. Sex sei sogar kontraproduktiv, denn er spiele doppelt so häufig in Büchern eine Rolle, die keine Bestseller werden. Heldinnen sind immer gut – schon deshalb, weil Frauen die Mehrheit der Leserschaft bilden –, Philosophie, Monster und Revolutionen dagegen eher schädlich. Hunde sind verkaufsträchtiger als Katzen, und es darf insgesamt auch durchaus düster zugehen. Wenn die Verben »brauchen«, »wollen«, »vermissen« und »lieben« vorkommen, dann ist das schon fast die halbe Miete, und dass Spannungskurven eine Rolle spielen, ist auch nicht besonders verblüffend.

Viel mehr als ein Gag war diese empirische Erfolgsforschung nicht, und wenn der Computer tatsächlich 80 Prozent der Bestseller erkennen sollte, dann eben auch nur im Nachhinein. Es würde Verlagen wenig nutzen, Manuskripte mit diesem Programm zu prüfen. Vor allem fehlt dieser Untersuchungsmethode der Bezug zur Zeitgeschichte, zum Moment des Erscheinens und zu den unterschiedlichen Voraussetzungen in verschiedenen Ländern. Der »Code« kann nur bei industriell gefertigter Roman-Markenware aus den Bestsellerfabriken funktionieren, die von vornherein für den internationalen Markt und für eher unspezifische und zeitlose Unterhaltungsbedürfnisse konzipiert worden sind. Doch wenn derlei Waren alle immer gleich wären und es erfolgshalber nur noch Hunde gäbe und keine Katzen, wären sie eben auch immer gleich eintönig. Die Katzenliebhaberin Elke Heidenreich hat hinreichend bewiesen, dass Bestseller über Katzen sehr wohl möglich sind.[8]

Tatsächlich lassen sich Bestseller weder berechnen noch planen noch erzwingen. Darüber sind sich alle Experten einig. Mal bleibt der erwartete Erfolg eines hoch gehandelten Titels aus, mal stellt er sich unerklärlicherweise an anderer, unvermuteter Stelle ein. Allerdings: Ein paar Kriterien gibt es schon. Sachbücher, die kein »heißes« Thema verhandeln, haben es schwer. Aufregende, persönliche Geschichten – ein Musterbeispiel dafür war die Autobiografie von Hildegard Knef – haben dagegen gute Chancen. »Ein Bestseller ist wie ein Eintopf, in den sehr viele Zutaten gehören«, sagte Annette Anton als Cheflektorin Sachbuch der Verlage DVA, Siedler, Pantheon. Ein massentaugliches Thema ist demnach die wichtigste Ingredienz, aber es kommt eben immer auch auf den »Glücksfaktor« an, mit dem richtigen Thema auch den richtigen Moment mit historischem Rückenwind und entsprechender medialer Verstärkung zu erwischen. Und: »Wichtig ist auch, dass man das Buch in einem Satz zusammenfassen kann.«[9] Erfolge lassen sich deshalb nur unter bestimmten Voraussetzungen aus anderen Ländern und Erscheinungsmomenten importieren. Sehr oft gelingt die Verpflanzung in ein anderes kulturelles Biotop und einen anderen Debattenzusammenhang nicht. Zu viele unkalkulierbare Faktoren spielen dabei eine Rolle, und es ist allemal einfacher, im Nachhinein nach den Gründen zu suchen, die den Erfolg ausgemacht haben könnten, als ihn planend zu erzwingen. Vielleicht ergeben sich aus den diversen Fallbeispielen, die in diesem Buch ins Gedächtnis gerufen werden, aber doch bestimmte Muster oder zumindest notwendige Bedingungen, die einem Bestseller vorausgehen müssen.

Unabhängig davon lässt sich an ihnen eine Geschichte der sich wandelnden Mentalitäten in der Bundesrepublik Deutschland ablesen. Die Erfolgstitel sind Indikatoren, die, über sich selbst hinausweisend, eine besondere deutsche Geschichte erzählen. Diese Geschichte handelt davon, warum bestimmte Themen zu einer bestimmten Zeit so mächtig geworden sind. Sie handelt von dem, was uns bewegt hat, von unseren persönlichen Sorgen, unseren gesellschaftlichen Stimmungen und unseren politischen Erregtheiten – und von dem, was wir liebten. Kein Bestseller ohne eine Stimmung, die ihn trägt. Werner Faulstich bezeichnet Bestseller deshalb als »eine Art kollektiver Träume«.[10]

»Stimmungen dürfen allerdings nicht als rein private Zustände und bloß persönliche Empfindungen missverstanden werden«, schreibt der Soziologe Heinz Bude in seiner Analyse des Phänomens.[11] Er definiert den Begriff in ganz anderer, umfassenderer Weise als im Alltagsgebrauch, weil Stimmung über den Einzelnen und sein wechselndes Empfinden hinausgeht. Im Anschluss an den Philosophen Martin Heidegger, für den die Stimmung oder die »Gestimmtheit« Grundlage des menschlichen In-der-Welt-Seins gewesen ist, sind Stimmungen für Bude »Grundton oder Gesamtfärbung des Auffassens und Erlebens einer Objektivität, die das Ich zu sich selbst herausfordert.« Objektivität ist an dieser Stelle vielleicht schon zu viel gesagt, weil Stimmung etwas ist, das »weder in mir noch in der Welt« seinen Grund hat. Vielmehr bringt sie »die Art und Weise, wie ich in der Welt bin, zum Ausdruck«.[12]

Wenn Bude dabei von »leiblichen Regungen« spricht, mit denen und an denen entlang man in die jeweilige Stimmung gerät, dann ist der Leib dabei ein nicht-subjektiver und nicht-objektiver Raum des Erlebens. Wir sind »weder Autor noch Zeuge« unserer Stimmungen; wir »verstehen« uns vielmehr in dieser oder jener Stimmung, in die wir gerade versetzt sind. Es ist, in einfachen Worten gesagt, ein »Gesamtgefühl«, das uns beherrscht und das uns erlaubt, »bestimmte Gefühle zu fühlen, bestimmte Erwartungen zu erwarten und bestimmte Vorhersagen vorherzusagen.«[13] Die Stimmung ist weiter gespannt, als wir selbst es sind, weil sie nicht nur uns selbst enthält und nicht nur von uns allein stammt. Wir laufen ihr hinterher oder voraus. Als Stimmungsgestimmte sind wir aufnahmebereit für dies oder jenes. Insofern geraten wir dadurch sowohl in ein Verhältnis zur Welt als auch ins Verhältnis zu uns selbst.[14]

In diesen Bereich der Stimmungen gehören auch die »Stimmungsmacher«[15] in den Medien und auf Marktplätzen, die versuchen, Ängste zu schüren oder Hoffnungen zu wecken, an die Vernunft zu appellieren oder auch nur ans Ressentiment. Keine Politik ohne Politik der Stimmungen – und eben auch kein Bestseller ohne eine Stimmung, die seinen Erfolg trägt. Noch einmal Bude: »›Stimmung‹ liefert eine Schlüsselkategorie für den ganzen Menschen, der die Welt nicht nur über den Verstand analysiert und ordnet, sondern zugleich über die Vernunft sich selbst als Teil jener Welt begreift und erfährt, in der er sich selbst vorfindet.«[16]

»Stimmung« als Seeleneigenschaft ist nicht zufällig ein metaphorischer Begriff aus dem Bereich der Musik, wo sie – und es gibt verschiedene Arten des »Stimmens« – die Tonhöhe definiert und den Zusammenklang in festgelegter Harmonie ermöglicht. Musik als etwas Flüchtiges, das nicht materiell greifbar ist und doch auf Instrumenten »hergestellt« werden kann, ist das Urbild der Stimmung; die Künste generell dienen als Medien, die dazu geeignet sind, bestimmte Stimmungen schwingen und klingen zu lassen und sie überhaupt erst erlebbar zu machen. In der Musik geschieht das im Zuhörer, bei der Literatur in uns Lesern. Der Text »stimmt uns ein«, sodass wir einen Resonanzraum bilden für diese oder jene Stimmung.

Das gilt zunächst und zuerst für den Autor selbst. Auch er wird »eingestimmt« vom eigenen Schreiben, in dem er ganz enthalten ist – aber eben auch nicht, weil der stimmende, stimmige Text mehr ist als er selbst. Das Schreiben ist etwas, das ihm widerfährt. Ein Schriftsteller spricht nicht im eigenen Namen, meinte der mexikanische Nobelpreisträger Octavio Paz. »Das erste, was ein wahrhaftiger Schriftsteller tut, ist, an seiner eigenen Existenz zu zweifeln. Literatur beginnt, wenn einer sich fragt: wer spricht in mir, wenn ich spreche?«[17] Die Stimme des Schriftstellers hat für Paz ihren Ursprung in einer »Nichtübereinstimmung mit der Welt oder mit sich selbst«. Sie ist Ausdruck eines Schwindelgefühls »angesichts der sich auflösenden Identität«. Doch dieser Schwindel, dieses Verschwinden des bewusstseinsgesteuerten Ich, verkleinert das Gesagte keineswegs, sondern erweitert es: »Das Wort des Schriftstellers ist mächtig, weil es einer Position der Nicht-Macht entspringt.« Weil der Schriftsteller seine Zweifel, seine Schwäche, seine Zerrissenheit in die Sprache projiziert, ist Literatur zugleich Kritik. Octavio Paz weiter: »Die Poesie ist *Enthüllung*, weil sie Kritik ist: sie schließt auf, deckt auf, bringt das Verborgene zum Vorschein – die geheimen Leidenschaften, die nächtliche Seite der Dinge, die Kehrseite der Zeichen.«[18] Was Paz über Schriftsteller sagt, trifft genauso auch auf uns

Leser zu, denn wir sind die komplementären Gegengewichte zum Autor. Wir stehen auf der anderen Seite des Textes und öffnen ihn von uns aus – oder vielmehr: Wir lassen uns öffnen von ihm. Wir bringen den Text in der uns gemäßen Lesart zum Sprechen, so wie er uns auf seine Weise einstimmt. Die Stimmung ist der Raum, in dem wir und der Text einander vorfinden. Sie wird uns also nicht einfach vorgegeben, und wir reagieren auch nicht beliebig; Stimmung ist das Gemeinsame, ist Bewegung, ist Begegnung. Als Leser sind wir eine Art Stimmungsavantgarde, und weil das nicht nur für uns als Einzelne gilt, sondern für alle Leser, gibt es immer wieder Empfindungsverdichtungen und Interessensverknotungen an einer Stelle, an der sich gesellschaftliche Aufmerksamkeit verdichtet. Genau da entstehen aus unseren vielfachen Leseerwartungen und Leseerfahrungen unsere Bestseller.

SORGE DICH NICHT, LESE!

Stimmungen setzen ein gewisses Maß an Manipulierbarkeit voraus. Wir sind ansprechbare, offene Wesen. Wir sind durch Werbung, durch politische Propaganda, durch Einflüsterungen aller Art beeinflussbar, und vielleicht sind wir ja gerade so gestimmt, dass es uns beglückt, wenn uns jemand an die Hand nimmt und uns sagt, was wir tun und lassen und wie und was wir lesen sollen. Einer der erstaunlichsten internationalen Bestseller baute ausdrücklich darauf auf, uns Lesern die Leseanleitung gleich mitzuliefern. Und wenn wir uns nur an die Vorschriften hielten, dann konnten wir gar nichts falsch machen. Dann stellten sich persönlicher Erfolg und Lebensglück genauso ein wie der Welterfolg dieser seltsamen Erweckungspredigt: *Sorge dich nicht – lebe!* Aber richtig!

Dale Carnegie gab zunächst »neun Ratschläge, wie Sie das meiste aus diesem Buch herausholen können«.[1] Damit rückte er das Lesen in den Nützlichkeitskontext, der sein ganzes Denken bestimmt. Alles, was gut sei, müsse auch gut für etwas sein, und falls wir mit seinem Ratgeber nichts anfangen könnten, dann wären wir wohl selber schuld daran, weil wir schlecht gelesen hätten. Carnegie verwandelte das Lesen in ein moralisches und lebenspraktisches Exerzitium und uns Leser in seine Gefolgsleute. Er rief uns dazu auf, in die Sekte der wahren Leserschaft einzutreten, wo Aktivität, Erfolg, Glück und Seelenheil gleichbedeutend sind.

Sein Tonfall war unmissverständlich der eines amerikanischen Fernsehpredigers – und das zu einer Zeit, als das Fernsehen noch nicht verbreitet war. Carnegie trat zwar als Buchautor auf, doch er wandte sich an eine zuhörende Gemeinde. Die Hörbarkeit seiner Schrift, ihre autoritäre, deutlich vernehmbare Stimme, die wie ein Gesetz klingt, erzwang den Erfolg: Dieser Tonfall erlaubte keinen Widerspruch. Regel Nummer eins seiner Verkündigung diente als Grundlage und Bedingung für alles Folgende, wenn er »ein tiefes, großes Verlangen zu lernen« einforderte, »eine wilde Entschlossenheit, alle Sorgen zu bekämpfen und leben zu wollen«. Das war leidenschaftlich und zugleich allgemein genug formuliert, damit wir alle folgen konnten. Wer wollte das nicht: leben in wilder Entschlossenheit! Doch wie geht das? Wie stärken wir uns in diesem Sinne und machen Verlangende aus uns? Carnegie hatte auch dafür eine auf ihn selbst verweisende Antwort parat: »Indem Sie sich immer wieder ins Gedächtnis rufen, wie wichtig die in diesem Buch aufgestellten Grundregeln für Sie sind.«[2]

Carnegie wollte sein Sorge-Brevier nicht einfach bloß als schnöde Lektüre behandelt wissen. Er wollte, dass damit gelebt werde – und leben, das hieß für ihn: ora et labora, beten und arbeiten. Also war das, was er uns Lesern in die Hand legte, die Bibel für die Sekte der Erfolgshungrigen. Und es war zugleich »Ihr Arbeitsexemplar im Kampf gegen Ihre Sorgen«.[3] Flüchtiges Durchblättern würde nichts fruchten. »Lassen Sie es immer auf Ihrem Schreibtisch liegen. Blättern Sie häufig darin.«[4] Die weiteren Lesevorschriften lauteten: Jedes Kapitel zweimal lesen. Die Lektüre häufig unterbrechen und überlegen, wie sich das Gelesene anwenden lässt. Alles Wichtige unterstreichen, am besten mit einem Rotstift. Das Buch jeden Monat wieder neu vornehmen und es als praktischen Ratgeber verwenden. Übungen machen. Jede Woche die Fortschritte überprüfen. Über die Fortschritte Tagebuch führen. Das klang wie ein Fitnessprogramm, bei dem auch an calvinistischen

Züchtigungselementen nicht gegeizt wird: »Bezahlen Sie Ihren Familienmitgliedern jedesmal eine kleine Geldstrafe, wenn sie Sie dabei erwischen, wie Sie eine der in diesem Buch aufgestellten Regeln verletzen. So wird man Sie zähmen!«[5] Dieser Autor setzte auf soziale Kontrolle und auf die masochistische Ader von uns Lesern, und er hatte damit Erfolg. Wie sehr, das wird in meiner antiquarisch erworbenen Ausgabe sichtbar: Der Vorbesitzer hat sie – gemäß Regel Nummer vier – geradezu mustergültig mit dem Rotstift durchgearbeitet und alles unterstrichen, was ihm wichtig erschien. Dass er das Buch dann aber irgendwann zum Antiquar trug, anstatt es weiter auf dem Nachttisch liegen zu haben, um allabendlich darin zu blättern, lässt für sein Seelenheil nichts Gutes ahnen.

Dale Carnegie, Farmersohn aus Missouri, hatte zunächst in New York Lastwagen verkauft, ohne etwas von Lastwagen zu verstehen, dann beim YMCA in der Erwachsenenbildung gearbeitet, wo er Weiterbildungskurse in freier Rede gab. So übte er das Verkaufen und das Reden – günstige Voraussetzungen, um zum Guru des »Positiven Denkens« heranzureifen. Trotz notorischer Erfolglosigkeit, die er erst mit dem Erfolg seiner Erfolgsratgeber überwand[6], trat er mit einem bewundernswerten Selbstbewusstsein auf. Wenn für Literatur gilt, dass der Text das Bewusstsein des Autors übersteigt und es in Sprache aufhebt, dann gilt für einen Ratgeber wie diesen, dass die demonstrative Ungebrochenheit des Autoren-Ego eine Kardinalbedingung seiner Überzeugungskraft ist. Stärke spricht Ratsuchende nun mal mehr an als Zweifel und Verzagtheit. Wem es an Selbstbewusstsein mangelt, der schreibt auch keinen Bestseller. Jedenfalls keinen erfolgreichen Lebenshilfe-Ratgeber.

How to Stop Worrying and Start Living, wie die amerikanischen Originalausgabe hieß, erschien 1948, nachdem Carnegie schon zwölf Jahre zuvor, also vor dem Zweiten Weltkrieg, mit *Wie man Freunde gewinnt. Die Kunst, beliebt und einfluss-*

reich zu werden ein Millionenbestseller geglückt war. Erst in der deutschen Übersetzung von 1950 nahm *Sorge dich nicht, lebe!* Befehlsform mit Ausrufezeichen an. Der Titel ist jedoch vertrackt, weil in dem Befehl, sich nicht zu sorgen, sehr wohl eine Sorge steckt: nämlich die Sorge um sich selbst und das eigene, erfolgreiche Leben. Es ist ja genau die Sorge, aus der heraus man das Buch kauft – und zwar ganz gleich ob Carnegie oder *Shades of Grey*. Die Soziologin Eva Illouz sieht im »Selbsthilfemodus« eine grundsätzliche Eigenschaft von Bestsellern.[7] Ratgeber kultivieren das in Reinform. Sie funktionieren als Anleitungen zur Selbsthilfe, indem sie sich ganz auf die Sorge um sich konzentrieren. Sie bieten Orientierung und eine lebenspraktische Ausrichtung und sagen klipp und klar: »So macht man das«.[8]

Der *Spiegel* analysierte 1951 das Geheimnis der Ratgeber, Carnegie war damals noch einer unter vielen. Ein suggestiver Tonfall sei ihnen gemein: »Mit allen pädagogischen und psychologischen Raffinessen wird der Lehrstoff dargeboten. Schlagworte, Versprechungen und Redeweise erinnern manchmal an die Volksreden alter Wanderprediger und Sektierer«.[9] Sie verpacken »binsenweise Erfolgsrezepte« in interessante Stories. Diese Geschichten handeln »von Menschen, die schon vor dem gesundheitlichen oder dem finanziellen Ruin standen und plötzlich, weil sie die jeweils empfohlene Regel befolgten, wieder dick in die Geschäfte des Lebens einspringen konnten«.[10]

Der Autor selbst ist davon nicht auszunehmen, im Gegenteil: Er ist das beste Beispiel einer dieser Vom-Tellerwäscher-zum-Millionär-Geschichten: »Zur Reklame der Manager des Lebenserfolgs gehört die Story ihres eigenen Aufstiegs. Sie haben alle (…) einmal so angefangen wie der Durchschnittsleser ihrer Bücher: als unbedeutender, unzufriedener, kränkelnder und mit Sorgen beladener kleiner Mann.«[11] Das Biografische ist ein wichtiges Element in diesen Büchern. Sie destillieren ihre Wahrheiten und Lebensweisheiten aus einzelnen Lebensläufen heraus, aus Erzählungen von dir und mir, Erzählungen, die davon handeln, wie jemand das Rilke'sche Postulat »Du musst dein Leben ändern« in eine Erfolgsgeschichte umgemünzt hat. Erstaunliche Einzelfälle dienen als empirisches Material, das dann mit Statistiken und anderem Brimborium ins Wissenschaftlich-Allgemeine gehievt wird. Buchhändler hätten beobachtet – so der *Spiegel* weiter –, »dass Erfolgsbücher vorwiegend von Menschen gekauft werden, die früher Biografien verschlangen. ›Sie wollen wissen, wie andere Leute zu Glück, Ruhm und Reichtum kamen. Sie sind geistig mit den gewissenhaften Toto-Wettern verwandt, die sich sorgfältig nach dem Tipp der Prominenten und Erfolgreichen richten‹.«[12]

Und noch etwas entdeckte der *Spiegel*: Schadenfreude. Zum Erfolg der Ratgeber gehörte auch, dass sie von Misserfolgen berichteten. Zu erfahren, dass es anderen genauso bescheiden geht wie einem selbst, kann ja auch ein Leseantrieb sein. Aber das ist nur die Kehrseite davon, dass wir wissen wollen, was uns stark macht. Nichts macht Bücher erfolgreicher, als wenn sie von Erfolgen erzählen. Wir wollen Geschichten, die gut enden, und Lebensläufe, die auf sagenhafte Weise siegreich sind, um an diesen Siegen teilzuhaben.

Carnegies Bücher haben inzwischen eine Gesamtauflage von mehr als fünfzig Millionen in 38 verschiedenen Sprachen erreicht. *Sorge dich nicht, lebe!* hat daran den Hauptanteil. Auch in Deutschland wurde es millionenfach verkauft und machte dabei eine erstaunliche Karriere als Longseller, dessen größte Popularität mehr als dreißig Jahre nach der Erstauflage einsetzte. Auf der Jahresbestsellerliste des *Spiegel* tauchte das Buch zum ersten Mal 1984 auf Platz 8 auf. Von da an ging es langsam, aber stetig weiter nach oben, und Jürgen von der Lippe orchestrierte den Aufstieg mit dem passenden Schlager »Guten Morgen, liebe Sorgen, seid ihr auch schon alle da, habt ihr auch so gut geschlafen, na dann ist ja alles klar.« Bis über den Jahrtausendwechsel hinweg hielt sich Carnegie auf den vorderen Plätzen. Nachdem er 1998 tatsächlich Platz 1 erobert hatte, war er noch 2001 auf Platz 6 zu finden, um erst dann wieder aus den Top Zwanzig zu verschwinden – nach siebzehn Jahren auf der Bestsellerliste und mehr als fünfzigjähriger Dauerverkaufbarkeit, die auf niedrigerem Niveau weiter anhält. Die Sorge um die Sorgen, die man sich nicht machen soll, ist immer aktuell.

Sorge dich nicht, lebe! ist die bereits im Titel geronnene Lebensweisheit unserer Epoche. Ab Oktober 2001 traten Werner Tiki Küstenmacher und Lothar Seiwert die Nachfolge Carnegies an. Ihre Erfolgsformel lautete: *Simplify your life,* und auch in diesem Fall war der griffige Titel schon die ganze Botschaft. Das muss ein Bestseller schaffen: Er muss eine zitierbare Formel anbieten, in der sich das Buch in einer These zusammenfassen lässt. In einer immer komplexeren, unübersichtlichen Welt ist es ratsam, sich auf die Vereinfachung der eigenen Lebenspraxis zu konzentrieren: Zeitmanagement, Schreibtisch aufräumen, solche kleinen Dinge, die große Folgen haben. An Simplizität war das wirklich kaum zu überbieten, aber genau darin bestand ja das Programm. »Das Buch spricht ein Grundproblem des modernen Menschen an«, sagte die zuständige Programmleiterin des Campus-Verlages.[13] Es wäre unsinnig, einem Buch seine Schlichtheit vorzuwerfen, das nichts anders will, als zur Einfachheit aufzurufen. Von 2002 bis 2005 war *Simplify your life* in den Top Ten der Jahresbestseller und knackte in Deutschland die Millionengrenze. Wie zuvor bei Carnegie bewährte sich auch hier die Befehlsform des Titels.

Der Aufstieg Carnegies zum Megabestseller in Deutschland ereignete sich wohl nicht zufällig im Jahrzehnt der Angst, parallel zur Fantasy-Welle in der Literatur, als die Sorgen anfingen, global zu werden und apokalyptische Ausmaße anzunehmen. Damit wuchs auch die Sehnsucht, wenigstens das eigene kleine Leben einigermaßen in den Griff zu bekommen und die Sorgen da zu bekämpfen, wo sie bekämpfbar waren. In den achtziger Jahren vollzog sich die Reprivatisierung der Hoffnungen, nach den politisch und ideologisch so extrem zugespitzten Siebzigern, in denen noch die Weltrevolution auf der Tagesordnung gestanden hatte. Carnegie war der Lebensbegleiter des Abschieds von Kollektivutopien hin zu einem bescheidenen »Ein-jeder-ist-seines-Glückes-Schmied«.

Der Untergang des Sozialismus und die Wendezeit, die in einen globalen, hemmungslosen Kapitalismus einmündete, schufen dann ein Bewusstsein, in dem es galt, die eigene Stärke zu trainieren. *Sorge dich nicht, lebe!* wurde zur Bibel dieser Zeit über den Epochenwechsel hinweg und hinein in jene ökonomisch überhitzte Phase der New Economy und des Existenzgründerbooms, als es von Erfolgs- und Aufsteigergeschichten nur so wimmelte.[14] Carnegie erwies sich immer aufs Neue als anschlussfähig und schlug den Bogen von der Wirtschaftswunder-Aufstiegszeit ins neue Wirtschaftswunder am Ende des Millenniums, indem er ganz einfach auf den Urinstinkt und Grundantrieb des Menschen setzte: Egoismus. Daraus machte er seine Tugenden: Stärke, Disziplin, Durchsetzungsfähigkeit. Es waren Tugenden einer Epoche der gesellschaftlichen Entsolidarisierung; die amerikanischen Lehren der dreißiger Jahre ließen sich problemlos in den Kapitalismus der Neunziger übertragen. Wer Carnegies Ratschläge beherzigte, der würde, so dessen Versprechen, ein »Sieger sein«[15].

Im Schlussteil präsentierte er eine Reihe von Stimmen, die er »Erlebnisberichte« nannte. Tatsächlich sind es Leserbriefe, in denen von der erfolgreichen Anwendung seiner Regeln berichtet wird, dreißig Geschichten von Menschen, die ihre Sorgen damit überwinden konnten. Die letzte dieser Stimmen zitierte den deutsch-amerikanischen Prediger Reinhold Niebuhr mit dem kleinen Gebet, das ihn berühmt gemacht hat: »Gott gebe mir Gelassenheit, / hinzunehmen, was nicht zu ändern ist. / Mut, zu ändern, was ich ändern kann, / und Weisheit, zwischen beidem zu unterscheiden.«

Carnegies Sorglosigkeits-Brevier gründete auf der Tugend der Gelassenheit, aus der heraus stets zu handeln wäre. Altkanzler Helmut Schmidt war der nächste, der daraus eine Großtugend formte. Auch er berief sich – im Gefolge des Stoikers Marc Aurel – gerne auf das Gebet des Pastors Niebuhr und wurde mit dieser Grundeinstellung, die aus jeder seiner Ansichten sprach, zum gefeierten Bestsellerautor.[16] Schmidt transformierte die Sorgenfrei-Doktrin Carnegies ins Feld der Politik; er zeigte, dass es auch dort nicht lohne, sich Sorgen über Dinge zu machen, die nicht veränderbar sind. Diese Position in ihrer Mischung aus stoischem Ertragen und pragmatischem Handeln hatte etwas Beruhigendes und Vertrauenerweckendes, ja Tröstliches. Wir folgten ihr gerne.

Im Jahr 2014 schaffte es dann der Philosoph Wilhelm Schmid mit einem Büchlein auf Platz 2 der Sachbuch-Jahresbestsellerliste, das sich bequem in die Jackentasche stecken ließ. Es trug den schlichten Titel *Gelassenheit* und handelte davon, *was wir gewinnen, wenn wir älter werden*.[17] Wilhelm Schmid übernahm mit diesem kleinen Brevier der Lebenskunst erfolgreich das Erbe des Stoikers Helmut Schmidt und das des Calvinisten Dale Carnegie. Dessen Geist west weiter in der Literatur der »Sorge um sich«. So nannte die Theologin Margot Käßmann, als sie der Frage nachsann, »warum wir nicht verzagen müssen«, ihre trostreiche Botschaft in Anlehnung an Carnegie *Sorge dich nicht, Seele*.[18] Vielleicht, so die Hoffnung der Hoffnungsexpertin, schwang in diesem per Schüttelreim gewonnenen Titel genug vom Erfolg des Weltbestsellers mit, damit auch ihr Buch erfolgreich sein würde.

Die Nachfrage nach Lebenshilfe und nach Büchern, die unsere Sorgen schmälern, ist ungebrochen. Wilhelm Schmid sieht den Grund dafür im Verlust von »Tradition, Konvention, Religion, die bis ins Detail des Alltags hinein definieren konnten, wie zu leben ist.«[19] Weil dieses praktische Wissen und die Verankerung in einer Moral nicht mehr von Generation zu Generation weitergegeben würden, müsse jedes Individuum seinen eigenen Weg zum richtigen Verhalten und zur Selbst- und Welterkenntnis finden. Die Unübersichtlichkeit der modernen, globalisierten Gesellschaften verstärke die Ängste und die Unsicherheiten, die sich aus der weltanschaulichen Ungebundenheit ergeben. Wenn das Bedürfnis, sich nicht zu sorgen, so dominant geworden ist, müssen auch die zugrunde liegenden Ängste sehr stark geworden sein. Im säkularen Zeitalter hat die Lebenshilfe das Erbe der Religionen angetreten. Carnegie machte das schon dadurch deutlich, dass er im Jargon eines Predigers sprach.

An dieser Stelle bietet Schmid die praktische Philosophie als Helfer an, auch wenn er weiß, dass er dabei mit massiven akademischen Vorbehalten rechnen muss. Ebenso groß wie der Bedarf an »Lebenshilfe« ist das »Entsetzen der Gebildeten, die damit nichts zu tun haben wollen«.[20] Erfolg – und das ist ein Phänomen, mit dem alle Bestseller zu tun haben – macht misstrauisch, ganz so, als ob es gegen ein Buch oder eine Sache spräche, wenn sie viele von uns zu interessieren vermag. Als freiberuflicher Philosoph, als »philosophischer Seelsorger« und außerordentlicher Professor an der Universität Erfurt steht Schmid auf der Schwelle zwischen akademischem Betrieb und breitem Publikum. Mit seinen Büchern hat er bewiesen, dass eine an Fragen der Alltagsbewältigung orientierte »Lebenskunstphilosophie« bestsellertauglich ist. Seine grundlegende Schrift *Mit sich selbst befreundet sein* enthielt schon alle Themen und Thesen seiner späteren, kurz und knapp gehaltenen Erfolgsbücher über Glück, Freundschaft, Liebe, Gelassenheit und »schönes Leben«, war selbst aber noch zu breit angelegt, um eine große Leserschaft zu finden. Schmids Bestseller funktionierten wie Single-Auskoppelungen als Hits für die rasche Lektüre zwischendurch.

Die »Sorge um sich« umfasst den ganzen Menschen und seine Verankerung in der Welt. In der philosophischen Tradition führt dieser Aspekt zurück bis zu Sokrates. Die sokratische »Sorge um sich« hat nichts mit einem Egoismus zu tun, der einfach bloß an sich selbst und das eigene Wohlbefinden denkt. Sie unterscheidet sich auch von der Botschaft Carnegies, der die Sorgen als ein Übel begreift, das zu überwinden ist. Statt »Sorge dich nicht!« sagt Sokrates: Sorge dich – und mach was draus! Die »Sorge um sich« steht in der Perspektive von Freiheit, Schönheit, Wahrheit und Gerechtigkeit und gipfelt in der Sorge um die »schöne Seele«. Die »Sorge um sich« ist ein ethisches Programm und bedeutet, sich zugleich auch um eine gerechte Gesellschaft zu bemühen. Platon führte diese Gedanken im *Symposion* aus – einem Text, der rund 2500 Jahre alt ist und den man doch vielleicht auch als einen Best-, auf jeden Fall aber als einen Longseller bezeichnen muss.

»Sorge um sich« und Gemeinwohl stehen in einem engen Zusammenhang, weil wir soziale Wesen sind und das Leben sich in der Gemeinschaft erfüllt. Das christliche Gebot »Du sollst deinen Nächsten lieben wie dich selbst« weiß darum; es zielt ja nicht darauf, Eitelkeiten zu stärken, sondern auf eben diese wohlverstandene Selbstliebe als Sorge – eine höhere Form der Aufmerksamkeit. Diese Sorge umfasst alle Bereiche des Selbst: Seele, Körper, Geist, Sozialität. Wilhelm Schmid widmet all diesen Aspekten eigene Kapitel. Ökologisches Bewusstsein und verantwortungsvolles Verhalten gehen darin ebenso auf wie die Gesundheit, die ja auch etwas ist, das jedem Einzelnen im Umgang mit sich selbst aufgegeben ist. So verstanden ist auch Gesundheit kein medizinisch herstellbarer Zustand, sondern, wie der Philosoph Hans-Georg Gadamer formulierte, eine »Rhythmik des Lebens«, ein »Vorgang, in dem sich immer wieder Gleichgewicht stabilisiert«.[21]

Was Gelassenheit für die Seele, ist Gesundheit für den Körper. Deshalb gehört das mit medizinischen Fragen befasste

Segment des Sachbuchmarktes ebenfalls in die Rubrik der Selbsthilfe und der Sorge um sich. Einfache Regeln, wie wir sie mit *Simplify your life* oder Carnegies Geboten befolgten, finden ihre Entsprechung im neuesten Diätprogramm der Saison, im Rückenratgeber von Dietrich Grönemeyer und vor allem in den beiden Büchern, die zu Millionenbestsellern geworden sind: *Die Leber wächst mit ihren Aufgaben*, eine Sammlung humoristischer Kolumnen von Dr. med. Eckart von Hirschhausen, wie die Autorenzeile auf dem Buchcover in akademischer und nicht ganz unironischer Vollständigkeit lautet[22], und *Darm mit Charme*, die Verdauungsfibel der – als ihr Buch 2014 erschien – 24 Jahre alten Medizinstudentin Giulia Enders.

Enders erörterte zentrale und zerebrale Fragen des menschlichen Daseins: »Wie geht kacken?«, »Wie sitze ich richtig auf dem Klo?«, »Warum erbrechen wir?« oder »Wie können Bakterien dick machen?«[23] Auf launige Weise erklärte sie die Funktion des Verdauungstraktes, untersuchte den Zusammenhang zwischen Darm- und Gehirntätigkeit und knüpfte an die Mutter aller Bestsellerthemen an, wenn sie die Frage, wo das Ich entsteht, einer eindeutigen Antwort zuführte: In der »Insula«, jenem noch ziemlich unerforschten Segment der Großhirnrinde, das für die Wahrnehmung der körperlichen Befindlichkeit zuständig zu sein scheint und aus den Nervenerregungen, die der Körper sendet, ein Selbstbild entwirft. Dazu gehört auch die Bewertung der vegetativen, nicht willentlich steuerbaren Vorgänge im Gedärm. Man darf ihren Darm-Diskurs deshalb durchaus als physiologische Fortsetzung der – eher zum Philosophischen tendierenden – Fragestellung *Wer bin ich – und wenn ja wie viele?* von Richard David Precht aus dem Jahr 2008 verstehen. Ihre Darmhygiene ist der Weg zu einem besseren Leben, weil ein gesunder Darm der Königsweg zu größerer Gelassenheit ist. Jede Sorge um sich führt zwangsläufig zur Frage nach dem Ich und dem Imperativ »Erkenne dich selbst!«. Wer nicht weiß, was das Ich ist, wo es entsteht und wie viele wir sind, der kann auch nicht wissen, wie er sich am besten um sich selbst sorgen sollte. Der Antworten gibt es viele – hier jedenfalls beginnt die Selbsterkenntnis im Darm.

Sicher ist der kalauerhaft-eingängige Titel auch hier die halbe Miete, doch der außerordentliche Erfolg ist damit noch lange nicht erklärt. Verdauungsprobleme sind ein verbreitetes Leiden. Ein Buch, das die Sorge um sich mit der richtigen Haltung auf dem Toilettensitz in Zusammenhang bringt, ist von vornherein brauchbar. Es behandelt ein Thema, das nicht gesellschaftsfähig ist. Über Verstopfung oder Durchfall sprechen wir mit engsten Freunden und vielleicht noch mit unserem Arzt, und es hat durchaus etwas Tabubrecherisches, das Thema öffentlich zu behandeln. Hier betrat nun ein fröhliches junges Mädchen mit Pferdeschwanz die Bühne und äußerte sich unverkrampft über Abführmittel, Erbrechen, Hämorrhoiden und alle verborgenen Vorgänge zwischen Mundöffnung und Schließmuskel. Enders versprach zu erklären, »was die Forschung Neues bietet und wie wir mit diesem Wissen unseren Alltag besser machen«[24]. Das ist das klassische Anliegen der Lebenshilfe. Den »charmanten Ton« ihrer Darstellung bestätigte sie sich der Einfachheit halber gleich selbst.[25]

Tatsächlich hatte sie ihr Thema zunächst auf der Bühne erprobt und beim »Science Slam« den ersten Preis gewonnen. Ihre Performance war zu einem Youtube-Hit geworden, der mehr als eine Million Klicks erzielte. Das Gekicher im Publikum führte die Reaktion der späteren Leserschaft schon einmal vor. Es ist einer der seltenen Momente, in denen wir Leser uns einmal als große Menge erleben dürfen: nicht als Vereinzelte mit ihrem Buch, sondern als Viele, die wie ein Wesen reagieren. Unser kollektives Kichern setzte direkt an der Peinlichkeitsschwelle ein, wenn es ums Pupsen oder um die Aggregatzustände fest, flüssig, gasförmig ging. Hier wurde etwas Schambehaftetes öffentlich zelebriert und dadurch weniger peinlich. Enders erreichte das durch den ins Alltagswissen heruntergebrochenen wissenschaftlichen Zugang ebenso wie durch die harmlose Heiterkeit ihres Vortrags. Die lustigen Zeichnungen der Kommunikationsdesignerin Jill Enders, ihrer älteren Schwester, waren ein weiteres wichtiges Element der Vorträge ebenso wie des Buchs, das 2014 mit über einer Million Exemplaren den Spitzenplatz bei den Sachbuch-Paperbacks eroberte und auch 2015 und 2016 behauptete. Als im Sommer 2017 eine erweiterte Neuausgabe erschien, waren bereits 2,2 Millionen verkauft, das Buch in 40 Ländern erfolgreich.[26]

Psychologisch gesehen könnte man aus diesem Erfolg schließen, wir Leser wären im Jahr 2014 kollektiv in unsere anale Phase eingetreten, um entschlossen darin zu verharren. Kleinkinder entdecken im Alter von ungefähr zwei Jahren die Lust an der eigenen Ausscheidungstätigkeit und damit an sich selbst als autonomen Subjekten, die ihren Schließmuskel steuern können – ein wichtiger Schritt in der Entwicklung hin zu Selbständigkeit und Selbstbewusstsein. So gesehen könnte der Erfolg von *Darm mit Charme* auf einen fortschreitenden kollektiven Emanzipationsprozess hinweisen. Mit gleichem Recht könnte man aber auch eine Dominanz des »analen Charakters« vermuten, einer eher problematischen Persönlichkeitsstruktur. Sigmund Freud schrieb diesem Menschentypus eine Neigung zu Pünktlichkeit, Ordnung, Geiz und Starrköpfigkeit zu – für ihn die Konsequenz aus einer schambehafteten Erziehung zu übertriebener Sauberkeit. Tatsächlich werden diese Charaktereigenschaften häufig den Deutschen zugesprochen. Mag sein, dass es sich dabei um längst überholte Klischees handelt. Der außerordentliche Erfolg eines Buches über die Verdauung sollte uns dennoch zu denken geben.

Der Literaturkritiker Ijoma Mangold verglich *Darm mit Charme* in der *Zeit* mit dem Skandalbuch *Feuchtgebiete* von Charlotte Roche – allerdings eher als Gegensatzpaar. Während

Roche den Ekel zelebrierte, verwandelte Enders alles möglicherweise Ekelhafte in ein Wunder des Körpers, sodass wir schließlich nur noch staunen konnten über all das, was wir tagtäglich hervorzubringen in der Lage sind.[27] Sie beherzigte auch die Regel, von sich selbst auszugehen und – entsprechend Carnegies Modell des gesellschaftlichen Aufstiegs – in diesem Fall die Geschichte einer Gesundung zu erzählen. Im Vorwort stellte sie sich selbst vor, indem sie von Wunden an ihrem Bein erzählte, die einfach nicht heilen wollten. Ein ganzes Jahr lang habe sie sich mit nässenden, offenen Stellen auf ihrer Haut herumgequält, bis sie sich erinnerte, dass das Übel mit der Einnahme von Antibiotika begonnen hatte. »Von diesem Moment an behandelte ich meine Haut nicht mehr wie die Haut eines Hautkranken, sondern wie die eines Darmkranken.«[28] Also musste das bakterielle Gleichgewicht wiederhergestellt werden. Damit hatte sie Erfolg. Der Darm war ihr Lehrmeister. Sensibilität und das »Erkenne dich selbst« gegenüber dem eigenen Körper zahlten sich aus. Wenn das Darmbuch eine Anleitung zum Wohlbefinden und zum besseren Leben ist, dann ging die Autorin mit gutem Beispiel voran: Höre auf dich, höre auf dein Inneres, sorge dich um dich, erkenne dich selbst.

Den Blick nach innen zu wenden, meint also, auf die eigenen Körperfunktionen zu achten und nicht etwa – wie es der gute Christ empfinden würde – die Einkehr zu Gott, das Lauschen auf die eigene Seele. Giulia Enders hat ganz genau verstanden, dass wir im digitalen Zeitalter ein immer größeres Defizit an Körperlichkeit entwickeln. In der virtuellen Welt geht der Leib verloren. Ihr Buch leistet einen Beitrag dazu, ihn wiederzugewinnen und über ihn zu sprechen. »Je städtischer und digitalisierter wir werden«, sagte sie, »desto größer wird die Kluft zwischen unserem tierischen Wesen und unserer geistigen Wahrnehmung.«[29] Wenn wir den ganzen Tag über mit Mails, TV-Bildern und unkörperlichen Freunden in sozialen Netzwerken zu tun haben, ist es geradezu einen Wohltat, sich endlich wieder unverstellter Leiblichkeit zuwenden zu dürfen. »Uns beschäftigt immer mehr der Abstand zu dem Wesen, das wir sind. Weil wir plötzlich nur noch so gehirngeistige Außenweltwesen sind.«[30] Ein bisschen Weltrettung durchs vegetative System und die begleitende Geist-Skepsis lassen wir uns in diesem Zusammenhang durchaus gefallen.

Eine ähnliche Botschaft vermittelte auch Dr. med. Eckart von Hirschhausen, wenn auch auf etwas derbere Art und mit einem häufig unter der Gürtellinie des guten Geschmacks angesiedelten Humor. Als »medizinischer Kabarettist«[31] achtet er vor allem auf die Pointendichte seiner Texte: Das schließt aber nicht aus, dass sie Wissenswertes über Ärzte und Patienten, Männer und Frauen, Krankheit, Gesundheit, Schul- und Alternativmedizin, Morgenlatten und Gaumensegel versammeln. Die Bedingung seines Erfolgs besteht in der Einsicht, dass »der Gesundheitsmarkt in weiten Teilen eben keine Wissenschaft, sondern Unterhaltungsindustrie« ist[32] – eine Einschätzung, die sich auch Giulia Enders zunutze macht. Schließlich gehen die meisten Leute nicht deshalb zum Arzt, damit der ihnen sagt, was ihnen fehlt – denn das wissen sie schon längst, und meistens fehlt ihnen gar nichts –, sondern um im Wartezimmer ihre Krankengeschichte zu erzählen.[33] Zusammen mit den Cartoons von Erich Rauschenbach bediente Hirschhausen das Genre der »komischen Lebenshilfe«, getreu der altbewährten Maxime, Lachen ist die beste Medizin. Seine Texte seien »keine Placebos«, seine Geschichten »ansteckend lustig«, versprach der Verlag. Und auch hier verriet schon der Titel, welche Art von Frohsinn wir erwarten durften. Schnupfen, Allergien, Kopfschmerzen, Milben, Haarausfall – Hirschhausen hatte für alles guten Rat und schlechte Witze und verquirlte das so geschickt miteinander, dass es nur schwer auseinanderzuhalten war.

Giulia Enders' Erfolg kam aus dem Nichts, niemand kannte die Medizinstudentin vor ihren Auftritten, bei denen sie von der Agentin Petra Eggers auf YouTube entdeckt und zum Buchvertrag überredet wurde. Hirschhausen dagegen war Kabarettist, hatte als Zauberkünstler erste Bühnenerfahrung gesammelt, eine Ratgebersendung im Hessischen Rundfunk moderiert und von 2004 bis 2006 Zuschauerfragen im ARD-Wissenschaftsmagazin »W wie Wissen« beantwortet. Dass ein humoristisches Büchlein wie *Die Leber wächst mit ihren Aufgaben* erfolgreich sein würde, war keine Überraschung, auch wenn sicher nicht erwartet werden konnte, dass sich das Buch allein 2008 mit rund 1,4 Millionen und im Jahr 2009 noch einmal mit mehr als einer Million Exemplaren verkaufen würde.[34] Von da aus wirkte der Bucherfolg dann wieder auf die Fernsehkarriere zurück: Hirschhausen erhielt Auftritte in der Late-Night-Show bei Schmidt & Pocher, moderierte ab 2009 die NDR-Talkshow »Tietjen & Hirschhausen« und in der ARD die Sendung »Frag doch mal die Maus« und eine eigene Quiz-Show. Die wachsende TV-Prominenz befeuerte ihrerseits wieder den Buchverkauf. So entstand ein Zirkel der Berühmtheit, der sich selbst ernährt, wenigstens für einige Zeit, und in dem sich auch das nächste Buch *Glück kommt selten allein* weit über eine Million Mal verkaufte.

GUT, BESSER, BEST

Was ist ein Bestseller? Klar: das Buch, das sich am besten verkauft. Doch diese schlichte Definition ist in der Praxis kaum
brauchbar. Der Superlativ »am besten« ist eine Vergleichs-
größe, die den Verkaufserfolg in Relation zu anderen Büchern
setzt. Streng genommen dürfte es also nur einen einzigen
Bestseller geben, denn es können sich ja nicht zwei Bücher am
besten verkaufen. Dieses eine wäre dann die Bibel als das Buch
der Bücher, der Longseller schlechthin, mit einer Gesamtauflage von zwei bis drei Milliarden. Aber gerade die Bibel taucht
auf keiner Bestsellerliste auf.[1] Nimmt man den Begriff in seiner wörtlichen Bedeutung ernst, wäre die Existenz einer Bestsellerliste absurd, weil schon auf Platz 2 logischerweise kein
»Best«seller stehen kann, sondern eben nur ein womöglich
sehr gut, aber keineswegs das am besten verkaufte Buch.

Und die Sache wird noch komplizierter: Wenn man die Aufteilung des Buchmarktes in Sachbuch und Belletristik akzeptiert, akzeptiert man auch, dass es zwei Listen und also zwei
»best«-verkaufte Bücher gibt.[2] Zudem haben sich Listen für
Taschenbücher und für Paperbacks etabliert, und es gibt spezielle Listen für unterschiedliche Genres: für Kinderbücher
und Kriminalromane, für Bilderbücher und Hörbücher, und
wer will, kann in bestimmten Branchenmagazinen auch die
Bestseller für Reise oder Kochen finden. Das ist ziemlich viel
Bestverkauftes gleichzeitig, und von Woche zu Woche ergeben
sich dann schon wieder andere, neue Konstellationen.

Durchgesetzt hat sich deshalb eine andere Bedeutung des Begriffs: Als Bestseller gelten die Bücher, die auf den Bestsellerlisten stehen, oder, wie Wikipedia weich und weit definiert, »Bücher, deren Verkaufszahlen über dem Durchschnitt liegen«[3], die sich besser verkaufen als die große Masse der jährlich rund 100 000 Neuerscheinungen in Deutschland. Das wiederum bedeutet, dass sie die Normalauflage, die irgendwo zwischen 500 und 5000 verkauften Exemplaren liegt, um das »Zehn- bis Hundertfache« übertreffen[4]. Aber wo genau soll die Grenze zum Bestseller gezogen werden? Bei 30 000 Exemplaren?[5] Bei 100 000? Bei 500 000? Bei einer Million? Es ist müßig, sich auf eine bestimmte Größe festzulegen, denn sie ist immer willkürlich. Die Bedeutung eines Buches, seine bewusstseinsprägende Kraft, kann durch die bloße Verkaufszahl nicht wiedergegeben werden. Nicht jeder Millionenseller führt zu registrierbaren Ausschlägen auf dem kollektiven Stimmungsbarometer, aber mancher Titel mit gar nicht so hoher Auflage kann prägende Debatten auslösen – wie zum Beispiel Daniel Goldhagen mit *Hitlers willige Vollstrecker*[6] oder Jonathan Littells fiktive Geschichte eines SS-Mannes, *Die Wohlgesinnten*[7], um zwei Beispiele, Sachbuch und Roman, aus dem großen Bereich der Auseinandersetzung mit der NS-Geschichte zu nehmen.

Tatsächlich liegen auf den Verkaufstischen der Buchhandlungen ziemlich viele Bücher mit dem werbewirksamen Aufkleber »Bestseller«. Dafür reicht es aus, irgendwann einmal auf einer der maßgeblichen Bestsellerlisten, in *Spiegel* oder *Focus* gestanden zu haben, und sei es auch nur auf Platz 20.[8] Wolfgang Hörner, Verleger der Kiepenheuer & Witsch-Tochter Galiani, spricht gar davon, dass verlagsintern alle Bücher, die es auf die Top 50 geschafft haben, als Bestseller gelten. Zudem spielt es überhaupt keine Rolle, ob das vor einem oder vor zwanzig Jahren war. Einmal Bestsellerliste, immer Bestseller – das ist die praktizierte Regel im Buchhandel. Die Inflationierung des Begriffs führt dazu, dass neuerdings schon der Aufkleber »BestBestseller« zu sehen ist, weil ein Einfach-nur-Bestseller nichts Besonderes mehr ist. Das ist ungefähr so wie der FilmFilm auf Sat 1.

Auch nach vorne, in die Zukunft hinein, in den Bereich der Erwartungen und Hoffnungen, sind die Verlage großzügig: Sie kündigen Neuerscheinungen gerne schon als Bestseller an, bevor sie in den Verkauf gekommen sind. Das muss keine Lüge sein, ist aber in jedem Fall ein noch nicht eingelöstes Versprechen. So wurde zum Beispiel Nele Neuhaus mit ihrem Roman *Im Wald* großflächig auf Plakaten als Bestseller beworben, als das Buch noch gar nicht in den Buchhandlungen lag.[9] Ein Werbe-Folder kündigte den »neuen Bestseller« der »Bestsellerautorin« und »Krimi-Queen« Deutschlands an und protzte mit Zahlen: Über 7 Millionen verkaufte Exemplare ihrer Titel in mehr als 20 Ländern und eine große Marketingkampagne »mit fast 40 Millionen Kontakten« und 340 Plakatflächen in 74 ICE-Bahnhöfen. Einen Trailer produzierte der Verlag auch, in dem die Autorin ihren Roman als ganz besonders »persönlich« anpries.[10] Die »attraktive Nele-Neuhaus-Tragetasche« aus Papier gab's dazu im Buchhandel. Die selbsterfüllende Prophezeiung ging auf: Das Buch startete auf Platz 2 der *Spiegel*-Bestsellerliste[11]. Oder ist Platz 2 in so einem Fall bereits ein Misserfolg? Andere Titel zogen vorbei: Sebastian Fitzek, Joanne K. Rowling, Elena Ferrante. Tröstlich zu wissen, dass Werbeeinsatz sehr viel, aber nicht alles bewegen kann und dass zur Beantwortung der Erfolgsfrage »born or made«[12] neben den externen Faktoren von Markt und Stimmung eben auch die inneren, die thematischen und ästhetischen Gründe eine Rolle spielen.

Manchmal ist der vorauseilende Gebrauch des Begriffs »Bestseller« in der Werbung dadurch gedeckt, dass der Titel in einem anderen Land tatsächlich bereits ein Erfolg war. Das heißt aber noch lange nicht, dass das auch hierzulande gelingen wird. Oder die reißerische Behauptung leitet sich – wie bei Nele Neuhaus – daraus ab, dass die Autorin zuvor bereits andere Bestseller geschrieben hat. Das hat sie in eine »Bestsellerautorin« verwandelt – auch so ein werbewirksamer Begriff. Bestsellerautoren aber sind Menschen, die definitionsgemäß Bestseller – und nichts anderes – schreiben und die mit ihrem Namen dafür einstehen. Ihr Name ist zu einem Markennamen geworden. Also muss doch wohl auch das neue Buch – logisch! – ein Bestseller sein, noch bevor auch nur ein einziges Exemplar verkauft, ja bevor es geschrieben worden ist. So funktioniert die Mathematik der Werbeabteilungen.

Die wichtigste Voraussetzung für Erfolg ist vermutlich: Erfolg. Das Buch eines berühmten, erfolgreichen Autors wird erfolgreicher sein als das eines Unbekannten, und zwar völlig unabhängig davon, was drinsteht und unabhängig von der literarischen Qualität. Der neue Dan Brown wird gekauft, der neue Daniel Kehlmann auch.[13] Wenn es sich um gute Romane handelt, die zu lesen für uns ein Gewinn ist, dann haben wir Glück gehabt. Gekauft haben wir sie schon vor dem Erfolg, weil wir ihrem Versprechen – Spannung, Unterhaltung, Bildung, Qualität – geglaubt haben.

Der Erfolgsautor kommt aber nicht alleine auf uns zu. Er braucht auch den richtigen Verlag, also einen, der ihn mit aller Kraft auf den Markt bringt und der zu ihm passt. Dan Brown ist bei Bastei-Lübbe gut aufgehoben, Daniel Kehlmann besser bei Rowohlt. Das Image des jeweiligen Verlages mit seinem besonderen Standort zwischen Hochkultur und Trash verbindet sich dabei mit dem Markennamen des Autors. Fügen sie sich nicht in ein einheitliches Bild, dann geht die Rechnung nicht auf. In diesem Zusammenhang spielt auch das Cover seine Rolle. Bei Dan Browns *Origin* ist auf den ersten Blick zu erkennen, dass es sich um einen Thriller mit Elementen des historischen Romans handelt. Das signalisieren die stilisierten, blutroten Lettern des Titels über den Türmen einer Kathedrale, der Sagrada Familia in Barcelona. Damit ist auch schon ein zentraler Ort der Handlung markiert. Ähnlich auch bei Kehlmann, wo die Buchstaben T Y L L großflächig zu tanzen scheinen, ganz wie auch die abgebildete Menschenmenge aus Francisco de Goyas *Das Begräbnis der Sardine*. Dieses Buch verspricht ein Fest und Lesefreude, und es ist sofort klar, dass es sich um eine Eulenspiegeliade handelt, also um einen historischen Roman. Kehlmann kehrt damit zu dem Genre zurück, das seinen Erfolg begründet hat. So kennen wir ihn seit der *Vermessung der Welt*.

Erfolg zeitigt Erfolg. Bestsellerautoren schreiben Bestseller. Wissenschaftlich betrachtet ist jedoch nicht ganz klar, ab wann man von einer Bestsellerautorin oder einem Bestsellerautor spricht. Karin Liebenstein setzte für ihre statistische Untersuchung des Phänomens mindestens fünf Platzierungen mit unterschiedlichen Büchern in den Jahres-Top-Ten voraus. Das ist eine Zahl, die vor allem Ausschlusskriterien folgt: Ausgeschieden werden damit all die Autorinnen und Autoren, die bloß einen einzigen großen Bestseller hatten, in dessen Gefolge sich dann auch die nächsten zwei, drei Bücher gut verkauften. Bei fünf Titeln hat man die Gewähr, dass der Erfolg sich verstetigt hat und nicht nur an einem einzelnen Werk hängt.

Für ihren Beobachtungszeitraum von 1962 bis 2001 kommt Liebenstein unter dieser Bedingung auf nicht mehr als neun Bestsellerautoren in Deutschland. Das sind, in chronologischer Reihenfolge. Heinrich Böll, Günter Grass, Johannes Mario Simmel, Siegfried Lenz, Ephraim Kishon, Isabel Allende, Rosamunde Pilcher, John Grisham und Donna Leon.[14] Dass darunter drei Frauen sind, ist, wie Liebenstein anmerkt, ein Novum. In früheren Beobachtungszeiträumen fanden sich keine Frauen, die das genannte Kriterium erfüllten. Das beginnt sich erst seit den siebziger Jahren des 20. Jahrhunderts langsam zu ändern. Bei den Sachbüchern ist das Verhältnis von Männern und Frauen noch eklatanter. Da gibt es überhaupt nur fünf

Männer und keine einzige Frau, die das Bestsellerautoren-Kriterium erfüllen. Es sind: Klaus Mehnert, Erich von Däniken, Hoimar von Ditfurth, Sebastian Haffner und Peter Scholl-Latour. Das Verhältnis der männlichen zu den weiblichen Autoren auf den Jahresbestsellerlisten ist ungefähr zehn zu eins. Darin hat sich bis in die Gegenwart nur wenig geändert.[15] Das ist umso erstaunlicher, als Frauen doch die Mehrzahl der Leserschaft stellen. Ziemlich genau zwei Drittel aller Kunden der Buchhandlungen hierzulande sind laut einer Erhebung des Deutschen Börsenvereins weiblich, 2014 waren es 67 Prozent, 2016 nahezu unverändert 66 Prozent.[16]

Der Begriff »Bestseller« ist aber auch noch aus einem anderen Grund unscharf: Er sagt nichts aus über die absoluten Verkaufszahlen. Dem Platz auf der Bestsellerliste entspricht keine quantifizierbare Größe, er gibt nur das Verhältnis zu anderen Büchern im selben Zeitraum an. Ein Bestseller im Dezember zeigt in der Regel deutlich höhere Verkaufszahlen an als ein Bestseller im Januar, weil der Buchhandel mit dem Weihnachtsgeschäft auch die höchsten Umsätze erzielt. In einer Flaute, in der überhaupt nichts verkauft werden würde, wäre ein Titel schon dann der Bestseller, wenn ein einziges Exemplar über die Ladentheke ginge. »Best« kann auch recht wenig sein.

Und woher weiß man, wie viele es genau gewesen sind? Auskünfte der Verlage sind sparsam und unzuverlässig. Sie spiegeln häufig eher die eigenen Hoffnungen wider, als dass sie echte, belastbare Zahlen nennen. Oder sie orientieren sich an der gedruckten Auflage, auch wenn davon erst die Hälfte verkauft ist. Bis die Remittenden einlaufen – Bücher, die der Buchhandel geordert, aber nicht verkauft hat, und irgendwann wieder zurückschickt – können Monate, ja Jahre vergehen. Außerdem entsprechen die Angaben der Verlage sowieso selten der Wahrheit, weil sie sich – wie alle Wirtschaftsunternehmen – nur ungern in die Bilanzen schauen lassen und weil die bloße Behauptung, dass ein Buch erfolgreich sei, auch schon so etwas wie eine Werbemaßnahme ist.[17] Umgekehrt wäre das Eingeständnis eines Misserfolgs geschäftsschädigend. Also lassen sich exakte Zahlen – wenn überhaupt – nur über den Buchhandel ermitteln.

In der Forschung hat sich die Definition von Sonja Marjasch behauptet, die den Bestseller als einen »Massenartikel« bezeichnete, »der innerhalb einer bestimmten Zeitspanne, in einem bestimmten Absatzgebiet, im Vergleich zu den übrigen Büchern derselben Warengattung (während der gleichen Zeit am gleichen Ort) eine Höchstzahl von verkauften Exemplaren erreicht.«[18] Die zeitliche und räumliche Eingrenzung ist wichtig, um überhaupt zu überschaubaren Aussagen zu finden. Dabei haben wir uns daran gewöhnt, Bestseller im Wochenrhythmus und bezogen auf eine Nation zu ermitteln. Kürzere Zeiträume als eine Woche sind kaum zu erfassen[19] und wären auch nicht adäquat zu rezipieren. Längere Perioden, Monatsrhythmen beispielsweise, könnten kurzfristige Erfolge, die sich vielleicht nur eine oder zwei Wochen halten, nicht erfassen.[20] Jahresbestsellerlisten, wie sie der *Spiegel* erstellt, werden aus den wöchentlichen Erhebungen hochgerechnet und bieten eine zusätzliche Orientierung, die gerade im Rückblick wichtig ist. Um die großen Themenkonjunkturen zu erfassen, reicht der Blick in die Jahresbestsellerlisten völlig aus; da verdichten sich die Titel, die mehr gewesen sind als nur ein Augenblickswetterleuchten. Dabei kann durchaus auch ein Buch auf Platz 1 des Jahres landen, das auf den Wochenlisten nie ganz vorne stand, wenn es sich das ganze Jahr über gut verkauft hat und es ihm also gelang, zu einem »Longseller«[21] zu werden.

Die räumliche Eingrenzung auf eine Nation scheint im Zeitalter der Globalisierung weniger zwingend als die zeitliche Beschränkung. Man könnte statt der Staatsgrenzen ja auch den Grenzen folgen, die einen gemeinsamen Sprachraum umschließen, also beispielsweise den Buchmarkt Deutschlands,

Österreichs und der deutschsprachigen Schweiz zusammenfassen, der ja tatsächlich von denselben Verlagen mit denselben Titeln beliefert wird und also, ganz im Sinne von Sonja Marjasch, ein einheitliches Absatzgebiet bildet. Die Unterschiede und regionalen Besonderheiten in den verschiedenen Ländern bestehen ja auch zwischen verschiedenen Regionen innerhalb Deutschlands, und trotzdem existieren keine eigenen süddeutschen oder ostdeutschen Bestsellerlisten, keine Listen einzelner Bundesländer oder eine Großstadt- und eine Provinzliste.

Aber die Nation hat sich als Bezugsgröße fraglos etabliert. Auch dieser Akzeptanz liegt etwas Stimmungshaftes zugrunde, eine fast schon naturgemäße Selbstverständlichkeit, in der sich der Glaube ausspricht, dass Bestseller etwas mit den jeweiligen nationalen Besonderheiten zu tun haben. »Bestseller sind kulturelle Barometer unserer Zeit«, schreibt Sonja Marjasch[22], und sie sind das in jedem nationalen Gebilde auf besondere Weise. Hätten Bestsellerlisten ausschließlich die Funktion, das Marktgeschehen abzubilden, wäre die Aufteilung des deutschsprachigen Buchmarktes in mehrere nationale Räume nicht sinnvoll. Nimmt man sie aber als Ausdruck unterschiedlicher nationaler Befindlichkeiten, die Rückschlüsse auf Stimmungen erlauben (und die diese Stimmungen zugleich erzeugen oder stärken), dann ist diese Aufteilung folgerichtig.

Dabei sind die Bestsellerlisten nicht nur ein Abbild des Verkaufsgeschehens in den Buchhandlungen. Vielmehr dienen sie ihrerseits als Marketinginstrument. Bücher, die sich gut verkaufen, schaffen es auf die Bestsellerlisten, aber haben sie es dorthin geschafft, verkaufen sie sich noch viel besser. Man muss also zwei Phasen unterscheiden.[23] Die erste Phase, in der das Buch auf den Markt kommt und »abgeht« wie eine Rakete, ist die rätselhaftere, weil beim Start so viele unbekannte Faktoren eine Rolle spielen. Werbung allein macht keinen Erfolg, sondern unterstützt ihn bloß. Es kommt auch auf den richtigen Moment und auf die gerade vorherrschenden Stimmungen an, die nur schwer auszurechnen sind. Mundpropaganda oder der Austausch in Internetforen spielen in dieser Phase eine wichtige Rolle. Doch einmal auf der Bestsellerliste angekommen, generieren sich Bestseller in einem »Selbstinduktions-Effekt«[24] dadurch, dass sie Bestseller sind. Damit zündet Stufe zwei der Erfolgs-Rakete. Die höheren Sphären werden erreicht, und die Spitzentitel bleiben auf den vorderen Plätzen einfach deshalb, weil sie schon da sind. »Danach muss man kaum noch etwas tun«, wissen Verlagsmitarbeiter. »Es entsteht eine Eigendynamik, und der Handel bestellt den Titel fortwährend nach. Die Liste ist ein Segen, sobald man einen Selbstläufer darauf stehen hat. Sie ist ein Fluch, wenn man nicht hinein kommt. Wir alle gieren danach, auf die Liste zu kommen.«[25]

In fast allen Buchhandlungen, oft sogar in Supermärkten, stehen gleich im Eingangsbereich die Regale mit den Titeln der *Spiegel*- oder *Focus*-Liste. Dort ist sogar das BGB zu finden, einer der Longseller der Nation. Diese Regale sind erste Anlaufstelle und Orientierungspunkt für alle, die entweder noch nicht so genau wissen, was sie kaufen wollen und deshalb einfach das nehmen, was schon viele gekauft haben, oder die sich ganz bewusst am Erfolg orientieren, im Glauben daran, die Bestsellerlisten enthielten tatsächlich die besten Bücher – zumindest aber die, über die gerade geredet wird. Und vielleicht ist das ja auch das Allerwichtigste.

Verlage mit finanzieller Kraft versuchen Bestseller zu erzwingen, indem sie gewaltige Auflagen drucken und verbreiten. Sie sind in der Lage, mit Grossisten und den großen Buchhandelsketten spezielle Rabatte auszuhandeln und die Gewinnmarge pro Einzelexemplar extrem niedrig zu halten, in der Hoffnung, Profit über die Masse zu machen. Die Nachfrage nach einzelnen Titeln wird durch Werbung und eben durch die massive Präsenz in den Buchhandlungen produziert. Titel, die palettenweise bereitliegen, suggerieren auch eine gewaltige Nachfrage. Für Kunden, die nicht so genau wissen, was sie lesen könnten, mag das als Kriterium schon ausreichen. Gelangt ein Buch auf diese platzhirschhaft aufdringliche Weise auf die Bestsellerlisten, dann, so die Hoffnung der Verlage, wird weitere Nachfrage automatisch steigen. Kleine Verlage jedoch, die nur kleine Auflagen drucken können und die im Sortiment der Buchkaufhäuser vielleicht gar nicht vorkommen, haben diese Chance nicht. Sie müssen darauf hoffen, dass ihre Titel aus sich heraus Aufmerksamkeit finden. Ein schwieriges Geschäft.

Orientierung zu schaffen auf einem unübersichtlichen Markt, gelingt vor allem durch das Eingrenzen der Angebote. In Deutschland erscheinen jährlich allein rund 15 000 belletristische Werke. Ein Durchschnittsleser liest sieben bis acht Bücher pro Jahr, behaupten die Statistiker[26], aber auch darüber gibt es keine verlässlichen Zahlen. Um diese wenigen Titel zu finden, reicht ein Blick in die Listen. Aber nicht nur das: Über diese Bücher wird ja auch gesprochen in den Medien – im traditionell eher bestsellerskeptischen Feuilleton vielleicht etwas weniger als in Zeitschriften, im Radio, in TV-Sendungen oder in Internetforen. Wer dazugehören und mitreden will, sollte die Bücher kennen, die alle kennen. Kauf und Lektüre sind eine Art Zugangsberechtigung zum öffentlichen Gespräch.[27] Wer Bestseller kauft, kauft damit nicht einfach bloß ein Buch, sondern auch die Teilhabe am gesellschaftlichen Leben und das Gefühl, ganz dicht am Puls der Zeit zu sein.

Ob ein Buch zum Bestseller wird, entscheidet der Markt – also wir alle. Bestseller kann es deshalb nur innerhalb eines mehr oder weniger freien Buchhandels geben, wo Angebot und Nachfrage aufeinander reagieren. In der DDR mit ihrem kontrollierten Buchsystem konnten sich zwar immer wieder Titel sehr gut verkaufen, wurden damit aber nicht zu Bestsellern im eigentlichen Sinn. Denn die Höhe der Auflage wurde politisch festgelegt. Das bedeutet nicht, dass die ostdeutsche

Leserschaft nicht immer wieder von einzelnen Büchern begeistert gewesen wäre. Es gab sehr wohl Massenerfolge, wie etwa die Romane von Erwin Strittmatter, Erik Neutsch oder Dieter Noll, die in hohen Auflagen gedruckt und auch gelesen wurden. Es gab aber auch viele (erwünschte) Bücher mit hohen Auflagen trotz geringer Nachfrage – das allgegenwärtige *Kapital* von Karl Marx dürfte dazu gehören – und Bücher mit sehr kleinen Auflagen trotz großer Nachfrage, die als sogenannte Bückware unterhalb der Ladentische gehandelt wurden, so etwa Christa Wolfs von der Partei mit großem Misstrauen behandelter Roman *Nachdenken über Christa T.* Dieser Roman hätte wohl zum Bestseller werden können, wenn die Zensurbehörden ihn nicht nur in einer winzigen, rasch vergriffenen Auflage genehmigt hätten. Dass er überhaupt erschien, hatte mit dem Erfolg in der Bundesrepublik zu tun. Der westdeutsche Buchmarkt wirkte als Korrektiv auf die reglementierte ostdeutsche Öffentlichkeit zurück. Und nur im Westen konnten DDR-Romane tatsächlich zu Bestsellern werden. Christa Wolfs *Kassandra*, Kultbuch der Friedens- und Frauenbewegung, wäre hier zu nennen. 1983 landete Wolf damit immerhin auf Platz 9 der Jahres-Bestsellerliste des *Spiegel*.

DIE SPRACHE DER NATUR

Es gab Zeiten, »in denen das Gespräch über Bäume fast ein Verbrechen« war, weil es »das Schweigen über so viele Untaten« einschloss.[1] Bertolt Brecht, von den Nationalsozialisten verfolgt und ins Exil vertrieben, »öfter die Länder als die Schuhe wechselnd«, lebte in solchen »finsteren Zeiten«. Da können wir Heutigen uns glücklich schätzen, dass die Bedingungen sich zumindest in Deutschland geändert haben. Zwar gibt es nach wie vor keinen Mangel an Kriegen, Terror, Hunger, Flucht und Vertreibung, doch das Gespräch über Bäume steht nicht mehr im Verdacht, das Schweigen darüber zu befördern. Wer über die Natur spricht, spricht ja auch über den Zustand der Welt und darüber, wie wir mit dem Leben umgehen. Im ökologischen Zeitalter ist es zum Verbrechen geworden, *nicht* über Bäume zu sprechen.

Vielleicht ist so der überwältigende Erfolg eines Buches zu begreifen, das uns Menschen die Bäume näherbringt, indem es ihnen nicht nur ein Gedächtnis und Entscheidungsfreiheit, Schmerzerfahrung und Sonnenbrand zubilligt, sondern auch die Fähigkeit zu Kommunikation und solidarischem Verhalten. Der Wald war immer schon Teil der deutschen Seele und wichtiges Element der deutschsprachigen Literatur – von Joseph von Eichendorff, dem Erfinder der »Waldeinsamkeit«, über den Waldgänger Ernst Jünger bis hin zum Pilzesammler Peter Handke. Doch nun ist aus dem seelenvollen Wald ein Wesen mit Bewusstsein und aus dem Gespräch über Bäume ein Gespräch unter Bäumen geworden. Fast könnte man meinen, die Demokratisierung habe auch unser Verhältnis zur Natur verwandelt, sodass nun die Bäume selbst im Plenum das Wort ergreifen.

Peter Wohlleben heißt der Baumflüsterer, der uns in die Sprache des Waldes einführte und uns *Das geheime Leben der Bäume* offenbarte. Mit seiner *Entdeckung einer verborgenen Welt* – so der Untertitel des Buches – dominierte er 2015 und 2016 die Sachbuch-Bestsellerliste und hielt sich auch 2017 auf den vorderen Plätzen.[2] Papst und Hitler und sogar der Dalai Lama mussten sich etwas weiter hinten einreihen, denn vorne auf Platz 1 stand fest verwurzelt dieser Mann mit einem Namen wie ein Wellness-Programm: Wer Wohlleben heißt, muss sich um seinen Erfolg wohl keine Sorgen machen. Eigentlich gab es nur einen, der ihn für mehrere Wochen vom ersten Platz verdrängen konnte: Peter Wohlleben selbst, mit seinem nächsten Werk, *Das Seelenleben der Tiere*, das sich dann aber brav dahinter einreihte. Die Bäume hielten weiter die Stellung, Wohlleben vor Wohlleben, und dann der Rest. So war das und so blieb das, und jeder Titel, der kurz einmal den Spitzenplatz eroberte, wurde bald wieder von den Bäumen überwuchert. Erst dem Medizin-Humoristen Eckart von Hirschhausen gelang das Wunder, den Wald auf Platz 2 zurückzudrängen. Mit *Wunder wirken Wunder* legte der Fernsehdoktor und Unterhaltungskünstler den ganz im Trend der Zeit liegenden Versuch vor, Magie und Wissenschaft, Vernunft und Gefühl, Alternativ- und Schulmedizin miteinander zu versöhnen. Er brachte den Menschen selbst als beseeltes Naturwesen zurück ins Spiel. Sein Ausgangspunkt – »Wissen ohne Zuwendung bleibt kalt. Und Zuwendung ohne Wissen bleibt manchmal unter unseren Möglichkeiten«[3] – könnte ohne Weiteres auch von Peter Wohlleben stammen. Was der eine für den Menschen, ist der andere für den Wald.

Für die Ewigkeit eines Jahres aber schien es so, als würde

Wohllebens Wald einfach nachwachsen und alles andere überwuchern, und als die Wuchskraft dann doch ein bisschen nachließ, schickte er einfach einen weiteren Sprössling in die Bestsellerregale und dort auf Platz 1: *Das geheime Netzwerk der Natur*.[4] In der Sache war das nichts Neues, aber wer das Baumbuch schon hatte, konnte jetzt noch einen Wohlleben erwerben. Die Wälder breiteten sich weiter aus. Mit Peter Wohlleben wurde ein Förster aus der Eifel zu Deutschlands meistgelesenem Autor der Gegenwart. Das, so schrieb die *Welt*, erzählt vielleicht mehr über uns als sämtliche Wahlumfragen.[5]

Der Erfolg ist schon deshalb auf Dauer gestellt, weil es im Wald um große, Jahrhunderte überwölbende Zeiträume geht, vor denen wir Leser demütig zu Eintagsfliegen schrumpfen. Das Cover des Baumbuches zeigte einen Sonnenuntergang über schwarzem, schweigendem Waldrand. Die mächtige Buche, deren elefantenhafte Wurzel ins grasgrüne Erdreich griff, schien all unsere Sehnsüchte festzuhalten und auszudrücken: die Würde des Alters, die Weisheit der Stille, die Kraft der Gelassenheit. Dieser Baum sprach zu uns, schon bevor wir das Buch aufgeklappt hatten. Man konnte ein Eichendorff-Gedicht dazu sprechen: »O Täler weit, o Höhen, / O schöner, grüner Wald, / Du meiner Lust und Wehen / Andächtger Aufenthalt! / Da draußen, stets betrogen, / Saust die geschäftge Welt, / Schlag noch einmal die Bogen / Um mich, du grünes Zelt!«[6] – oder sich an Tolkiens *Herr der Ringe* erinnern, wo die Bäume schon vor Jahrzehnten zu empfindsamen Wesen geworden waren, die um ihr Überleben kämpften, indem sie in den Krieg gegen die umweltzerstörerischen Orks zogen.

Peter Wohlleben ist ein Förster, der seinem Gewerbe äußerst kritisch gegenübersteht. Aus eigener Erfahrung weiß er, dass die Forstwirtschaft vor lauter Nutzholz keine Bäume mehr sieht – geschweige denn einen Wald. Holzwirtschaft bezeichnet er als »brutale Industrie«, Plantagen vergleicht er mit Massentierhaltung, das Fällen von Bäumen nennt er »Schlachtung«[7], denn auch Bäume leiden und empfinden Schmerzen. Er war wie ein zum Paulus gewandelter Saulus, der seine ökologische Erweckung erlebt hatte, als er in dem von ihm verwalteten Wald einen Friedhof eingerichtet und dabei erfahren hatte, dass Menschen auf der Suche nach einem Baum als Grabstätte die krummen, knorrigen Gewächse bevorzugten, die unter wirtschaftlichen Aspekten nur wenig wert gewesen wären. Das öffnete ihm die Augen; er habe als Förster verlernt gehabt, Bäume als Bäume wahrzunehmen und nicht bloß als Wirtschaftsfaktor.[8] Einen Teil seines Waldgebietes überließ er von nun an sich selbst, damit sich dort allmählich (aber das dauert Jahrhunderte) wieder ein Urwald herausbilden möge. Den größeren, bewirtschafteten Teil begann er rücksichtsvoll und vorsichtig zu behandeln. Statt großer Maschinen kamen Pferdegespanne zum Einsatz. Waldboden sei wie ein Schwamm, der von schwerem Gerät zusammengequetscht werde, und zwar unwiderruflich. Der Boden erhole sich nicht wieder bis zur nächsten Eiszeit.

Als Freund der Bäume spricht Peter Wohlleben von ihnen, als wären sie Wesen wie er selbst, Wesen, die Freundschaften schließen, miteinander kommunizieren und eine ausgeprägte Solidargemeinschaft bilden. Bäume tauschen sich über Duftstoffe, elektrische Signale, über Wurzelkontakte und über kilometerlange Pilzfäden (»das Internet des Waldes«) miteinander aus.[9] Baum-Mütter »stillen« ihre »Kinder«, denn nur so überstehen die Kleinen am lichtarmen Waldboden ihre – laut Wohlleben – 200 bis 300 Jahre während Jugend.[10] Bäume können sich warnen, wenn der Borkenkäfer naht, und sie unterstützen sich gegenseitig bei Hitze und Trockenheit. Sie »sprechen« auf vielfältige Weise miteinander, und Wohllebens Traum besteht darin, eines Tages so etwas wie ein Wörterbuch der Bäume zu schreiben, in dem deren Signale und Kontaktmöglichkeiten in all ihren Bedeutungen entschlüsselt wären. Dass Bäume auch so etwas wie ein Gedächtnis haben und in ihren Wurzelspitzen »gehirnähnliche Prozesse« ablaufen, ist für ihn klar.

Schaut man in seinen Wald, glaubt man, sich in einer sozialdemokratisch durchorganisierten Gesellschaft zu befinden, in der die Stärkeren den Schwächeren helfen, indem sie die Bedürftigen über Wurzelverbindungen mit Zuckerlösung versorgen. Die Bäume wissen, dass nur eine intakte Gemeinschaft in der Lage ist, klimatischen Herausforderungen wie zunehmender Trockenheit und Schädlingen zu widerstehen. »Gruppenkuscheln ist erwünscht.«[11] Und vielleicht bekommt der starke Baum, der gibt, dann einmal auch etwas zurück, wenn er selbst bedürftig wird und Not leidet. »Das ist fast wie im Kommunismus, der aber bei Bäumen funktioniert«, sagt Wohlleben, und vielleicht trifft er genau damit den Nerv der Zeit, unseren Nerv als Leser: Sein Wald kompensiert, was in einer auf Konkurrenz basierenden Gesellschaft verloren geht, in der die Dorfgemeinschaften und Familien zerfallen und jeder alleine für sich selbst sorgen muss. Wohlleben liefert mit seinem Bild des Waldes das Gegenmodell, das unsere Sehnsüchte auf vielfältige Weise befriedigt: die Sehnsucht nach einer intakten Natur ebenso wie nach einem Leben, das aus sich heraus friedlich und solidarisch ist. Die Natur ist bei ihm nichts Bedrohliches, sondern tatsächlich eine wohlige Kuschelgruppe.

Allerdings wissen wir so gut wie er selbst, dass es derlei unberührte, freundliche Wälder hierzulande nicht mehr gibt. Was er beschreibt, ist die schöne Utopie des Verlorengegangen. Seit den achtziger Jahren, als das sogenannte »Waldsterben« für eine heftige Erschütterung der deutschen Seele sorgte, hat sich die Lage keineswegs gebessert. Im Gegenteil: Die Wälder sind noch stärker zu Plantagen verkommen, in denen nichts mehr an natürliche Verhältnisse erinnert, sagt Wohlleben. Das, was wir Waldsterben nannten, ist seiner Ansicht nach weniger eine Konsequenz des sauren Regens und anderer umweltzerstörender Faktoren, als die direkte Folge der räuberischen Holzindustrie mit ihren Monokulturen und ihrer Ungeduld. Wenn man den Wäldern nicht die Jahrhunderte gibt, die sie zum Wachstum brauchen, muss man sich nicht wundern, wenn die Bäume kränkeln und früh sterben. Auch diese, sicher nicht von der Hand zu weisende Einschätzung besitzt Trostpotenzial. Das ist das Schöne an der Lektüre dieses Buches: Wir alle, wir Leser, wir Konsumenten, wir Autofahrer und Nutznießer der Zivilisation dürfen uns neben der bösen Forstindustrie ein bisschen weniger schuldig fühlen.

Zu Wohllebens Erfolgsrezept gehört vor allem die Emotionalisierung: dies allerdings nicht im Sinne einer aufgeputschten Darstellungsweise, sondern durch die sanfte, seelenvolle Wärme, die er dem Wald zuspricht. Dass er gelernt hat, mit Empfindungen zu arbeiten, lässt sich schon an der stetig wachsenden Gefühlsdosis in den Titeln seiner Bücher ablesen. Der Vorgänger von *Das geheime Leben der Bäume* hieß noch schlicht *Der Wald. Ein Nachruf.* Das klang mehr nach Apokalypse und weniger nach Kuschelgruppe, und obwohl in diesem Buch schon ungefähr dasselbe stand, wurde kein großer Bestseller daraus. Mit *Das Seelenleben der Tiere* und dem Untertitel *Liebe, Trauer, Mitgefühl – erstaunliche Einblicke in eine verborgene Welt* setzte er dieses Konzept – Geheimnis plus Gefühl – noch deutlicher um. Vom Foto auf dem Buchumschlag blickte uns ein Reh auf idyllischer Waldlichtung entgegen und suggerierte eine heile Welt, deren Existenz Wohlleben doch aber gerade dementierte. Wenn jedoch Rührung, Anteilnahme, Mitgefühl Bedingungen der Erkenntnis sind, dann ist gegen derlei Gefühligkeit nichts einzuwenden. Der Emotionalisierung der Sprache korrespondiert die Tatsache, dass Wohlleben Tieren und Pflanzen Gefühle zuspricht. Eben deshalb, weil es sich um emotionsbegabte Wesen handelt und nicht um gefühllose Dinge, brauchen sie unsere Empathie und unsere Partnerschaft.

Vieles von dem, was er zu sagen hat, ist nicht unbedingt neu, aber er bringt es in eine Form, bei der auch Laien zuhören und etwas lernen können. Dass wir nicht alles verstehen, sondern vieles in der Natur rätselhaft bleibt, ist eine der wiederholten Botschaften. Und das, sagt Wohlleben, ist auch gut, denn es muss ja auch Geheimnisse geben. Die Wissenschaft kritisiert er ausdrücklich dafür, dass sie in ihren Beschreibungen den Faktor der Emotionalität vernachlässige. Damit verfälsche sie nicht nur ihre Erkenntnisse, sondern töte auch ihre Sprache, und es sei kein Wunder, wenn derlei Bücher keine Leser fänden.[12]

Sicher klingt es seltsam, wenn er Baumschösslinge im Wald als »Kindergarten« bezeichnet, doch unsere Begegnung mit der Natur ist gerade dadurch geprägt – so die Schriftstellerin Brigitte Kronauer –, dass »kindlicher und aufgeklärter Blick nebeneinander existieren, einander abwechselnd dominierend und störend«.[13] Die wissenschaftliche Annäherung wird demnach immer begleitet und durchdrungen von einer mythologischen Lesart; Tiere sind eben nicht nur Lebewesen, sondern auch spezifische Charaktere und Fabelgestalten, in denen wir uns spiegeln und denen gegenüber wir wieder zu den Kindern werden, die wir waren und geblieben sind. Bei Wohlleben haben sogar einzelne Bäume einen je besonderen Charakter. Die Haltung, in der wir uns den Naturphänomenen nähern, ist ihm zufolge das Staunen. Wir staunen darüber, was es alles gibt und wie das alles funktioniert. Wenn wir einen Zoo besuchen, staunen wir »über die hügelige Masse eines Bisons« ebenso wie über »die Fragilität eines Kronenkranichs«. Wir wissen »durchaus nicht, was das jeweilige Geschöpf fühlt, empfinden aber die Wirkung seiner Gestalt«.[14] Staunen ist bekanntlich der Ausgangspunkt der Philosophie. Es prägt aber auch den kindlichen Blick auf die Welt. Staunen ist nicht Wissen, sondern Empfinden. Aus ihm entspringt der unmittelbare Zugang zur uns umgebenden Natur.

Peter Wohllebens Bücher sind keine Einzelfälle. Ihr Erfolg ist – wie jeder Bestsellererfolg – den Zeitumständen geschuldet, ist nicht »gemacht« mit Hilfe eines bestimmten Kalküls. Der Trend geht ja schon länger und sehr viel grundsätzlicher zur Natur, und erst auf diesem Boden konnte dann der Bestseller gedeihen und konsequenterweise von Eckart von Hirschhausens Gesundheitsbibel *Wunder wirken Wunder* abgelöst werden. Ein halbes Jahr später, im Sommer 2017, stand ein weiteres Gesundheitsbuch eines Mediziners auf Platz 1: *Heilen mit der Kraft der Natur* von Prof. Dr. Andreas Michalsen.[15] Wohllebens Bäume und Hirschhausens Wunder hatten sich dahinter auf Platz 2 und 3 festgesetzt[16], kehrten aber zwischendurch immer wieder auf Platz 1 zurück – bis dann Wohllebens *Das geheime Netzwerk der Natur* ab Oktober das Rennen machte.

Die 2005 gegründete Zeitschrift *Landlust*, die seit 2009 zu den auflagenstärksten Zeitschriften in Deutschland gehört, bediente bereits ähnliche Bedürfnisse. Es war eines der wenigen Printmagazine mit deutlich wachsenden Verkaufszahlen; 2012 erreichte die Auflage die Millionengrenze. Die Zeitschrift zielt auf eine wertkonservative, naturverbundene Leserschaft im Alter von 40 bis 60 Jahren, mehrheitlich Frauen, mehrheitlich Eigenheimbesitzer.[17] Natur ist ihnen ein Mittel zur Beruhigung, zur Entschleunigung, zur Gesundheit, und wenn Peter Wohlleben »die extreme Langsamkeit« des Waldes »total entspannend« findet und als »tiefe Form des Friedens«[18] erlebt, dann knüpfen er und die Marketingexperten des Verlages genau an die *Landlust*-Leserschaft und ihre Bedürfnisse an. Wohlleben macht aber das Beste daraus: Er schafft tatsächlich ein Bewusstsein für die Bedürfnisse des Waldes und ist damit ein wirkungsmächtiger ökologischer Aufklärer. Wer sein Buch gelesen hat, sieht den Wald und die Natur mit anderen Augen.

Doch was ist »Natur«? Peter Wohlleben hat darauf eine

klare Antwort: Natur ist »das, was vom Menschen nicht geschaffen wurde, also das Gegenteil von Kultur«.[19] Das klingt einleuchtend, hat aber den Nachteil, dass es nach dieser Definition so gut wie gar keine Natur mehr gibt. »Ein Urwald ist Natur, ein bearbeiteter Wald hingegen nicht. In diesem Sinne gibt es in Mitteleuropa leider keine echte Natur mehr.«[20] Ja schlimmer noch, es gibt sie nirgendwo. Und dabei geht es nicht nur um leergefischte Weltmeere, abgeholzte Bergregionen, landwirtschaftlich genutzte Flächen und Wälder, in Getreidefelder umgewandelte Prärie, zu Sojaplantagen verkommene Regenwälder und so weiter. Auch die Alpen und die Heide, die Biotope und das Biosphärenreservat sind Kulturlandschaften, wenn sie auch wirken mögen wie kleine Oasen der Unberührtheit, die wir wie Museen betreten. Was wir beim Landausflug als Landschaft bewundern und vielleicht sogar schön finden, ist nichts Natürliches, sondern durch und durch gestaltet, also »Kultur«. Der Naturboom auf dem Buchmarkt handelt von etwas, das es nicht mehr gibt. Je grundsätzlicher uns die Natur abhandenkommt, umso unerbittlicher setzen wir ihr lesend nach. Naturbücher antworten auf unsere Trauer um das Verlorene. Sie sind eine Verlustkompensation: Wir erlesen uns, was wir nicht mehr haben.

Selbst in der Lyrik ist dieser Trend wirksam: Die Gedichte von Jan Wagner, dem Büchner-Preisträger des Jahres 2017, handeln in großer Zahl von Tieren, Pflanzen, Landschaften, und auch wenn er sich selbst nicht als »Naturlyriker« bezeichnen möchte, weil ihm das zu sehr nach Idylle klingt, ist sein außerordentlicher Erfolg nur in dieser Großwetterlage möglich. Schon der Leipziger Buchpreis, der seinem Gedichtband *Regentonnenvariationen*[21] einen Platz auf der Bestsellerliste bescherte, war ein Indiz dafür. Die Frage, ob Gedichte politisch sind, erübrigt sich dabei: Sie verändern den Blick und auch unser Bild von der Natur, indem sie es in Sprache fassen. Sie öffnen und weiten das Bewusstsein. Und doch, wie kompliziert und widerspenstig auch immer, liegen sie im Trend. Jan Wagners 2017 erschienener Sammelband *Selbstporträt mit Bienenschwarm*[22] war in honiggelbes Leinen gebunden und wurde von ein paar sehr hübsch gezeichneten Bienen verziert. Auf der Belletristik-Bestsellerliste stand unterdessen im Sommer 2017 Maja Lund mit dem Roman *Die Geschichte der Bienen*[23] ganz oben. Bienen, von Parasiten und vom Aussterben bedroht, haben unser Mitgefühl. Und sie gelten als Indikatoren: Wenn die Biene stirbt, stirbt auch der Mensch.

Die von der Schriftstellerin Judith Schalansky herausgegebene Reihe »Naturkunden« im Verlag Matthes & Seitz – schön gestaltete, leinengebundene Bücher – ist ein Indiz für die neue Leidenschaft am verlorenen Paradies. In dieser prächtigen, lesenswerten Reihe erscheinen Bücher, die, so die Programmatik des Verlags, »von der Natur erzählen, von Tieren und Pflanzen, von Pilzen und Menschen, von Landschaften, Steinen und Himmelskörpern, von belebter und unbelebter, fremder und vertrauter Natur. Der Name der Reihe ist Programm: Hier wird keine bloße Wissenschaft betrieben, sondern die leidenschaftliche Erforschung der Welt: kundig, anschaulich und im Bewusstsein, dass sie dabei vor allem vom Menschen erzählt – und von seinem Blick auf eine Natur, die ihn selbst mit einschließt.«[24] Treffender lässt sich die Verwandlung von Natur in Kultur nicht formulieren. Auch Metropolenbewohner, die vielleicht nur noch ihren Stadtforst kennen, lesen gerne über den Urwald. Natur ist das, was wir nur noch aus Büchern kennen und lieben. Wenn wir von der Natur sprechen, sprechen wir von uns selbst, von unserer Sehnsucht und unserer Angst.

Die Hinwendung zur Natur ist zugleich die Abwendung von der Geschichte. Zumindest lässt sich daran ein grundsätzlicher Paradigmenwechsel oder eine veränderte ideologische Großwetterlage ablesen. Die Naturwissenschaften haben den Geschichts- und Sozialwissenschaften den Rang abgelaufen.

Wurden die siebziger Jahre noch von soziologischen und historischen Welterklärungen dominiert, so haben heute Biologie, Medizin und Physik die Führungsrolle übernommen. Wer den Menschen verstehen will, muss vor allem seine DNA entschlüsseln. Selbst die Moral wird mitunter zu einem Phänomen der Naturgeschichte.[25]

Mit diesem Paradigmenwechsel hat sich auch die Haltung gewandelt, die wir gegenüber der Welt einnehmen. Im Verhältnis zur Gesellschaft waren wir »kritisch«, denn Gesellschaft als ein menschliches Konstrukt ist immer verbesserbar. Die Organisation unseres Zusammenlebens ist grundsätzlich unvollkommen. Natur aber kann man nicht kritisieren. Kritisierbar ist nur unser Verhältnis zur Natur und wie wir mit ihr umgehen. Die Natur selbst mag so unvollkommen sein, wie sie will, aber dann kritisiert sie sich selbst: Evolution ist nichts anderes als fortgesetzte Selbstkritik, ein endloser Prozess der Anpassung und Verbesserung der Einzelwesen, der Arten und ihres Zusammenlebens. Natur lässt sich exakt beschreiben, aber wir können nur staunen über ihre Vielfalt und ihre Möglichkeiten. Sie zu »kritisieren«, wäre entweder lächerlich oder aber Ausdruck menschlicher Hybris: Was wir an Technologie aufbieten, kann als groß angelegter Versuch gedeutet werden, die Natur zu korrigieren und sie uns Menschen erträglicher zu machen. Der Naturbuch-Boom bringt aber gerade das gegenteilige Bedürfnis zum Ausdruck: der Natur ihr Recht zu lassen und das kritische Bewusstsein, das wir in gesellschaftlichen, politischen Fragen benötigen, durch eine andachtsvolle Demut zu ergänzen, wie sie das ökologische Bewusstsein grundiert.[26]

Dass nicht mehr Geschichte an erster Stelle steht, sondern Natur, spiegelte sich exemplarisch im Sachbuchprogramm des Hanser Verlages vom Frühjahr 2016. Der Katalog mit den Neuerscheinungen begann nicht wie üblich mit Politischem, sondern mit der Rubrik »Natur und Wissen«, gefolgt von

»Gesellschaft«, und erst an dritter Stelle kam »Politik«. So wurde ein Buch über das geheime Leben der Insekten, Dave Goulsons *Wenn der Nagekäfer zweimal klopft* zum Spitzentitel. (Ein Bestseller wurde aber trotzdem nicht daraus.) Darauf folgte *Evolution. Eine kurze Geschichte von Mensch und Natur* von Josef H. Reichholf, ein Titel, an dem sich ablesen lässt, wie sich Natur in einen historisch zu betrachtenden Gegenstand verwandelt und wie Naturwissenschaft zur Geschichtsschreibung mutiert. Das galt auch für einen Titel wie *Blitz und Donner. Das Wetter: Vergangenheit, Gegenwart und Zukunft.*[27] Umgekehrt verhielt es sich mit *Das letzte Jahrhundert der Pferde* von Ulrich Raulff, der als Historiker der Natur Einlass in die Geschichte gewährte und ein Tier zum Vehikel des historischen Wandels machte. In dieser Zivilisationsgeschichte der Natur zeigt Raulff, wie das Pferd als Fortbewegungs- und Antriebsmittel Städte und Landschaften geprägt hat und wie das Ende der Partnerschaft zwischen Mensch und Pferd im 20. Jahrhundert eine neue Epoche eingeleitet hat.[28] Ein solches Buch, voll überraschender Entdeckungen, wäre zehn oder zwanzig Jahre früher wohl kaum geschrieben worden, einfach deshalb, weil das Thema gar nicht erst in den Blick geraten wäre.

Der Umschlagpunkt vom Primat der Geschichtsbetrachtung zur Naturorientierung war, ohne dass das bemerkt worden wäre, das Jahr 1989, also der Untergang des Sozialismus mit dem darauf folgenden, langsamen Verschwinden utopischen Denkens. Was zunächst als Sieg des Kapitalismus und als *Ende der Geschichte* (Francis Fukuyama) erscheinen mochte, erwies sich in der Krisenhaftigkeit des globalen Geschehens bald als chaotisches, unausweichliches, prozesshaftes und unabschließbares Geschehen. Je weniger es einen positiven historischen Fixpunkt gab, auf den hin wir uns orientieren konnten in der gesellschaftlichen Entwicklung, je unübersichtlicher, chaotischer und zufälliger das Weltgeschehen zu werden drohte, umso stärker rückte die Natur in den Blick. Sie erschien uns vergleichsweise durchschaubar. Die Gesetze und Regeln, die da herrschen, sind von eherner Gültigkeit. Und wenn wir nach den Abendnachrichten die Welt derzeit täglich neu durchbuchstabieren müssen, so bleibt das Alphabet der Proteine ein entzifferbarer Code, und das Flüstern der Bäume wird endlich verständlich.

Mehr noch: Je stärker der Mensch sich als ungezügeltes Raubtier und also als unzivilisiertes Naturwesen gebärdet, umso mehr erscheint auch der historische Prozess als ein Resultat natürlicher Vorgänge. Geschichte, wenn man sie als Natur betrachtet, verläuft evolutionär, d.h. nach dem Prinzip »trial and error«, mit allen Kollateralschäden, die eben unvermeidlich sind. Geschichte ist dann kein »revolutionärer«, das heißt: willentlich gesteuerter, menschengemachter Prozess, sondern etwas, was sich unwillkürlich vollstreckt. Wer aber so redet, sagt auch: Der Mensch als Naturwesen ist nicht veränderbar. Das ist die radikale Gegenthese zur kommunistischen Hoffnung, nicht nur die Gesellschaft, sondern auch den einzelnen Menschen umzumodeln, ihn also von klein auf zu erziehen und zu einem Kollektivwesen umzuformen. Wieviel Gewalt aber auch in dieser Utopie steckte, hat das 20. Jahrhundert erwiesen.

Während wir auf die Geschichte traditionellerweise moralisch geblickt haben – etwa indem wir Täter und Opfer, das Richtige und das Falsche unterschieden und also den Menschen als freiheitsbegabtes Wesen begriffen haben, das sich für bestimmte Handlungen entscheiden kann –, ist Natur ein moralfreier Raum. Fressen und gefressen werden hat nichts mit Gut und Böse zu tun. Hier herrscht kausale Notwendigkeit, das Recht des Stärkeren, ein Gleichgewicht der Kräfte. In Tierfilmen beobachten wir mit leisem Schauder, wie ungerührt das alles geschieht.

Peter Wohlleben dreht nun aber die Blickrichtung um. Sein

Wald ist ein Spiegel der Gesellschaft. Er schaut mit Empathie auf eine Natur, in der es sehr wohl Freiheit gibt. Sogar die Bäume haben bei ihm einen freien Willen, wenn sie zum Beispiel darüber entscheiden, ob sie das Laub früher oder später abwerfen, lieber die letzten Sonnenstrahlen noch mitnehmen und zusätzliche Nährstoffe bunkern oder aber auf Nummer sicher gehen, um nicht von vorzeitigen Herbststürmen überrascht zu werden.[29]

Als Raum der Freiheit rückt die Natur uns Menschen näher, sie wird wie wir. Nur dann kann sie so etwas wie »Geschichte« hervorbringen – und nicht nur zwangsläufige Veränderungen, die sich in einer endlosen Kausalkette vom Urknall an evolutionär herunterrechnen lassen. Die Geschichte der Natur allerdings muss in anderen Zeiteinheiten geschrieben werden. Was wir von ihr und mit Peter Wohlleben und seinem Wald lernen, ist Demut, ist Warten, ist Geduld. Und damit sind wir wieder bei der auf dem Sachbuchmarkt weit verbreiteten Tugend der Gelassenheit, der Selbsterkenntnis und der Sorge um sich.

Die Natur ist das Immerwährende, und wenn es nicht mehr so ist, dann haben wir ein ökologisches Problem. Es ist der Mensch, der das Leben aus der Balance bringt und das Ökosystem mit seinen Eingriffen zerstört. Peter Wohlleben ist nicht der erste in der langen Reihe der Naturbuchautoren, der Wissen, Annäherung und Einfühlung mit einem ökologischen Problembewusstsein verknüpft. Es ist wohl schwer möglich, über Naturphänomene ohne ökologische Perspektive zu schreiben. Das galt auch schon für den ersten großen Natur-Bestseller der Bundesrepublik, *Serengeti darf nicht sterben. 367000 Tiere suchen einen Staat* aus dem Jahr 1959, auch wenn Umweltbewusstsein und Ökokatastrophe damals noch keine gängigen Begriffe waren. Sicherlich hatten wir im Nachkriegsdeutschland ganz andere Sorgen. Die Zerstörung betraf die Städte, die erste Bedrohung war der Kalte Krieg und der

Feind im Osten, und das Sterben der Natur ereignete sich in
exotischer Ferne, in Afrika.

Bernhard Grzimek und sein Sohn Michael nahmen uns
mit auf ihre Reise in die Serengeti. Das Kleinflugzeug im Ze-
bramuster, mit dem sie dorthin flogen, transportierte auch all
unsere Abenteuerlust.[30] Als Michael Grzimek während der
Dreharbeiten abstürzte, erschütterte sein Tod uns zutiefst.
Wir bewunderten den Vater, dem es dennoch gelang, den Film
zu vollenden und das Buch des Sohnes zu Ende zu schreiben.
Film und Buch wurden zum Vermächtnis. Der Bestsellererfolg
des Buches ist eng mit dem oscarprämierten Film verknüpft.
In drei Jahren wurden 300 000 Exemplare verkauft – Platz 10
auf der Liste der erfolgreichsten Sachbücher nach 1945, die
der *Spiegel* 1962 präsentierte.[31] Fünf Jahre später stand die
deutsche Ausgabe bei einer Auflage von 835 000.[32] Inzwischen
dürfte das Buch die Millionengrenze überschritten haben.

Grzimek ging es darum, den Serengeti-Nationalpark in
Grenzen festzulegen, die genügend Raum für die natürlichen
Wanderungsbewegungen der Tiere bieten mussten. Die bri-
tische Kolonialregierung des damaligen Tanganjika wollte

dem Hirtenvolk der Massai mehr Weideland zur Verfügung stellen; die menschlichen Interessen kollidierten dadurch mit den Belangen des Arten- und Naturschutzes. Grzimek inventarisierte erst einmal den Bestand, wie ein guter Buchhalter. Im Film kann man sehen, wie er und sein Sohn gemeinsam im Flugzeug sitzen und die Herden zählen. Sie kamen auf exakt 99 481 Gnus, 57 199 Zebras und 194 654 Gazellen. Die Bestandsaufnahme, die Erforschung des tierischen Verhaltens und die Annäherung an die Herden der Steppe diente einem Zweck: Wissen stand im Dienst des Bewahrens. Natur musste auch damals schon als Schutzraum definiert werden, ein Bollwerk gegen Industrialisierung und Bevölkerungswachstum.

Grzimek war Zoodirektor in Frankfurt am Main und als öffentliche Figur so etwas wie der nette Onkel von nebenan. Biedersinn und Abenteuerlust, Wissenschaftlichkeit und Erzählfreude trafen bei ihm zusammen. Ungefähr in der Mitte zwischen Sepp Herberger und Heinz Erhardt war er ein Gesicht der Bundesrepublik, seit er mit seiner TV-Serie »Ein Platz für Tiere« ab 1956 zum gern gesehenen Gast in deutschen Wohnzimmern geworden war. Da saß er stets im adretten Zweireiher hinter seinem Schreibtisch – darin vorbildhaft für die viel später auftretenden Late-Night-Talker des Fernsehzeitalters –, hatte aber immer eines seiner Tiere dabei, sei es eine Riesenschlange, die sich um ihn herumschlängelte, einen Gepard, der ihn von der Seite ansprang oder einen Gorilla, der etwas gelangweilt neben ihm saß und gähnte. Die Tiere als »Sidekick« der Sendung sorgten für Überraschungen aller Art und standen in hübschem Kontrast zu diesem etwas spröden Plauderer, der das Publikum stets mit den Worten »Guten Abend, meine lieben Freunde« begrüßte. Für Loriot war es leicht, Grzimek in dem berühmten Sketch über die Steinlaus zu parodieren. Fernsehprominenz – das lehrt sein Beispiel – ist die verlässlichste Erfolgsbedingung am Buchmarkt. Ob Hape Kerkeling oder Eckart von Hirschhausen, Peter Hahne oder

Ulrich Wickert, Elke Heidenreich oder Franz Alt: Wenn Name und Gesicht übers Fernsehen bekannt geworden sind, verkaufen sich die Bücher von alleine. Grzimek war der Prototyp dieses Modells.

Aber was war damals Natur? Wie hat sich ihr Bild verändert von Grzimek zu Wohlleben? Grzimek führte sie als das Exotische, Fremde vor, das immer schon gezähmt und gebändigt war und geradezu andächtig auf oder neben seinem Schreibtisch ausharrte. Die Wildnis kam aus der Perspektive des Zoodirektors in unsere Wohnzimmer als das Eingehegte, Beschriebene, Gezählte und Erfasste. Die Tiere hatten keine Scheu und nichts zu verbergen. Sie waren ebenso die »lieben Freunde« wie wir Fernsehzuschauer.

Tiere sind ja auch deshalb so faszinierend, weil sie sich nicht ändern. Die Vögel lärmen in jedem Frühjahr auf dieselbe Weise im Gebüsch, als wären sie tatsächlich identisch mit den Schwärmen des Vorjahrs. Seit Jahrtausenden bleiben sie sich gleich und ändern – im Gegensatz zum Menschen – ihr Erscheinungsbild nicht. Sie kennen keine Moden, allenfalls Balzgefieder und Sommer- und Winterkleid. Spitz und Spatz gleichen ihren verstorbenen Vorgängern, und auch wenn sie nicht deren identische Wiederholung sind, so sind sie doch redliche Stellvertreter. Eine »Atmosphäre der Beständigkeit geht von den Tieren aus«, meint die Schriftstellerin Brigitte Kronauer. »Überpersönliche Identitäten, wo man schon an der eigenen zweifelt? Wie beruhigend, wie altmodisch unkompliziert!«[33]

In Grzimeks Serengeti staunten wir über die Fülle des Lebens, über die Vielfalt der Formen und die Masse der Leiber, aber auch über die Gleichgültigkeit, mit der das Gewoge des Lebens über ein gerissenes und von Löwen zerfleischtes Gnu hinwegsah. Diese Natur war – anders als der Frankfurter Zoo – Kampf ums Überleben, sie hatte auch nichts vom Sozialstaat des Wohllebenschen Waldes. Dass die afrikanischen Wildtiere nach einem »Staat suchen«, verkündete das Buch ja schon im Untertitel. Freiheit, so es sie im Nationalpark geben sollte, ereignete sich dort im Sinne von Karl Marx: Ein jeder nach seinen Fähigkeiten, ein jeder nach seinen Möglichkeiten. Mit Kommunismus, wie ihn Wohlleben in der Solidarität der Bäume gelingen sieht, hatte das aber nichts zu tun.

Die Bundesrepublik in ihrer Wirtschaftswunderära war noch nicht der domestizierte, gepolsterte Wohlfahrtsstaat, sondern eine zerklüftete Gesellschaft im Aufbau. Die Wanderbewegungen der Tiere entsprachen den jüngsten Erfahrungen, die mit Flucht und Vertreibung und der Integration der Neuankömmlinge zu tun hatten. Grzimek, der aus dem schlesischen Ort Neiße stammte, stand selbst für diese Geschichte. Als ehemaliges Mitglied der NSDAP, der seine Parteizugehörigkeit gegenüber den Alliierten verschwiegen hatte und nur deshalb Direktor des Frankfurter Zoos geblieben war, repräsentierte er eine in ihre Schuld verstrickte Gesellschaft, die das Schweigen der Auseinandersetzung vorzog. Auch das damalige Gespräch über Tiere kann deshalb als Teil dieser Ausweichbewegung verstanden werden: Reden wir nicht über unsere Verbrechen, reden wir über die Natur. Doch in ihr erkennen wir uns selbst. Dass Grzimek gleichwohl ein Bewusstsein für die Bedrohtheit der Tiere schuf und als erster Umweltschützer der Bundesrepublik gelten kann, ist dazu kein Widerspruch. Das passte sehr gut zusammen.

LAST UND LUST DER LISTEN

Ordnung, Orientierung, Auswahl, Beschränkung auf das Wichtigste, Steuerung der Aufmerksamkeit: Darin liegt ein praktischer Nutzen der Bestseller- und anderer Listen. Aber sie sind damit in ihrem Wesen nicht vollständig erfasst. Die Faszinationskraft von Listen beruht womöglich weniger auf ihrer Steuerungsfunktion als auf dem metaphysischen Versprechen, die Welt ließe sich systematisch erfassen und in ihren Einzelteilen in Relation zueinander bringen. Listen sind eine Möglichkeit, dem Chaos der Wirklichkeit zu begegnen. Im Fußball, wo komplexe Spielverläufe am Ende in einem nüchternen Ergebnis zusammengefasst werden und die Summe der Spiele eine Tabelle ergibt, die den Saisonverlauf und also die Wirklichkeit unbestechlich widerspiegelt, lässt sich darüber kaum streiten. Dass die Tabelle »nicht lügt«, ist eine für manchen Verein harte, aber unwiderlegbare Tatsache.

Zugleich haben Tabellen und Listen aber auch selbst etwas Spielerisches und erzeugen eine eigene Lust, die wiederum ein eigenes Genre auf dem Buchmarkt bildet: Listenbücher. Ben Schott, der in seinen millionenfach verkauften *Sammelsurium*-Bänden allerlei nutzloses Wissen auflistete, arbeitete sehr erfolgreich damit.[1] So ist es kein Wunder, dass auch Bestseller wiederum in Form der »zehn größten Bestseller aller Zeiten« auf einer Internet-Seite angepriesen werden, die nichts anderes tut, als Zehnerlisten zu präsentieren: »Ten of the day«. Von den zehn beliebtesten Schönheitsoperationen über die zehn größten Dinosaurier bis zu den zehn verrücktesten Diäten der Welt gibt es nichts Unwesentliches, was sich nicht tabellarisch präsentieren ließe. Die Lust an der Liste ist unersättlich. Das Verzeichnis der zehn größten Bestseller lässt zwar die allergrößten – die Bibel mit geschätzt zwei bis drei Milliarden und den Koran mit 800 Millionen verkaufter Auflage – beiseite, präsentiert dahinter dann aber folgende Best of Bestseller[2]:

1. Charles Dickens: *Eine Geschichte aus zwei Städten*
   (ca. 200 Millionen)
2. Antoine de Saint-Exupéry: *Der kleine Prinz*
   (ca. 200 Millionen)
3. John R. R. Tolkien: *Der Herr der Ringe*
   (ca. 150 Millionen)
4. Joanne K. Rowling: *Harry Potter und der Stein der Weisen*
   (ca. 107 Millionen)
5. John R. R. Tolkien: *Der Hobbit*
   (ca. 100 Millionen)
6. Agatha Christie: *Und dann gabs keines mehr*
   (ca. 100 Millionen)
7. C. S. Lewis: *Der König von Narnia*
   (ca. 85 Millionen)
8. Dan Brown: *Sakrileg – Der Da Vinci Code*
   (ca. 60 Millionen)
9. Napoleon Hill: *Denke nach und werde reich*
   (60 Millionen)
10. Umberto Eco: *Der Name der Rose*
    (ca. 50 Millionen)

Auch diese Liste ist nicht mehr als ein hübsches Spiel. Welche zentrale Erfassungsstelle wüsste schon so genau Bescheid über die Millionenauflagen im Weltmaßstab im Lauf der Jahrzehnte?[3] Das schafft noch nicht einmal der russische Geheimdienst. Und wer entscheidet über die Rangfolge der 200 Millionen Dickens versus 200 Millionen Saint-Exupéry? Aber egal. Jede Liste eignet sich als Gegenstand, über den sich trefflich – und unendlich – streiten lässt. Auch das ist ein schöner Effekt derartiger Listen. Sie dienen der Unterhaltung.

Es ist sicher kein Zufall, dass der Begriff »Bestseller« und die Bestsellerliste in den USA erfunden wurden, dass sie also da entstanden sind, wo das Buch am entschiedensten zur Ware geworden ist. Sie sind das Resultat eines Prozesses, der im 16. Jahrhundert nach der Erfindung des Buchdrucks einsetzte. Die Herstellungskosten sanken, die Alphabetisierungsrate stieg, und allmählich entstand jenseits der höfischen, mäzenatischen Kultur ein Lesepublikum, das sich »am Schnittpunkt der Sphären von Markt und Öffentlichkeit« herausbildete.[4] Bücher sind niemals *nur* Ware, sondern immer auch Kulturgut, jedenfalls verkörpern sie die Hoffnung, das zu sein. Im Gesamtkatalog der kapitalistischen Warenproduktion sind sie deshalb etwas Besonderes und stehen in Deutschland und in vielen anderen Ländern unter einem speziellen Schutz. Die Buchpreisbindung ist ein Instrument, das die Vielfalt des Buchhandels und des Sortiments erhalten soll, denn sie sorgt dafür, dass nicht allein die Nachfrage den Preis regelt. Ohne Buchpreisbindung könnten Bestseller mit hoher Auflage deutlich billiger sein als Bücher, die, wie etwa Lyrik, nur wenige Leser finden, ganz einfach deshalb, weil hohe Stückzahlen günstiger zu produzieren sind. Die Gewinnmarge steigt, je mehr Exemplare eines Titels verkauft werden.

Bestseller sind das Segment des Buchmarktes, in dem man es am spürbarsten mit dem Warencharakter zu tun hat. In seiner Eigenschaft als Bestseller wird ein Buch über nichts anderes als über seinen Verkaufserfolg definiert. Ob es gut oder schlecht ist, spielt keine Rolle. Ob die häufig gekauften Bücher auch viel gelesen werden, weiß niemand. Vielleicht taugen sie ja bloß als Weihnachtsgeschenk und verstauben anschließend ungelesen auf den Nachttischen der Freunde oder dienen allein der Dekoration von Regalen. Aber vielleicht wird ein einzelnes Exemplar ja auch weitergereicht und nacheinander von vielen gelesen. Sicher ist nur, dass die Verkaufszahlen nicht mit den Leserzahlen identisch sind. Schließlich können einzelne Bücher ja auch eine zweite oder dritte Verkaufsrunde durch die Antiquariate antreten, online sind gebrauchte Exemplare fast immer billiger zu haben.

Der Verkaufserfolg hängt maßgeblich auch vom Preis ab, den die Verlage festsetzen und der dank der Buchpreisbindung im deutschen Buchhandel überall derselbe ist. Weil Bücher, die weniger kosten, höhere Chancen haben, auf die Bestsellerliste zu gelangen, kalkulieren die Verlage Bücher mit Bestsellerpotenzial so günstig wie möglich. In Deutschland liegt die Schmerzgrenze heute zwischen 20 und 30 Euro.[5] Was teurer ist, wird kaum einmal zum Bestseller. Freilich sind die Preisunterschiede auf der Liste enorm. Da stand 2016 zum Beispiel der unvermeidliche Dalai Lama für 4,99 Euro oder Wilhelm Schmids *Gelassenheit* für acht Euro neben Juli Zehs *Unterleuten* für 24,99 Euro. Das ist, als würden Boxer verschiedener Gewichtsklassen gegeneinander antreten oder als würde man Johannisbeeren und Kokosnüsse miteinander vergleichen. Fünf Euro sind schneller mal investiert als 25 oder gehen nebenbei noch mit, als »Impulskauf« an der Kasse, wo im Supermarkt die Kaugummis und die Schokoriegel liegen.

Als die amerikanische Branchenzeitschrift *The Bookman* 1895 die erste Bestsellerliste erstellte, ging es auch gar nicht darum, die genauen Verkaufszahlen zu erfassen. Man begann zuerst einmal und zum ersten Mal überhaupt damit, »sich mit der aktiven Steuerung des Absatzmarktes auseinanderzusetzen«.[6] Die *Bookman*-Liste stützte sich auf die Auskunft von sechzehn Buchhändlern[7] mit Filialen in zwanzig Städten und umfasste sechs Titel, ausschließlich Romane. Den Lesestoff lieferten vor allem englische Schriftsteller; eine eigenständige

US-amerikanische Literaturszene gab es nicht; amerikanische Verlage waren zumeist Tochterunternehmen britischer Häuser. Sie hatten sich in den USA immer wieder mit Raubdrucken auseinanderzusetzen. Die Bestsellerliste funktionierte in dieser Situation als Markenschutz, indem gerade bei den Erfolgsbüchern die Original-Ausgaben gelistet wurden. Es war eine brancheninterne Liste, mit der die illegalen Nachdrucke ausgegrenzt und unterbunden werden sollten. Es zeigte sich jedoch bald, dass die Liste darüber hinaus zu Marketing- und Werbezwecken nützlich war. Erst damit gewann die Frage nach einer möglichst exakten Datenerhebung größere Bedeutung.[8]

Der Begriff »Bestseller« blieb außerhalb des *Bookman* zunächst noch unbekannt; erst 1905 tauchte er an einem anderen Ort auf, im Literaturmagazin *The Athenaeum*.[9] *Publishers Weekly* nahm ab 1913 auch Sachbücher auf. Eine wöchentliche Liste wagte dann die *New York Times* ab den vierziger Jahren.[10] In England wurde eine erste Verkaufsliste 1896 eingeführt, in Deutschland dauerte es bis 1927[11], als *Die literarische Welt* in unregelmäßigen Abständen eine Bestsellerliste publizierte. Auf Platz 1 stand damals Hermann Hesse mit dem *Steppenwolf*, gefolgt von Alfred Neumanns *Der Teufel* und Gunnar Gunnarsons *Die Leute auf Borg*. Die Sache war umstritten, selbst das Branchenmagazin *Börsenblatt für den Deutschen Buchhandel* sah darin »eine weitere Verengung und Verflachung des geistigen Lebens«[12], sodass die *Literarische Welt* ihr Projekt ein Jahr später wieder aufgab.

Es scheint so, als ob das Misstrauen gegenüber Marktphänomenen ein spezifisch deutsches Phänomen gewesen wäre. Dass Massenerfolg und Qualität, Verkauf und »Geist« als Gegensätze zu betrachten sind, beruht auf einer besonders haltbaren Stimmung im Land der Dichter und Denker. Dabei war Goethe, auf den sich die um das Geistige besorgten Bildungsbürger gerne berufen, in derlei Fragen weniger zurückhaltend und mit seinem *Werther* ja selbst schon in jungen Jahren ein

Bestsellerautor. Eckermann überlieferte folgende Bemerkung des alten Goethe: »Wer aber nicht eine Million Leser erwartet, sollte keine Zeile schreiben.«[13] Doch auch ohne Bestsellerliste war die Zeit am Ende der zwanziger Jahre reif für einen Bestseller. 1929 erschien Erich Maria Remarques *Im Westen nichts Neues*, vom Ullstein Verlag mit allen Mittel der Reklame begleitet und auch sogleich verfilmt: vielleicht der erste crossmediale Bestseller, bei dem das Buch den Film nach sich zog, der wiederum den Erfolg des Buches beschleunigte.

Die Bestsellerliste als Sündenfall des Geistes in den Markt: So wurde es von Vielen auch empfunden, als die Wochenzeitung *Die Zeit* im Juni 1957 ein besonderes Interesse an Buchmarktvorgängen signalisierte und den sogenannten »Seller-Teller« einführte. Das war nach der kurzen Episode von 1927 der zweite Versuch, so etwas wie eine Bestsellerliste in Deutschland zu etablieren. *Die Zeit* zitierte dazu aus dem Brief eines besorgten Buchhändlers, der den einzigen Zweck »bei einer solchen Vergleichung unvergleichbarer Größen« in der »Stärkung des Bestseller-Prinzips« sah, »das wir verantwortungsbewussten Buchhändler doch alle verachten und verdammen«.[14] Feuilletonchef Rudolf Walter Leonhardt nahm sich sehr viel Raum im Blatt, um derartige Bedenken zu zerstreuen. Der Rechtfertigungsdruck, sich überhaupt mit so etwas Niedrigem wie dem Markt im Zusammenhang mit Büchern abzugeben, war gewaltig. An der Bestsellerliste – oder dem, was ein bisschen danach roch – entzündete sich ein Kulturkampf, dessen Protagonisten noch gar nicht ahnten, wie radikal die Republik und das Verhältnis zur Kultur sich im Lauf der folgenden Jahrzehnte verändern würden. Noch gab das Bildungsbürgertum den Ton an, das in seinem Beharren auf konservativen Werten aber immer ein wenig auf verlorenem Posten steht. Im Gefühl der eigenen Bedrohtheit durch den Lauf der Zeit sah es im »Seller-Teller« ein weiteres Zeichen des Niedergangs, in dem das Niedrige, der ordinäre Massengeschmack, über das Hohe, die Kunst und die Bildung triumphieren und die Zumutungen der Aktualität den Kanon des Guten zerrütten würden. Vielleicht deutete sich in dieser Frontstellung schon der Kulturkampf der Jahre 1968 ff. an.

Dabei handelte es sich beim »Seller-Teller« um ein recht bescheidenes Unternehmen, das die genannten Bedenken ernst nahm: Lediglich fünf Titel wurden aufgelistet – und das nur einmal im Monat. Die Auswahl basierte auf einer Umfrage unter einigen wenigen ausgesuchten Buchhändlern und hatte nicht etwa die Anzahl der verkauften Exemplare zur Grundlage – so weit wollte die *Zeit* sich dann doch nicht erniedrigen –, sondern vielmehr die Anzahl der »Nennungen« eines Titels. Damit sollte, wie Leonhardt umständlich erläuterte, verhindert werden, dass ein Buch bloß deshalb auf den Seller-Teller gerate, weil es in einer einzigen Filiale in Massen verramscht würde. Bei nur sieben an der Umfrage beteiligten Buchhändlern war diese Sicherheitsvorkehrung durchaus empfehlenswert. Die Beschränkung auf literarische Qualitätsbuchhandlungen wie Jud in Hamburg, Schöller in Berlin oder Gonski in Köln wurde vorgenommen, weil »dort gar nicht erst der Versuch gemacht wird, fragwürdige Publikationen zu verkaufen«.[15] Mit einer wirklichen Bestsellerliste hatte die so zustande kommende Auswahl also nichts zu tun. Ein »Verkaufserfolgszähler«, wie behauptet, war sie schon gar nicht, eher eine Mischung aus Empfehlung und Verkaufsempfinden der beteiligten Buchhändler. Dass man die Sache »Teller« und nicht »Liste« nannte, bedeutete ja auch, dass es auf die genaue Platzierung dabei nicht so sehr ankommen sollte. Ein Teller ist rund: Er präsentiert ein buntes, kulinarisches Angebot und keine tabellarische Rangfolge, Plätzchen zum Nachmittagskaffee statt einer echten Platzierung.

Und dennoch gab es Rang eins bis fünf und, wie sich rasch herausstellte, trotz aller Vorsichtsmaßnahmen keine Rettung vor den Täuschungen des Marktes. So landete gleich im Sommer 1957 ein Buch mit dem Titel *Das dritte Auge* auf dem ersten Platz. Der Autor nannte sich Lobsang Rampa und gab sich für einen »tibetanischen Lama« aus. Der Name klang wie Lobgesang, und das war ja schon mal etwas. Er erzählte der staunenden westlichen Welt von seinem Weg zur Erleuchtung und vom »dritten Auge« auf seiner Stirn, mittels dessen er in der Lage sei, die Aura anderer Menschen zu sehen und daraus auf ihre charakterliche und körperliche Verfassung zu schließen. Im Vorwort schrieb er: »Die Leser werden manche meiner Aussagen vielleicht nicht glauben. Das ist das Recht der Leser, doch Tibet ist für die übliche Welt ein unbekanntes Land.«[16] Wir Leser hätten diese Mahnung wohl ernster nehmen sollen. Denn bald stellte sich heraus, dass der Lama in Wirklichkeit ein englischer Klempnermeister mit dem bürgerlichen Namen Cyril Henry Hoskins war, der die Autobiographie des Lama frei erfunden und dabei auf die weit verbreitete Vorliebe für okkultes Geheimwissen spekuliert hatte. Seine Frau gab auf Nachfragen insistierender Reporter schließlich alles zu. Sie wurde mit den Worten zitiert: »Wir brauchten Geld zum Leben.«[17] Literaturkritiker und Wissenschaftler hatten von Anfang an die Glaubwürdigkeit des Lama und seiner Aussagen in Frage gestellt. Der allgemeinen Begeisterung tat das jedoch keinen Abbruch. Von allen Ausgaben und Übersetzungen erreichte die deutsche die höchste Auflage. Der Piper Verlag meldete bis Anfang 1958 immerhin 70 000 verkaufte Exemplare.[18] Die Vorliebe für tibetische Lebenskunst wollten wir uns durch diese Fälschung aber nicht nehmen lassen: In späteren Jahren schwenkten wir zum Original um und machte jedes neue Werk des Dalai Lama zum Bestseller. Damit waren wir auf der sicheren Seite.

Was wurde uns sonst noch serviert auf den ersten Seller-Tellern? *Wem gehört Deutschland* von Kurt Pritzkoleit lag neben *Das ist des Deutschen Vaterland*, Reportagen von Erich Kuby. Dazu kam *Der Großtyrann und das Gericht*, ein Roman von Werner Bergengruen aus den dreißiger Jahren – Indiz dafür, dass sich unsere Lektürebedürfnisse nach dem Krieg nur sehr langsam wandelten. Mit Bergengruen hielten wir an Altbewährtem und einem Autor der inneren Emigration fest.[19] Ebenso viele Nennungen aus den befragten Buchhandlungen, nämlich drei, erhielt als fünfter Titel *77 mal England,* das von keinem anderen als dem *Zeit*-Feuilletonchef Rudolf Walter Leonhardt stammte. Das war nun zumindest ein bisschen peinlich. Da stand also der, der die Liste initiiert hatte und der sie kommentierte, dann auch gleich selbst mit einem eigenen Buch darauf. Ließ sich bei diesem Verfahren denn überhaupt ausschließen, dass die Buchhändler einzelne Titel auch zum Gefallen ihres Auftraggebers nannten? Oder auch aus eigenen Interessen? Ihre Aussagen waren nicht nachprüfbar. Immerhin: Bis 1974 gab es den »Seller-Teller« der *Zeit* als Auswahl der erwünschten oder gefühlten Bestseller ausgewählter Buchhändler. Ein Teller schöner Literatur als schöne Fiktion.

Gegen derartige Verdachtsmomente war auch die Bestsellerliste des *Spiegel* nicht ganz immun, die im Herbst 1961 als Top Ten getrennt für Belletristik und Sachbuch startete. Auf Platz 1 standen im Oktober 1961 Erzählungen von Heinrich Böll, beim Sachbuch Hans Graf von Lehndorff mit seinem *Ostpreußischen Tagebuch* aus den Jahren 1945 bis 1947 – dem erschütternden Bericht eines Arztes, der die Eroberung und Plünderung Königsbergs durch die Rote Armee miterlebt hatte. Die literarische Qualität dieser ersten *Spiegel*-Bestseller ist beeindruckend. Auf den Plätzen hinter Böll folgten Luise Rinser, Uwe Johnson (mit *Das dritte Buch über Achim*), Ingeborg Bachmann (mit *Das dreißigste Jahr*) und bald auch Günter Grass (mit *Katz und Maus*). Das lässt ahnen, wie stark die Repräsentanten der Schriftstellervereinigung »Gruppe 47« den Betrieb und den Markt dominierten. Auch der »Seller-Teller« der *Zeit* listete im Herbst 1961 Böll vor Bachmann und Rinser.[20] Wenn 55 Jahre später J.K.Rowling, Eckart von

Hirschhausen, Nele Neuhaus und Bruce Springsteen die vorderen Plätze belegten[21], dann ist das jedoch weniger ein Zeichen für Kulturverfall und verändertes Leseverhalten als für verfeinerte Methoden der Marktforschung und genauere Abbildung des tatsächlichen Kaufverhaltens der Kundschaft in den Buchhandlungen.

Wie funktionierte es damals? Der *Spiegel* beauftragte das Meinungsforschungsinstitut Allensbach damit, die notwendigen Daten zu erheben. Die Ergebnisse basierten »auf einer repräsentativen Umfrage unter rund hundert Buchhändlern in fünfzig westdeutschen Großstädten und Universitätsstädten«. Der *Spiegel* behauptete, damit tatsächlich die »Rangfolge der meistverkauften Neuerscheinungen« abbilden zu können.[22] 1971 übernahm das Branchenmagazin *Buchreport* die Erstellung der Liste und weitete die Basis der Buchhandlungen bald auf 500 aus. Waren es seit 1961 die Top Ten, die der *Spiegel* im Blatt abbildete, so ab 1987 die besten fünfzehn und seit 2001 die vorderen zwanzig Plätze. Im *Buchreport* kann man sich darüber hinaus über die Top Fünfzig informieren. Das ökonomische Prinzip Wachstum gilt also nicht nur für den Buchmarkt, sondern auch für die Bestsellerlisten selbst. Schon an dieser Ausweitung lässt sich deren Bedeutung ablesen. Je mehr Buchtitel sie umfasste, umso mehr »Bestseller« brachte sie hervor. Auch in ihrer graphischen Gestaltung wurden sie immer opulenter, immer selbstbewusster. Sah man der Liste in ihrer murkeligen Gequetschtheit anfangs das schlechte Markt-Gewissen noch an, so präsentiert sie sich heute mit einem gewissen Stolz und im Wissen um ihre Macht.

Auch gegen die *Spiegel*-Liste gab es immer wieder Manipulationsvorwürfe, weil die Methode der Datenerhebung intransparent blieb. Allensbach legte keine harten Verkaufszahlen zugrunde, sondern Umfrageergebnisse. Dafür erhielten die Buchhändler eine Vorschlagsliste mit 75 Titeln der Vorwoche, auf der sie ihre meistverkauften Bücher dann nur noch in entsprechender Reihenfolge angeben mussten.[23] Die Gefahr dabei: Die Vorschlagsliste legte die Buchhändler bereits entsprechend fest. Zudem war es denkbar, dass sie aus taktischen Interessen eher die Bücher ankreuzten, denen sie einen guten Verkauf wünschten. Später erweckte es Verdacht, dass im *Buchreport* – wie kaum zu vermeiden – immer wieder Anzeigen der Verlage mit einzelnen Bestsellern auf der Liste korrelierten.[24]

Derlei Vorwürfe sind angeblich seit 2001 hinfällig, seit die Verkaufszahlen elektronisch direkt an den Ladenkassen ermittelt werden. Trotzdem gibt es immer noch keine verlässliche, belastbare Zahlenbasis. Denn längst nicht alle Buchhandlungen setzen Scannerkassen ein, und es sind gerade die kleineren Läden des Qualitätsbuchhandels, die ihre Kundschaft damit verprellen würden. Da klingelt dann noch die alte Registrierkasse, und die Kassenzettel werden zur Not auch per Hand ausgefüllt. Das bedeutet jedoch, dass der Teil des Buchmarktes, der weniger bestsellerverdächtige Bücher verkauft – sagen wir zum Beispiel: ein neuer Band mit Notizen von Peter Handke oder 99 Prozent aller Gedichtbände –, nicht elektronisch erfasst, sondern nur hochgerechnet werden kann. Doch auf Basis welcher Zahlen? Gerade kleine Verlage, deren Programme in den Buchhandelsketten von Hugendubel bis Thalia gar nicht erst vorkommen, machen immer wieder die Erfahrung, dass sie tatsächlich deutlich mehr Exemplare verkaufen als offiziell erfasst worden sind.[25]

Seltsamerweise unterscheiden sich die *Spiegel-* und die etwas weniger bedeutende, seit 1993 bestehende *Focus-*Bestsellerliste zum Teil erheblich. Das hat mit unterschiedlichen Ausschlusskriterien zu tun – etwa der Frage, welche Ratgeber berücksichtigt werden sollen und welche nicht – und mit der Aufspaltung in Hardcover, Paperbacks und Taschenbücher mit je eigenen Listen. Auch die Daten, auf die in den jeweiligen Erhebungen zurückgegriffen wird, unterscheiden sich, je nachdem wie viele und welche Buchhandlungen abgefragt werden.

In Deutschland gibt es ungefähr 4000 unabhängige Buchhandlungen, außerdem rund 1500 Filialen der großen Ketten und Online-Lieferanten wie Amazon oder Buch.de. Bücher werden aber auch in Supermärkten, Kiosken und an Tankstellen verkauft, und es gibt immer noch Buchclubs und Buchgesellschaften wie die »Büchergilde Gutenberg«. Auch das Versandhaus Zweitausendeins mit eigenen Vertriebswegen und Läden spielte lange Zeit eine besondere Rolle und war in der Lage, eigene Erfolgstitel zu generieren. Wie das alles berücksichtigen – und in welcher Relation?

Die beiden seit 2014 konkurrierenden Marktforschungsinstitute handhaben das unterschiedlich. Die Gesellschaft für Konsumforschung (GfK) erhebt die Daten für den *Focus* und fürs *Börsenblatt*, dagegen beziehen *Spiegel* und *Buchreport* ihre Zahlen von »Media Control«. Ähnlich wie bei Hochrechnungen nach Parlamentswahlen gehen beide Institute von repräsentativen Stichproben aus. Schon daraus ergäbe sich – wie bei Wahlprognosen in ARD und ZDF – eine geringfügige Abweichung der Ergebnisse. Zwar behaupten beide, dass sie jeweils auf die Daten von 3700 Händlern zurückgreifen. Aber – und das ist das Problem: Es sind nicht dieselben, weil mit einzelnen Unternehmen Exklusivverträge bestehen. Branchenkenner wissen, dass die GfK exklusive Daten von Amazon bekommt; Media Control wird dagegen von eBuch beliefert, der Plattform der Buchhandelsgenossenschaft. Das bedeutet, wie die Tageszeitung *Die Welt* in einer Recherche zu diesem Thema resümierte: »Dem einen Institut fehlen die Daten des größten Onlinebuchhändlers, dem anderen die Daten der größten Vereinigung analoger Buchhändler. Das verzerrt die Ergebnisse.«[26]

Aber es gibt auch politisch-moralische Eingriffe, wie der Skandal um das Buch *Finis Germania* des Historikers Rolf Peter Sieferle bewies.[27] Da wurde uns vorgeführt, dass die Bestsellerliste im Zweifelsfall nicht viel wert ist, wenn die

Chefredaktion des *Spiegel* nach Gutdünken einen Titel entfernen kann und darüber erst aufgrund öffentlicher Nachfrage Auskunft gibt. »Eingriffe in die Bestsellerliste sind den Regularien zufolge möglich, allerdings selten«, teilte uns die stellvertretende Chefredakteurin Susanne Beyer aus gegebenem Anlass mit.[28]

Was war geschehen? Zunächst ereignete sich der Skandal an anderer Stelle. Sieferles Werk, das im rechtslastigen Antaios-Verlag erschien, war auf der Sachbuch-Bestenliste aufgetaucht, die vom NDR in Zusammenarbeit mit der *Süddeutschen Zeitung* erstellt wird. Hier sorgt eine kompetente Jury dafür, dass gute Bücher empfohlen werden. *Finis Germania* löste deshalb einen Eklat aus, führte zum Rücktritt mehrerer Juroren und auch des Jurors, der alleine für die Wahl dieses Titels verantwortlich war. Es war ausgerechnet ein Mann des *Spiegel*, dessen Redakteur Johannes Saltzwedel. Der öffentliche Wirbel um die Causa Sieferle sorgte nun aber dafür, dass *Finis Germania* tatsächlich auf die Bestsellerliste gelangte, und zwar auf Platz 6 in der *Spiegel*-Ausgabe 29/2017. Denn so funktioniert der Markt: Skandale sind gut fürs Geschäft. Eine Woche später war es jedoch spurlos verschwunden.

Sicher ist es scheußlich, ein Buch auf der eigenen Bestsellerliste ertragen zu müssen, das im *Spiegel*« selbst als »rechtsradikal, antisemitisch und geschichtsrevisionistisch« eingeschätzt wurde.[29] Aber wo kämen wir hin, wenn alle Bücher aus der Verkaufsliste entfernt würden, die uns nicht gefallen? Das widerspricht nicht nur dem Prinzip, sondern auch demokratischen Gepflogenheiten. Eine Bestsellerliste ist schließlich keine Bestenliste und keine Wohlfühlveranstaltung. Beim NDR mit seiner Empfehlungsliste verursachte das Buch zu Recht einen Skandal. Die Bestsellerliste aber sagt nichts aus über die Qualität der Bücher, dafür umso mehr über die vorherrschenden Vorlieben im Land. Und manchmal ist sie eine Art Fieberthermometer, an dem sich öffentliche Überreizungen ablesen lassen. Da manipulierend einzugreifen, ist in etwa so, wie wenn irgendein obskures Gremium die Werte einer unliebsamen Partei aus Umfragen löschen würde, sodass man glauben könnte, es gäbe keine AfD.

Sicher: Der *Spiegel* hatte ein schlechtes Gewissen. Und auf einmal wurde es ihm zum Problem, dass ein Platz auf der Bestsellerliste eben auch als Empfehlung funktioniert. Ja was denn sonst! Und nun wollte ausgerechnet der stets skandalhungrige *Spiegel* das Skandalisierungsprinzip außer Kraft setzen? Erst ein paar Monate zuvor war Adolf Hitlers *Mein Kampf* in einer historisch-kritischen Edition unter den Top Ten aufgetaucht. Wenn es darum ginge, antisemitische Schriften zu verhindern, hätte der *Spiegel* wohl da schon eingreifen müssen. Und Thilo Sarrazins *Deutschland schafft sich ab*, war das nicht auch ein rassistisches Machwerk?

Der *Spiegel* hatte jetzt ein echtes Problem. Wer damit anfängt, die Bestsellerliste – und damit die Realität des Marktes – zu verfälschen, kann damit nicht so schnell wieder aufhören. Der öffentlich gewordene Eingriff war ein Sündenfall. Verheerend zudem, dass dabei der Eindruck entstand, es würden unliebsame Ansichten unterdrückt, also genau das, was die Rechten immer behaupten. Der *Spiegel* spielte ihnen in die propagandistischen Karten. Man kann rechtem Gedankengut aber nicht durch Ausgrenzung begegnen, sondern indem man dessen Existenz gelassen erträgt und paranoide Positionen argumentativ bekämpft. Der *Spiegel* hatte sich blamiert und der Demokratie Schaden zugefügt. Und er hatte das Gegenteil von dem erreicht, was er erreichen wollte. Die Aufmerksamkeit für das traurige Büchlein *Finis Germania* konnte gar nicht größer sein.

Im Ranking des Online-Buchhändlers Amazon schnellte das inkriminierte Werk in den folgenden Tagen auf Platz 1 nach oben. Amazon unterhält eine eigene Rangliste, die sich von den anderen Bestsellerlisten erheblich unterscheidet, schon deshalb, weil sie – zumindest auf den vorderen Plätzen – stündlich aktualisiert wird. Da sind wir also direkt am Puls des Marktgeschehens, da wirkt sich jeder Klick auf den Kauf-Button direkt aufs Ranking aus, da kann man zusehen, wie Stimmungsverhältnisse sich in Zahlen und Zahlen in eine Rangliste umsetzen. Das wirkt wie die fiebrigen Kurven der Aktienkurse an der Börse, und es gibt angeblich Schriftsteller, die geradezu süchtig danach sind, das Ranking ihrer eigenen Bücher in Echtzeit zu verfolgen. Der Nachteil dieser Tabelle ist jedoch ihre inhaltliche Ungefügtheit. Sie bietet ein kunterbuntes Durcheinander der Genres und Preisklassen. Deshalb schafft Amazon zudem inhaltliche Untergruppen, Bestsellerlisten, die nach Themenbereichen spezifiziert sind. Ob derlei Vielfalt tatsächlich der Übersichtlichkeit und der Orientierung dient, ist eine andere Frage. Der Stundenpuls hat aber ganz fraglos seinen Reiz.

DIE SPRACHE DER BILDER

Vor dem ersten Satz, der sich wie eine Tür zum Text hin öffnet oder verschließt, steht die Begegnung mit dem Buch in seiner Körperlichkeit. Es sendet Signale, die uns dazu verleiten sollen, zuzugreifen und es aufzuschlagen oder wenigstens den Text auf der Rückseite zu lesen. Was wir zuerst wahrnehmen, ist das Dingliche: Umschlag, Farbe, Dicke, Schrifttype, Prägung, Abbildung, Gestaltung, Material. Vielleicht halten wir es dabei schon in der Hand und können es fühlen, spüren die Beschaffenheit des Papiers und das Gewicht, und wir blättern es schon einmal an, nur so, versuchsweise, um das Druckbild zu erkennen, die Gliederung und die Seitenzahl und wieviel Text jede Seite enthält. Gibt es Kleingedrucktes, Fußnoten gar? Wieviel Mühe wird es kosten? Wieviel Lust verspricht es?

All das trägt, auch wenn wir nicht darüber nachdenken, dazu bei, ob der Annäherungsprozess gelingt. Es gibt Liebe – oder Lesen – auf den ersten Blick. Doch die meisten Bücher, die in einer Buchhandlung dicht an dicht liegen, übersehen wir. Wir können nichts dagegen tun, dass die Vorlauten zuerst ins Auge springen, die sich ganz vorne auf den Verkaufstischen mit den Neuerscheinungen breitmachen. Ob wir überhaupt noch auf die zusammengedrängten, abgeschobenen Buchrücken in den Wandregalen achten, mag davon abhängen, ob wir nicht schon vorher fündig geworden sind.

Die Stapelware, die palettenweise bereitliegt, drängt sich mit der Aggressivität der schieren Masse auf. Die Buchhandlungen haben sich im Lauf der letzten Jahrzehnte verändert, weil sie unter Umsatzdruck stehen und, um bestehen zu können, größere Mengen verkaufen müssen als früher. Quantität ist dadurch zu einem Qualitätsmerkmal gemacht worden, und wir Käufer haben uns, soweit wir hinterhertrotten, in Schafe verwandelt, die immer dahin laufen, wo die Herde schon ist. Die Buchstapel haben die Buchstaben verdrängt, die Buchkörper ersetzen mit ihrer materiellen Präsenz die Priorität des Inhalts, und auch wenn der Buchhandel gerne über die Entwicklung klagt, ist er dafür doch auch selbst verantwortlich. »Self fulfilling profity« hat der Schriftsteller Gerhard Falkner diesen Effekt genannt und rabiat hinzugefügt: »Die meisten großen Buchhandlungen sind mittlerweile einfach nur noch vulgär und gleichen eher Sexshops als einer Schnittstelle des kulturellen Tausches.«[1]

Was vorne liegt, ist neu, das Neue geht vor, und die Verweildauer einzelner Titel im Buchhandel ist kurz, oft nur wenige Monate bis zur nächsten saisonalen Welle. Verlage bezahlen für den Platz an der Kasse, für eigene Aufsteller, für Auslagen im Schaufenster. Deshalb sind die Entdeckungen, die wir zu machen glauben, schon nicht mehr ganz unschuldig. Unsere Wünsche kommen von außen auf uns zu. Aber dann entscheiden wir doch selbst. Ob ein Buch mit seinem Umschlag uns anspricht und auf uns wirkt, liegt nicht nur an ihm, sondern auch an uns.

Der Umschlag signalisiert, dass es sich um eine Ware handelt, die um Aufmerksamkeit buhlt. In vorkapitalistischen Zeiten blieben die Bücher nackt, und erst der spätere Besitzer ließ sie dann nach seinem Geschmack beim Buchbinder binden, möglichst gediegen, möglichst mit schweinsledernem Ewigkeitsversprechen. Alles Wissen erhielt in den privaten und öffentlichen Bibliotheken auf diese Weise ein einheitliches Gewand. Jedes einzelne Buch gliederte sich in eine beruhigende, gediegene Homogenität ein. Das Wissen war eine

Wand. Dieser vergangenen Epoche wäre die grellbunte Farbigkeit der heutigen Bücher ein Gräuel gewesen. Erst mit den Massenauflagen des 19. Jahrhunderts, mit der Ausbreitung des Buchhandels und mit der Demokratisierung des Lesens erhielten die Umschläge ihre Bedeutung als Kaufimpulsgeber und die Bücher eine individuelle Erscheinungsform.

Das Cover ist angeblich bei rund 70 Prozent aller Buchkäufe der entscheidende Faktor, auch wenn jeder Kunde um die sprichwörtliche Mahnung weiß, der zufolge man ein Buch nicht nach seiner Verpackung beurteilen soll.[2] Doch dieser Augen-Blick des Hinsehens vollzieht sich im Bruchteil einer Sekunde. Wir, als mögliche Käufer, müssen sofort verstehen, worum es geht – vielleicht noch bevor wir den Titel gelesen haben. Statistiker haben ermittelt, dass wir selbst dann, wenn wir konzentriert hinschauen, höchstens acht Sekunden einen Umschlag betrachten.[3] Kompliziertere Botschaften können wir in so kurzer Zeit nicht verarbeiten, sie sind deshalb zu vermeiden. »Ein Cover muss sein Versprechen klar machen«, sagte Jochen Kunstmann als Marketing-Experte im Verlag Droemer-Knaur.[4] Die schlichteste, eingängigste Botschaft aber ist der Autorenname, die Marke. Die erste Grundregel der Gestaltung leitet sich daraus ab: Je bekannter ein Autor, umso größer erscheint sein Name auf dem Cover.

Wie ein eindeutiges Cover funktioniert, demonstriert mustergültig Sebastian Fitzeks Bestseller *Das Paket*.[5] Der Umschlag ist so gestaltet, dass das Buch wie ein Päckchen aussieht, braunes Packpapier mit einem Paketaufkleber, auf dem der Titel eingefügt ist, und zur näheren Spezifizierung auch gleich das Genre »Psychothriller«. Sehr viel größer aber und in roten Lettern gedruckt prangt darunter der Name des Autors, den man für den Paketempfänger halten könnte. Der Name wird so zur eigentlichen Botschaft. Wenn wir es kaufen, dann kaufen wir dieses Buch vor allem deshalb, weil es von Sebastian Fitzek ist. *Das Paket* stieg im Oktober 2016 als

Neuerscheinung direkt auf Platz 1 der *Spiegel*-Bestsellerliste ein.

Ein gelungener Umschlag macht sichtbar, um was für eine Art von Literatur es sich handelt, ob Trash oder Hochkultur erwartet werden darf, ob Fantasy oder ein Ratgeber. »Unsere Cover wollen vermitteln: Hier hast du gute Literatur, die aber auch gut lesbar ist«, sagt Attila Zoltan, Werbeleiter bei Luchterhand.[6] Eine Zauberformel gibt es natürlich nicht. Oft sind es einfach nur modische Trends, fast wie in der Textilbranche. Mal dominiert Weiß als Grundton, dann wieder das kleine Schwarze, knapp geschnitten. Oft sind es die großen Erfolge der Vorsaison, die solche Trends setzen. So konnte man zum Beispiel die Blautöne, die auf dem Cover von Daniel Kehlmanns *Die Vermessung der Welt* dominierten, in den folgenden Jahren geradezu inflationär auf den Tischen mit den Neuerscheinungen wiederentdecken. Und wer in der Buchhandlung auf Thomas D. Seeleys *Auf der Spur der wilden Bienen* stieß, der konnte bei der Kombination aus sanftem Grün und sachlichen Großbuchstaben, in denen der Titel gesetzt war, fast glauben, es handle sich um ein neues Buch unseres Lieblingsförsters Peter Wohlleben. Vielleicht reicht farbliche Mimikry tatsächlich aus, um einen ersten Impuls zum Hinschauen und Zugreifen auszulösen – allerdings nur, solange nicht zu viele Bücher dieselbe Strategie verfolgen. Dann schlägt der Effekt ins Gegenteil um. Zu viel Kehlmann-Blau oder Wohlleben-Grün macht ununterscheidbar, das schadet jedem Nachfolger. Auch das beste und erfolgversprechendste Werk kann durch den falschen Titel oder ein misslungenes Cover vernichtet werden und nicht über die Hürde der ersten Begegnung hinausgelangen.

Direkt nach dem Krieg, als wir nicht nur nach Essbarem gierten, sondern auch nach neuem Lesestoff, spielte das noch keine Rolle. Ausgehungert, wie wir waren, kauften wir alles, was gedruckt wurde, zwischen kartonierten schmucklosen

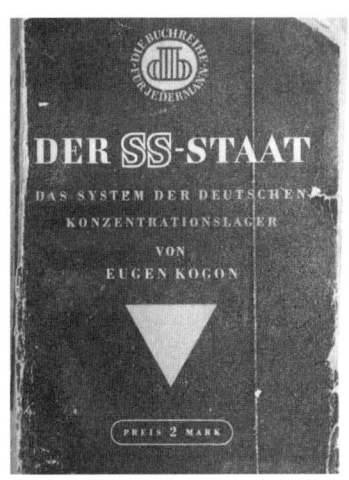

Buchdeckeln und auf miserablem Papier, das schon nach ein paar Jahren vergilbte und bröckelte. »Rowohlts Rotations Romane« boten uns Futter direkt auf Zeitungspapier zum raschen Verzehr. Schmuck und Schönheit und Verführungskunst hatten Pause. Die künstlerische Graphik der Weimarer Republik, die auch in der Buchumschlagsgestaltung der zwanziger Jahre zu bewundern gewesen war – als wären Bücher nichts anderes als Plakate, nur ein bisschen kleiner –, war vollkommen vergessen; die schrille Farbigkeit des Expressionismus und die urbane Ästhetik der Neusachlichkeit waren hinter dem Kitsch der Nazi-Ästhetik verloren gegangen und in der Nachkriegszeit vom bloßen Mangel verschüttet worden.

Umschläge erzählen bereits eine Menge über den Geist der Zeit und ihre technischen Möglichkeiten. Sie zeigen die Erwartung der Verleger; sie bündeln all das, was von den Produzenten als Bedürfnis in der Leserschaft vermutet wird; sie sind Angebote, Hinwendungen, Umschmeichelungen der individuellen Sehnsüchte und Wissbegierden, sodass Bestseller schon äußerlich sichtbar machen können, welche Sorgen und Begehrlichkeiten, welche Mängel und welcher Überfluss die

Epoche prägten. Welche Geschichte erzählen also die Buchumschläge der bundesdeutschen Bestseller? Plieviers *Stalingrad*, in der westdeutschen Ausgabe von Kurt Desch, erschien mit einem schwarzen Cover, auf dem schemenhaft eine sich im Dunkel verlierende Marschkolonne zwischen Häuserruinen verschwand, geduckte, fragile Gestalten unter schimmernden Helmen. Der Titel darüber in hellen Großbuchstaben, wie aus Stein gemeißelt, und dazu blutrote Linien: Es war sichtbar, dass es in diesem Buch um Schicksalhaftes ging. Unausweichlich zogen die Soldaten ihrem Untergang entgegen. Sie waren Kälber vor dem Schlachthof, sie waren Opfer, sie waren Teil eines kollektiven Verhängnisses.

Wie ein farbliches Komplementärstück dazu wirkt Eugen Kogons *Der SS-Staat* in der Erstausgabe von 1946[7], ebenso schwarz, mit roten und weißen Lettern. Der Titel, der das Doppel-S graphisch betonte, war emblematisch hervorgehoben. Der Untertitel *Das System der deutschen Konzentrationslager*, der Name des Autors und ein auf dem Kopf stehendes rotes Dreieck, das Zeichen der politischen Häftlinge, bildeten zusammen ein graphisches Element: ein weiteres Dreieck. Der abstrakte, kühle Eindruck dieser Gestaltung wurde konterkariert durch das vereinswappenhafte, vertrackt gemütlich wirkende Logo »Die Buchreihe für jedermann« oberhalb des Titels. Dieses Ensemble gestalterischer Elemente musste all das transportieren, was nicht abbildbar war. Der Umschlag von *Stalingrad* mythisierte den Krieg zum Opfergang; *Der SS-Staat* machte aus dem Grauen der Lager eine Abstraktion. Diesem Buch war nicht anzusehen, dass sein Autor von 1939 bis 1945 im KZ Buchenwald inhaftiert gewesen war. Noch zurückhaltender hatte sich die Erstausgabe von 1946 im Karl Alber Verlag gegeben: Autorenname und Titel standen klein ganz oben auf dem Umschlag, und darunter nichts als Kleingedrucktes: Der Klappentext war aufs Buchcover geraten. Dieses Buch, das konnte man sehen, wollte gelesen und begriffen werden und würde einige Anstrengung erfordern. Da gab es nichts zu illustrieren, weil Aufklärung eine Sache des Wortes war.

Kogons Leistung bestand darin, als Augenzeuge und Überlebender eine auf Objektivität zielende Darstellung vorzulegen, die deutlich von der eigenen Erfahrung geprägt war und doch ins Systematische ausgriff. Kogon schrieb gegen das Nicht-Wissen-Wollen und das Verdrängen an. Er holte ins allgemeine Bewusstsein, was in den Lagern geschehen war, und beschönigte nichts. Er zeigte, wie die Verrohung unter den Gefangenen wirkte, schilderte die Abstumpfungen im Überlebenskampf und sprach von der allenfalls »elastischen Trennwand«, die zwischen der SS und den zu Komplizen gemachten Funktionshäftlingen bestand. So unverfälscht, so direkt, so wenig heroisierend wurde das erst wieder vom Nobelpreisträger Imre Kertész in dem großen *Roman eines Schicksallosen* geschildert, der aber erst in den neunziger Jahren im wiedervereinigten Deutschland rezipiert wurde. Kogon zeigte auch den hierarchisch durchorganisierten Machtblock der SS, vor dem es kein Entkommen gab. Die Lagerwelt beschrieb er so: »Das Ganze hinter den eisernen Gitterstangen einer terroristischen Disziplin ein Dschungel der Verwilderung, in den von außen hineingeschossen, aus dem zum Erhängen herausgeholt, in dem vergiftet, vergast, erschlagen, zu Tode gequält, um Leben, Einfluss und Macht intrigiert, um materielle Besserstellung gekämpft, geschwindelt und betrogen wurde, neue Klassen und Schichten sich bildeten. Prominente, Parvenüs und Parias innerhalb der Reihen der Sklaven, wo die Bewußtseinsinhalte sich wandelten, die sittlichen Wertmaßstäbe bis zum Erbrechen sich bogen, Orgien begangen und Messen gefeiert, Treue gehalten, Liebe erwiesen und Haß geeifert, kurzum die tragoedia humana in absonderlichster Weise exemplifiziert wurde.«[8] *Der SS-Staat* wurde zum Klassiker der antinazistischen Literatur. Niemand konnte jetzt noch behaupten, er habe nichts gewusst. In 47 Auflagen sind bisher über eine halbe Million Exemplare verkauft worden, dazu kommen Übersetzungen in zahlreiche Sprachen. Einen Höhepunkt der Publizität erlebte Kogons Studie im Jahr 1975, knapp 30 Jahre nach der Erstveröffentlichung, im Gefolge von Joachim Fests *Hitler*-Biographie und der Veröffentlichung von Albert Speers *Spandauer Tagebüchern*. Kogon erreichte Platz 7 der Jahres-bestsellerliste.[9]

Der zweitgrößte Bucherfolg auf dem Sachbuchmarkt der fünfziger Jahre – hinter Cerams *Götter, Gräber und Gelehrte* – waren jedoch die Lebenserinnerungen von Ferdinand Sauerbruch. Der berühmte Chirurg hatte seine Memoiren angeblich noch kurz vor seinem Tod diktiert. Das im Sommer 1951 erschienene Buch mit dem schlichten Titel *Das war mein Leben* wurde von einem Porträtfoto Sauerbruchs geschmückt. Sein Gesicht war darauf so scharf beleuchtet, als stünde er unter einer Operationslampe und habe sein Leben direkt dort mit dem Skalpell aufgeschrieben. Der Kopf wirkte wie ausgeschnitten und auf schwarzen Grund geklebt, ein Filmplakat eher als ein Buchumschlag. Die runde Brille spiegelte, er trug einen hochgeschlossenen weißen Arztkittel, der auch ein Priestergewand hätte sein können, den kahlen Schädel hielt er nachdenklich leicht schräg und zeigte dazu ein leises, nur angedeutetes Lächeln. Dieser Mann trug allen Ernstes einen Oberlippenbart, der an die deutschnationale Bartmode des Kaiserreichs erinnerte, genauso gut aber auch ein nur leicht in die Breite gezogenes Hitlerbärtchen sein konnte. Sauerbruch strahlte etwas Dämonisches und zugleich Vertrauenerweckendes aus. Der Buchtitel *Das war mein Leben* stand in Schreibschrift und sanft ansteigend auf seiner Brust, auf dem weißen Grund des Arztkittels. Nach neun Monaten waren 130 000 Exemplare verkauft, bis Anfang der sechziger Jahre wurden daraus 1,2 Millionen. Die Verfilmung aus dem Jahr 1954 trug ihren Teil zum langanhaltenden Erfolg des Buches

FERDINAND
SAUERBRUCH

Das war mein Leben

Die Memoiren des großen Chirurgen

bei. Ein Rechtsstreit um die Authentizität der Erinnerungen –
Sauerbruch litt zum Zeitpunkt der Veröffentlichung bereits an
Demenz und wäre nicht mehr in der Lage gewesen, selbst zu
schreiben – schadete dem Absatz nicht.[10]

Sauerbruchs Leben war der erste große Memoirenbestsel-
ler der Nachkriegszeit. Mit ihm hatte die mythische Figur des
Arztes ihren ersten großen Auftritt, die in der weiteren Geschichte der Bundesrepublik in zahlreichen Arztromanen bis
hin zur Fernsehserie »Die Schwarzwaldklinik« weiterlebte.
Heinz G. Konsalik legte 1957 mit *Der Arzt von Stalingrad*
den ersten Roman-Bestseller in diesem Genre vor, Pasternaks
Welterfolg *Doktor Schiwago* folgte ein Jahr später, und 1961
war es der Arzt Hans Graf von Lehndorff, der die Eroberung
Königsbergs durch die Rote Armee in einem Lazarett miterlebt und seine Erfahrungen im *Ostpreußischen Tagebuch* festgehalten hatte.

Der Arzt war als Heiler und als Vertrauensperson gefragt,
der Chirurg Sauerbruch als ein Praktiker, der mit gezielten
Schnitten zu den schmerzenden Stellen vordrang und gekappte

Verbindungen, gebrochene Knochen wieder zusammenfügte. Der Chirurg war zuständig für die körperliche Mechanik, für Balance und Wohlbefinden, und insofern für das Innenleben. Doch mit ihm musste man nicht über Schuld und Sühne reden und keine Psychoanalyse betreiben. Alle Schmerzen hatten physische Ursachen.

Die Verfilmung der Memoiren setzte mit der Geschichte einer jungen Frau ein, die sich in Selbstmordabsicht vor eine Straßenbahn wirft. Sauerbruch, der als Retter hinzutritt, lässt sie auf seine Station einweisen. Sie landet jedoch, wie alle Suizidkandidaten, in der Psychiatrie. Sauerbruch will das nicht hinnehmen, kämpft um sie, und siehe da, es zeigt sich, dass ihr Lebensüberdruss physische Ursachen hatte: ein dauernder, zermürbender Schmerz in der Hüfte, der operabel ist. Die Szene war symptomatisch für die kollektiven Bedürfnisse der Nachkriegsgesellschaft: bitte keine Psychoanalyse und Schuld-Ursachenforschung, sondern lieber ein paar Schnitte ins Fleisch und rasche, körperliche Genesung. »Schneidet für Deutschland« lautete der treffende Titel einer Besprechung des Sauerbruch-Films, in Anspielung an das nazistische Reiter-Drama ... *reitet für Deutschland*.[11]

Vor dem Arzt sind alle Patienten gleich – dafür sorgt der hippokratische Eid. Ferdinand Sauerbruch bürgte mit seiner Lebensgeschichte dafür wie kein anderer Arzt: Er hatte Adolf Hitler die beim Marsch auf die Feldherrenhalle verletzte Schulter in Ordnung gebracht und den Sozialdemokraten Erhard Auer behandelt. Im Ersten Weltkrieg hatte er sich von Zürich aus mit der Erfindung der »Sauerbruch-Hand« – einer beweglichen Prothese – um die Versehrten des Vaterlandes verdient gemacht. Im Zweiten Weltkrieg stieg er zum Generalarzt des Heeres auf. Von den Nazis hatte er sich nie distanziert, war aber auch kein Parteigänger. So hatte er zwar den Nationalpreis auf dem Reichsparteitag 1937 entgegengenommen, dann aber gegen das Euthanasie-Programm protestiert.

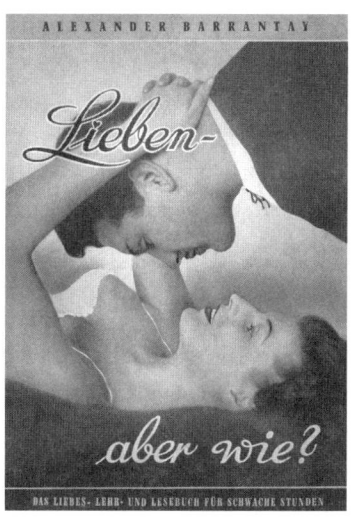

Er war mit dem Maler Max Liebermann befreundet bis zu dessen Tod, ließ sich aber auch von Göring zum Staatsrat ernennen. Sauerbruch bot das Musterbild eines deutschen Mannes – einerseits war er opportunistisch genug, um in jedem System Karriere machen zu können, andererseits aber verlor er darüber nicht sein Gewissen und seine humanistische Moral. So stand seine Figur nach dem Krieg für Kontinuität über die Epochengrenzen hinweg[12] und für die Teilhabe an der deutschen Geschichte in aller Ambivalenz.

Fotografische Schwarz-Weiß-Ästhetik prägte auch ein Büchlein, das, 1957 erschienen, bis Anfang der sechziger Jahre etwas mehr als eine halbe Million mal über die Ladentische ging und damit den dritten Platz der Sachbuch-Bestseller der Adenauer-Ära belegt: Alexander Barrantays *Liebes-, Lehr- und Lesebuch für schwache Stunden*. Auch hier kam für den Titel eine Intimität versprechende Schreibschrift zur Anwendung. *Lieben – aber wie?* gab eine erste Antwort schon damit, dass der i-Punkt in »Lieben« durch ein kleines Herzchen ersetzt worden war.[13] Das Coverbild zeigte Sie und Ihn. Sie, eine eher herbe, nicht mehr ganz junge Schönheit, auf dem Rücken liegend und angetan mit einem betonartigen, weißen Büstenhalter. Er, Typ ungarischer Graf mit millimeterdünnem Menjoubärtchen, beugte sich von oben über ihr Gesicht, den Mund nah an ihrem, die Stirn fast zwischen ihren Brüsten, und ließ sich von ihr so umfassen, dass sie die Hände in seinem Nacken zusammenlegen konnte. So verharrten die beiden in schönster, spannungsvoller Erwartung, während der Klappentext augenzwinkernd eine »reizvolle Publikation« versprach, die auf »bezaubernde Art die Geheimnisse um das jahrtausendealte und ewig neue Spiel von Herz, Charme, Temperament, Verlockung, Anziehung, Abwehr und Unterwerfung« enthülle.

Das Buch erschien als Band 1 der Reihe »Weltmacht Sex-Appeal«, und das war doch immerhin schon mal eine modifizierte, vergleichsweise erfreuliche Art des Weltmachtstrebens. Tatsächlich stellte Band 2, ebenfalls von Barrantay, ein Jahr später die Frage: *Ist Lieben Sünde?*, und erklärte explizit: »Sex Appeal – Eine Weltmacht, die Völker und Zeiten, Krieg und Frieden überdauerte«. Wenn Ceram mit Archäologie die Jahrtausende überbrückte, dann dieser Autor mit der Behauptung, die Liebe sei überzeitlich und unveränderlich. Auch so konnten wir uns aus der Geschichte verabschieden.

Barrantay wurde im Klappentext vorgestellt als »weitgereister, welt- und lebenserfahrener Autor«, doch vermutlich handelte es sich eher um eine Kunstfigur, und es ging in diesem Buch auch weniger um Sexappeal als um die Restauration familiärer Werte und Tugenden und die Unumstößlichkeit der Ehe. Barrantay operierte mit althergebrachter Moral und – gelinde gesagt – sehr konventionellen weiblichen und männlichen Rollenbildern (»Eine Frau liebt mit Herz und Sinnen. Beim Manne kommt der Verstand hinzu …«[14]). Sein Anspruch bestand darin, all die Sehnsüchte nach Abenteuer und flirrender Erotik, wie sie das Umschlagbild versprach, in die Ehe zu integrieren und das Augenblickshafte des Begehrens auf Dauer zu stellen. Der Erfolg des Buches mag in der Behauptung gelegen haben, dass das möglich sei. Konvention und Aufbruchshoffnung waren darin versöhnt, aber so, dass nichts verlassen oder zerstört werden musste und alles Neue im immer schon Vorhandenen zum Vorschein kam. Bis ins Jahr 1968 und bis zur Erprobung anderer, offenerer Formen des Liebens und des Zusammenseins war es noch ein weiter Weg. Doch im Untergrund flirrte schon das rauschhafte Begehren.

Eine Auflage von mehr als einer Million erreichte auch der erfolgreichste deutsche Roman der fünfziger Jahre, Hugo Hartungs ungarische Liebesromanze *Ich denke oft an Piroschka*[15], 1954 erschienen, 1955 mit Liselotte Pulver in der Hauptrolle verfilmt und ebenso wie die Sauerbruch-Memoiren auf dem Umweg übers Kino zum Longseller geworden.[16] Piroschka – das klang nach Piroggen und nach Puszta, und die ungarische Tiefebene war auf der kolorierten Zeichnung des Buchumschlags auch zu sehen: ein Reiter, ein paar hingetuschte Pferde im Hintergrund. Der Titel auch dieses Buches in Schreibschrift. Das nicht zu sättigende Heimeligkeitsbedürfnis der fünfziger Jahre drückte sich offensichtlich in dieser gestalterischen Vorliebe aus. Darunter ein junges Paar auf einem Teppich voller Blüten, sie mit langem dunklem Haar und schillerndem Kleid, das ihr das Aussehen einer Nixe verleiht, er wie ein Graf aus dem 19. Jahrhundert, hinter ihr kniend, die Arme angewinkelt, aber so, dass der Eindruck entsteht, er griffe ihr an die Brust, allerdings so verschwommen, dass das sofort als wüste Phantasie auf den Betrachter zurückfällt. Die Illustration hat etwas Vexierbildhaftes, sie ist nichts als reizend und keusch und nimmt dabei doch das Begehren in unserem Blick mit auf. Denn da ist keine Stelle, die dich nicht sieht.

Ungarn war das Sehnsuchtsland: die weite Steppe, Pferde, Paprika, heiße Liebe und dauerfiedelnde ›Zigeuner‹. In Hartungs Roman erzählte ein in der Gegenwart lebender Mann eine Geschichte, die in seiner Jugend, in den zwanziger Jahren spielte. Er führte uns zurück in eine Zeit, als wir Deutschen in Ungarn noch freudig begrüßt und dann sogar geliebt wurden – so wie dieser junge Student. Aber die Unschuld und die Zeit der Liebe waren unwiederbringlich verloren.

Es ist schwer, diese Geschichte in ihrer seufzenden Vergeblichkeit, ihrer sentimentalen Melancholie *nicht* auf der Folie der deutschen Geschichte und des Bedürfnisses nach Vergessen zu lesen. Zwischen der ersten Nachkriegszeit und der zweiten, der aktuellen, schien nichts gewesen zu sein, so sehr überlagerten sich die Epochen in der Lektüre. Christian Adam liest selbst den letzten Satz des Buches (»Manchmal meine ich, es war gar nichts – das mit Piroschka. Aber es ist wohl alles gewesen. Alles.«) politisch, wenn er die Frage stellt: »Wie viele mögen gewünscht haben, es sei ›gar nichts‹ gewesen – oder übten sich täglich darin, das Vorgefallene zu vergessen und zu verdrängen?«[17] Abgesehen davon, dass Vergessen und Verdrängen keine aktive Handlung ist und schon gar keine tägliche Übung (die ja dann das zu Vergessende permanent bearbeiten und also hervorholen müsste), ist dieser Interpretation kaum zu widersprechen – auch wenn Hartung die Aussage »gar nichts« mit dem folgenden »alles« dementiert. Das Vergessen vollzieht sich auch hier als besondere Form des Erinnerns: als Umgestaltung, als Verschönerung, als neues Heimischwerden in einer Geschichte, so wie sie wohl nie gewesen ist. Darin liegt das Sentimental-Kitschige des Piroschka-Romans. Er behauptete eine folkloristisch-versöhnliche Völkerfreundschaft, die in der Nachkriegswirklichkeit der Bundesrepublik tatsächlich nur eine Lüge sein konnte.

Harmlosigkeit, schmunzeliger Humor und Biedersinn in Verbindung mit dem deutschen Nachkriegsfilm – das war das Erfolgsrezept dieser Jahre, wie auch *Vater, unser bestes Stück* des Journalisten und Übersetzers Hans Niklisch beweist.[18] 1955 erschienen, kam das Buch in sieben Jahren auf eine Auflage von 913 000 und lag damit auf Platz 2 des Nachkriegs-Rankings, angetrieben von der Verfilmung aus dem Jahr 1957 mit Heidi Brühl und Ewald Balser in den Hauptrollen. Für die Fortsetzung *Ohne Mutter geht es nicht* kam der beliebte Erik Ode dazu, der später als Fernsehkommissar zu einem Gesicht der paternalistischen Bundesrepublik werden sollte. *Vater, unser bestes Stück* – der Titel selbstredend in Schreibschrift – versprach, eine »heitere Familiengeschichte« zu sein. Die Umschlagillustration von Marga Karlson gab ihm die Anmutung eines Kinderbuches. Im Mittelpunkt der Vater in Strickjacke: dick und jovial auf seinem Sessel. Von hinten umarmte ihn die Mutter, beide umringt von der fünfköpfigen, lausbubenhaften Kinderschar. So sah sie aus, die deutsche Familie, zu einer Zeit, in der nicht nur das Wirtschaftswunder, sondern auch die Familienpolitik der Wachstumsideologie huldigte.

Aber es gab auch anderes in den fünfziger Jahren: Thomas Manns letzter, unvollendeter Roman, *Bekenntnisse des Hochstaplers Felix Krull*, verkaufte sich von 1954 bis 1962 710 000 mal. Der Umschlag mit seinen farbigen Flächen war an die abstrakte Kunst der fünfziger Jahre angelehnt, verhieß also eher Hochkultur denn Unterhaltung. Hier war nicht der Titel, sondern der Autorenname in Handschrift gesetzt wie eine Signatur, was dem Buch eine persönliche Note verlieh. Der Titel prangte darunter in gelben, modernen Lettern auf dunkelblauem Grund. Ein schlichtes, aber attraktives Cover. Hohe Auflagen erzielten auch Wolfgang Borcherts gefeierte Heimkehrergeschichte *Draußen vor der Tür* von 1947 mit rund 600 000 oder Erich Maria Remarques *Arc de Triomphe* mit 422 000 Exemplaren.[19]

Für das Segment der Unterhaltungsliteratur gilt in besonderem Maße, dass Umschlagsbild und Inhalt in Übereinstimmung gebracht werden müssen. Es muss sichtbar sein, dass hier keine Aufregung droht, sondern Ablenkung geboten wird. Es ist für Verkaufserfolge unabdingbar, dass der Umschlag nichts vormacht, was das Buch nicht hält. Er muss, um zu wirken, möglichst wahrhaftig wiedergeben, was der Text dann auch bietet. Nur so kann er tatsächlich die Zeitstimmung aufnehmen und zum Ausdruck bringen. Das gilt für die Illustration ebenso wie für die Wahl des Titels und die harmonische Übereinstimmung von beidem.

»Ich glaube, daß der Titel einen sehr großen Einfluß hat«, sagte der Verleger Heinrich Maria Ledig-Rowohlt, und dem würde wohl jeder Verleger zustimmen. Die Geschichte, die er dazu erzählte, stammt aus dem Jahr 1966. Da stieß er auf ein Buch des bis dahin völlig unbekannten Autors Eric Malpass mit dem Titel *Morning's at seven*[20], einem heiteren, sehr englischen Familien- und Landroman um einen kleinen Jungen namens Gaylord. Ledigs Frau hatte sich bei der Lektüre amüsiert, also las auch er, fand es »liebenswürdig-harmlos«, aber durchaus geeignet für die Position des Familienromans, wie er einmal im Jahr im Rowohlt-Programm zu besetzen war. Nur der Titel schien ihm unbefriedigend, irgendwie zu knapp und zu unbestimmt. Auf dem Umweg über englische Kritiken fand er heraus, dass es sich dabei um ein Zitat handle, und entdeckte schließlich das Gedicht von Robert Browning. Ledig-Rowohlt übersetzte es dann auch gleich selbst, weil es ihm gefiel. »Es war Naturlyrik. Und da waren die beiden Zeilen drin enthalten: ›Morgens um sieben‹, und die Schlußzeile hieß: ›Gott ist im Himmel, in Ordnung die Welt‹. Und das habe ich (…) dann halt in den Titel mit reingenommen. ›Morgens um sieben ist die Welt noch in Ordnung‹, das war auch der Sinn dieses Gedichtes, (…) und das war ohne Zweifel ein Titeltreffer.«[21]

Genauso wichtig war ihm jedoch die Umschlaggestaltung, und auch hier übernahm die Ehefrau die Rolle der Ratgeberin: In England werde doch sehr viel Tee getrunken, das sei der Ruhepunkt des Tages, und der Junge serviere den Tee im Pyjama auf einem Tablett, das sei doch sehr anrührend, wie er sich der Familie zuwende. So entstand die Idee, die die Graphikerin Eva Kausche-Kongsbak aus Worpswede umsetzte, indem

sie damit ein Buchcover schuf, dessen Ikonographie ins Herz des Publikums traf: Der Erfolg des Romans zog eine regelrechte Gaylord-Industrie nach sich, die Zeichnung des Jungen schmückte Schallplatten, Kaffeetassen, ja sogar Bäckertüten. Die Grafikerin war an diesen Umsätzen nicht beteiligt, durfte dafür aber ein ganzes Kinderbuch mit ihren Zeichnungen machen[22], für das Eric Malpass das Vorwort schrieb.[23] *Morgens um sieben* belegte 1967 Platz 3 der Belletristik-Jahresbestseller, 1968 dann Platz 1 – da rückte der Folgetitel *Wenn süß das Mondlicht auf den Hügeln schläft* auf Platz 3 schon nach. Zum Erfolg trug die ebenfalls sehr populäre Verfilmung mit der Titelmusik von James Last bei. Regie führte Kurt Hoffmann, der mit der Komödie *Quax der Bruchpilot* und Heinz Rühmann als Hauptdarsteller 1941, während des Krieges, seinen ersten großen Publikumserfolg gefeiert und der auch *Ich denke oft an Piroschka* verfilmt hatte.

Als der Roman im Februar 1967 erschien, war ihm ein Vorabdruck in der FAZ vorausgegangen, was zur Vorbestellung von 8000 Exemplaren im Buchhandel führte – reichlich, aber nicht gerade übermäßig viel. Der Verkauf lief sehr ordentlich mit einer ersten Spitze im Frühjahr, sodass das Buch im Herbst den Ruf erworben hatte, ein Bestseller zu sein, und sich dadurch weiter verkaufte. Die Familienidylle erwies sich dann auch als äußerst weihnachtsgeschäftstauglich, und noch bevor die Verkaufskurve im nächsten Jahr – wie üblich – zusammensackte, setzte die Werbung für den Film ein, der im Oktober 1968 in die Kinos kam, sodass das Buch sich zu Weihnachten noch besser verkaufte als ein Jahr zuvor. Wieder ein Jahr später kam die Buchclubausgabe im Bertelsmann Lesering heraus, die alleine schon eine Auflage von mehr als einer halben Million erzielte und damit die Originalausgabe hinter sich ließ, die aber parallel dazu unbeeinträchtigt weiterlief.[24] Ohne Verfilmung wäre das sicher nicht so aufgegangen. Andererseits: Ohne den Erfolg des Buches hätte es die Verfilmung nicht gegeben. Das Verkaufsgenie eines Heinrich Maria Ledig-Rowohlt, Titel und Umschlag trugen dazu bei.

Es ist wohl sehr oft so, wie Dieter E. Zimmer in seiner Fall-Geschichte resümierte, dass das Buch »außer einer vagen Potentialität nichts dazu prädisponiert. Der Erfolg könnte genauso gut ein genauso schlechtes anderes Buch treffen. Es kommt darauf an, ob sie von ihren Managern richtig gezündet werden; sind sie das aber einmal, so heben sie quasi automatisch ab: Sie geraten in die immensen Multiplikatoren der Massenmedien, und ihre Publizität akkumuliert ihnen Publizität (…)«.[25] Vom Cover zum Film und von da zurück zum Buch, dann vielleicht mit einer Szene aus der Verfilmung als Illustration. Es sind die Bilder, die zum Kauf anreizen, Bilder, die den Worten vorausgehen und ihnen nachfolgen und den Zugang zu ihnen erleichtern.

DEM LEBEN INS MAUL SCHAUEN

Ja, unsere Hilde. Man kennt sie doch. Die sagt, was sie denkt. Hildegard Knefs *Bericht aus einem Leben* wurde 1970 zu einem im Genre der Memoirenliteratur bis dahin unerreichten Erfolg. Die Knef, immer gut für Skandale, seit sie ihren legendären Kurzauftritt als erste Nackte im deutschen Nachkriegsfernsehen hatte, weckte unsere Neugier wie von selbst. Ihre tiefe Stimme hatten wir im Ohr, bevor wir ihr Buch zu lesen begannen.

Seltsam jedoch, dass ihre Autobiographie mit dem Titel *Der geschenkte Gaul* nicht von »meinem«, sondern ganz allgemein von »einem« Leben zu berichten versprach, fast so, als würde sie von einer anderen erzählen. Vielleicht war es auch eine wohlkalkulierte Bescheidenheit, mit der sie uns schon vor der Lektüre für sich einzunehmen versuchte.[1] »Ein« Leben, das klang so, als wäre es nichts Besonderes, ein Star zu sein, als wäre das nur eine Variante unserer gesellschaftlichen Normalität, als wäre sie tatsächlich eine von uns. Denn darum geht es doch in Büchern wie diesen: dass ein Star heruntersteigt aus den fernen Gefilden seines unerreichbaren Daseins, so wie eine Gottheit, die auf die Erde kommt, und plötzlich greifbar nah zu sein scheint.

Der Erfolg, der Weg zum Ruhm beginnt in einer durchschnittlichen Nachbarschaft und in Familienverhältnissen, wie wir sie von uns selber kennen. Ein paar Zufälle und ein bisschen Talent, aber im Grunde nicht viel mehr als auch wir

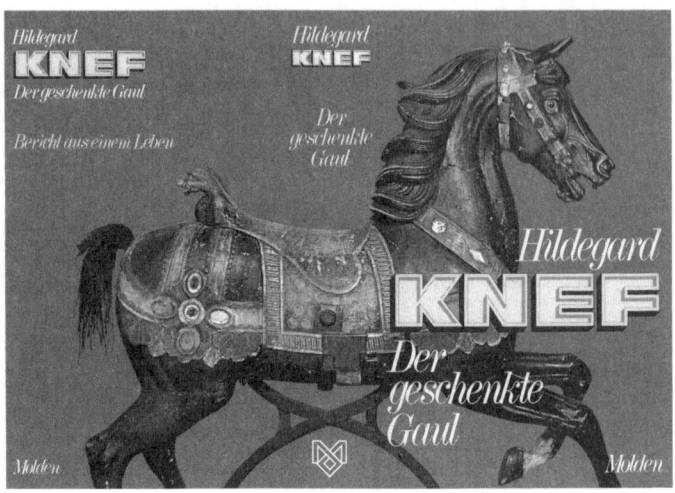

aufzubieten imstande wären, machen den kleinen Unterschied, der uns hoffen lässt, auch so »ein« Leben gelebt haben zu können, wenn wir nur ein bisschen mehr Glück gehabt hätten.

Doch als wir den *Gaul* zu lesen begannen, wurde schnell klar, dass es um nichts anderes ging als um sie, die Einzigartige, und um ihren besonderen Weg durchs Leben und durch die Zeitgeschichte. Wir durchlebten mit der jungen Hildegard die Zeit des Nationalsozialismus, den Krieg, die Zerstörung Berlins, und schlugen uns in einer versprengten Truppe des Volkssturms durch die letzten Kriegstage. Soweit waren es noch allgemein zugängliche Erinnerungen, doch eine als Mann verkleidete Frau in russischer Gefangenschaft war etwas Einzigartiges. Das war schon eher Film als Wirklichkeit, und ihr Leben verwandelte sich in eine Heldengeschichte. Dieses Spannungsfeld zwischen allgemeinen Erfahrungen auf der einen und exklusiver, exquisiter Besonderheit auf der anderen Seite ist der spezielle Handlungsraum jeder Prominentenbiographie.

Schon in den Kriegsjahren begann ihre Filmkarriere als

Zeichenschülerin beim Trickfilm. Bald folgten erste kleinere Drehs. Daraus, dass sie 1944/45 mit dem »Reichsfilmdramaturgen« Ewald von Demandowsky liiert war, machte sie kein Geheimnis. Doch wer den Tobis-Chef, der nur noch Goebbels über sich hatte, bloß aus dieser Erzählung kannte, musste ihn für eine zwar bedeutende, aber doch harmlose und durchaus zartfühlende Figur halten, auch wenn er bis zuletzt an den Endsieg glaubte und sich – mit Hilde an seiner Seite – in die letzten Straßenschlachten gegen russische Panzer warf.

Ob wir all diese Erlebnisse tatsächlich als »Bericht« verstehen durften oder doch eher als Fiktion behandeln sollten, war uns nicht ganz klar. Erst nach Knefs Tod im Jahr 2002 behauptete ein Biograph, dass es sich bei einigen Passagen – so den Wochen in russischer Kriegsgefangenschaft – um freie Erfindung handele.[2] Knefs atemloses, betont expressives Stakkato legte uns nahe, das Buch als Roman aufzufassen. Dieses Leben sollte ein Kunstwerk sein. Das verriet der Stil. Um Fiktion aber handelt es sich immer, wenn jemand sein Leben erzählt und aus den Erinnerungen eine Entwicklungslinie herauspräpariert. Was ist denn »ein Leben«? Der Blick zurück fördert einzelne Bruchstücke zutage, Unzusammenhängendes, Undurchschautes, das erst in der Erzählung Kontinuität und Ordnung und eine mehr oder weniger zwingende Richtung erhält.

Jede autobiographische Darstellung ist zugleich bereits eine Deutung, indem sie bestimmte Momente oder Lebensabschnitte hervorhebt, andere vernachlässigt und Zusammenhänge herstellt, die erst das entstehen lassen, was wir dann im Rückblick »ein Leben« nennen. Und nicht nur der Autor ist beteiligt an der Herstellung dieser Fiktion, die wir Biographie nennen: Auch für dieses Genre gilt wie für jede Literatur, dass wir Leser darüber entscheiden, welche Färbung das Buch für uns annimmt und welche Möglichkeitsräume wir in ihm entdecken, ob wir einer Figur folgen und bereit sind, ihr zu glauben oder nicht. Eine Biographie ist eine Konstruktion, oft stimmen die Fakten nicht, und vielleicht ist es auch gar nicht so wichtig, ob Hildegard Knef in russischer Gefangenschaft war oder nicht. Wahrhaftigkeit und Plausibilität stellen sich auf einer höheren Ebene ein. Sie haben mit der Haltung des Erzählers, der Erzählerin zu tun. Wie blickt er, sie auf den Lebensstoff? »Authentizität« ist die Währung, in der wir den Wahrheitsgehalt der Autobiographie berechnen.

Authentizität aber hat auch etwas mit der Nähe zu tun, die wir dem dargestellten Leben gegenüber empfinden. Weil wir Leser sind, ist es uns erlaubt, uns mit dem Star zu identifizieren. So entkommen wir vorübergehend der Glanzlosigkeit des eigenen Lebens in ein geträumtes Dasein. Darin besteht der Gebrauchswert der Star-Memoiren. Hildegard Knef bezeichnete ihr Leben als »geschenkten Gaul«. Einem geschenkten Gaul schaut man bekanntlich nicht ins Maul – auch wenn es sich dabei um eine Schindmähre – oder eine Schimäre? – handelt. Geschenkt ist geschenkt, und mögen die Zähne – respektive die Zeiten – noch so schlecht, der Atem noch so verdorben sein. Knef deutete schon im Titel an, dass sie keine Glimmer-Glamour-Starlet-Story bieten würde, sondern ein Leben, das genau so genommen werden sollte, wie es nun mal kam. Aufstieg, Prominenz, Berühmtheit waren weniger zu feiern als zu ertragen.

Eine Kurzfassung dieser koketten Grundeinstellung hatte sie schon zwei Jahre zuvor mit dem Chanson *Von nun an ging's bergab* vorgelegt: Beginnend mit der Geburt reihte sich da Strophe für Strophe ein glanzvoller Aufbruch an den nächsten – vom Theater zum Film, nach Amerika und wieder zurück –, und der Refrain lautete jedes Mal: »Von nun an ging's bergab«. Ging es aber nie, denn die Knef, strahlend und berühmt, stand doch immer noch da vorne auf der Bühne und sang, und wir jubelten ihr zu. Wirklich bergab, mit Alkohol- und Medikamentenmissbrauch, ging es erst ein paar Jahre später, nachdem sie zur Bestsellerautorin geworden war.

Im Buch gelang es ihr, selbst die Abstürze und Rückschläge in Triumphe zu verwandeln, weil sie Teil eines Lebens waren, das durch wachsende Berühmtheit beglaubigt wurde.

Dass auch ihre Autobiographie ein Erfolg werden würde, war keine Frage. Knef war viel zu bekannt, um übersehen zu werden. Der Molden Verlag zögerte nicht, in seiner Werbekampagne auf den Prominenzfaktor zu setzen und – besonders schlau – sich für die Reklame nicht nur nicht zu schämen, sondern ganz im Gegenteil alle Werbemaßnahmen so offen zu betreiben, dass die Tatsache der extensiven Werbung mit einem Etat von insgesamt 250 000 Mark selbst wieder zu einem Werbefaktor wurde nach dem Motto: Das muss ja ein bedeutendes Buch sein, wenn der Verlag dafür so ausdauernd und so unermüdlich die Werbetrommel rührt. Dieses Prinzip lässt sich seither gerade bei Bestsellern regelmäßig beobachten, wenn Verlage in ihren Broschüren gegenüber Buchhändlern und Kritikern damit werben, in welchen Zeitungen und Zeitschriften sie Anzeigen schalten und damit aus der Tatsache des Werbens selbst wieder Werbung machen. Je größer und breiter gestreut eine solche Kampagne angelegt wird – oder gegenüber dem Buchhandel glaubhaft gemacht werden kann –, umso zwingender ist es für die Buchhändler, sich rechtzeitig mit genügend Exemplaren einzudecken.[3]

Der Verlag hatte schon Monate vor dem Erscheinungstermin 2000 Leseexemplare, 5000 Schallplatten und signierte Knef-Postkarten an den Buchhandel verteilt. Auch die Redaktionen waren rechtzeitig mit Leseexemplaren beliefert worden – damals noch keine Selbstverständlichkeit. Die Kritiken kamen in allen wichtigen Zeitungen pünktlich und flächendeckend und fielen euphorisch aus. Einer Rechnung der Zeitschrift *Hör Zu!* zufolge, war die Knef so oft im Fernsehen zu sehen, dass der Verlag 2,5 Millionen Mark hätte aufbringen müssen, wenn er so viel Sendezeit für Werbung hätte kaufen müssen. So konnte Verleger Fritz Molden bald verkünden:

»Ein großes Erstlingswerk ist durchgebracht, der Knef-Stern am Autoren-Himmel ging auf, über 100 000 verkaufte Bücher fanden ihren Niederschlag auf allen Sellerlisten, Buchhändler und Verlag sind happy.«[4] Nach einem guten Jahr war eine halbe Million verkauft, und das Buch lief weiter, befeuert durch immer neue Nachrichten aus Knefs Leben und durch die Konzert-Tournee, die sie von Mitte Oktober bis Mitte November 1970 in 26 Städte von ihrer Heimat Berlin bis Zürich, von Kiel bis Linz führte. Klar, dass sie in den Buchhandlungen vor Ort Autogrammstunden absolvierte.[5] Auf der *Spiegel*-Jahresbestsellerliste landete das Buch 1970 zwar nur auf Platz 3 (hinter Johannes Mario Simmels *Und Jimmy ging zum Regenbogen* und der ebenfalls bei Molden erschienenen Ausbrechergeschichte *Papillon* von Henri Charrière[6]), wurde aber auf der Belletristik-Liste geführt und nicht – wie heute bei Autobiographien üblich – unter den Sachbüchern. Und: Der *Gaul* hielt sich drei Jahre lang unter den Top Ten, wurde also zu einem veritablen Dauerläufer.

Knef lieferte die Begleitmusik der sozialliberalen Ära. Bundeskanzler Willy Brandt stand nicht nur für eine neue Ostpolitik, sondern auch für gesellschaftlichen Wandel, für Reformen im Bildungswesen und im Familienrecht. »Chancengleichheit« lautete die sozialdemokratische Devise. Sie zielte darauf ab, mehr Kinder aus bildungsfernen Schichten die Möglichkeit zu geben, Abitur und Hochschulstudium zu absolvieren. Tatsächlich verdoppelte sich die Zahl der Studenten zwischen 1965 und 1975. Wichtiger noch – und gesellschaftlich umstrittener – war das neue Ehe- und Scheidungsrecht, das die im Grundgesetz verankerte Gleichberechtigung von Männern und Frauen endlich adäquat umzusetzen versuchte. Hildegard Knef, 1970 in zweiter Ehe verheiratet, war der Prototyp einer emanzipierten Frau mit erotischer Ausstrahlung und Aufstiegswillen. Ihre Laufbahn bewies, dass man tatsächlich aus kleinen Verhältnissen kommend zum Star werden und dabei als Frau die eigene Autonomie erkämpfen konnte. Diva sein und trotzdem »eine von uns« – die Knef hob den Widerspruch auf und verkörperte damit die Ideale dieser Epoche der Emanzipation.

Erstmals rückten die Phänomene der Massenkultur auch in den Blick der Kulturwissenschaften. Bestseller wurden zum Gegenstand literaturtheoretischer Seminare. Zur Demokratisierung des Zugangs zu den Hochschulen gehörte auch die Demokratisierung der Forschungsinhalte, und so etablierte sich in den frühen siebziger Jahren die Bestsellerforschung im Rahmen der Germanistik. Merkwürdig aber, dass die Hinwendung zum Geschmack der Vielen von einem großen Argwohn geprägt war, der sich ideologiekritisch ausdrückte. Pop-Phänomene und Massengeschmack waren so attraktiv wie verdächtig. Schon aus historischen Gründen war es in Deutschland Pflicht, der Masse zu misstrauen. Da ist es nicht verwunderlich, dass auch Hildegard Knefs *Gaul* unters Messer der Ideologiekritik geriet, die aus dem Korpus dann auch prompt ein »falsches« oder zumindest »schiefes« Bewusstsein herauspräparierte.[7] Die Diagnose galt zwar zunächst und vor allem der Autorin, damit aber indirekt auch uns Lesern, die wir uns für dieses Buch begeisterten und uns womöglich gar mit »unserer Hilde« identifizierten. Wir konnten ihr doch wohl nur deshalb so zugetan bleiben, weil wir in unserem unaufgeklärten Bewusstsein noch nicht die eisigen Höhen der Ideologiekritik erklommen hatten.

Die Selbsterhöhung des kritischen Bewusstseins sorgte jedoch dafür, dass die Ideologiekritiker in ihrem Besserwissertum unter sich blieben und eben nicht aufklärerisch wirkten, wie es doch ihre Absicht war. Kritik, die sich über den kritisierten Gegenstand erhebt, ohne ihn von innen heraus zu erfassen und zu teilen, läuft Gefahr, ihn zu verpassen. Sie vereindeutigt den Text auf eine bestimmte Lesart hin und nimmt ihm damit die Fülle seiner Möglichkeiten. Ideologiekritik neigt dazu, im

Gestus der Kritik zu vergessen, was das Lesen ausmacht. Das ist das Problem jeglicher Kritik. Lesen ist etwas anderes als Verstehen oder gar Interpretieren oder gar Urteilen. Im Lesen ist noch die »ganze Fülle« der »Andeutungen und Versprechen« enthalten, die ein Text zu bieten hat.[8] Hildegard Knef lasen wir mit ihrer tiefen Stimme. In der Sprache vibrierten ihre Lieder mit. Die Melodien waren nicht zu trennen von der Lektüre. Auch dann, wenn sie durch den Schlamm der letzten Kriegstage robbte, sahen wir sie im glitzernden Abendkleid. Im Lesen fällt das Ungleichzeitige zusammen, denn hier überlagern sich die Schichten des Lebens und reagieren aufeinander. Wenn Kritiker sich aber in Richter verwandeln, können sie nicht mehr beobachten, wie der Text auf sie wirkt und was sie mit ihm erleben. Als Kritiker verlassen sie die Verbundenheit, die zwischen dem Autor und seinen Lesern im Vollzug der Lektüre entsteht. Damit hören sie auf, Leser zu sein, und können die Schwingungen zwischen verschiedenen Bedeutungsebenen nicht mehr registrieren. Sie wissen ja schon alles. Das ist eine schlechte Voraussetzung, um neue Erfahrungen zu machen.

Bei Knef galt die ideologiekritische Analyse insbesondere ihrem Verhältnis zur deutschen Geschichte. Dass die Deutschen als unschuldige Opfer, die Russen aber als unzivilisierte Barbaren erschienen, war noch der kleinste Vorwurf. Die Unmittelbarkeit der Erzählung im Präsens wurde als große Verdrängungsleistung aufgefasst, weil die Autorin, die doch im Rückblick aus den späten sechziger Jahren erzähle, damit in die unbedarfte Naivität ihrer Jugend zurückfalle, ohne über Fragen der Schuld und der Verstrickung nachdenken zu müssen. Der Krieg erscheine wie ein Naturereignis und der Nationalsozialismus als ein Geschehen von »eherner Gültigkeit«. So transportiere das Buch unterschwellig und unreflektiert die alten Vorurteile und Stereotypen, ja es verbreite geradezu »neonazistische Tendenzen«.[9]

Nachvollziehbar an diesen mit dem Knüppel geschriebenen Zeilen ist immerhin, dass Hildegard Knef sich an sich selbst als eine junge Frau erinnert, die versucht, ihren Weg zu gehen, ohne allzu viel über Politik nachzudenken. Dass sie 1925 geboren und also im Nationalsozialismus groß wurde, hat sie sich nicht ausgesucht. Das Leben besteht zu einem guten Teil aus schicksalhafter Geworfenheit. Der »geschenkte Gaul« muss geritten werden. Was bliebe ihr und uns auch anderes übrig, als auf die Bedingungen der eigenen Existenz zu reagieren – und seien die Verhältnisse noch so fürchterlich. Mitläufertum und Dummheit muss man kritisieren, sehr wohl. Man kann aber auch zeigen, wo sich das Gefühl für Anstand und Mitmenschlichkeit bewährt hat und an welchen Stellen die Verdrängung womöglich aus Selbstschutzgründen einsetzte. Solche Verdrängung aber ist nicht das Ende der Auseinandersetzung mit der Geschichte, sondern manchmal auch die Bedingung, unter der sie allererst beginnt.

Im *Geschenkten Gaul* gibt es eine Szene, die die Überforderung in der Konfrontation mit dem Überstandenen schlagartig sichtbar macht. Da erzählt Knef von einer Filmvorführung in Pankow vor alliierten Militärs, zu der sie von ihrem späteren Ehemann Kurt Hirsch, einem jüdisch-amerikanischen Offizier, mitgenommen wurde, offenbar ohne zu wissen, dass Aufnahmen aus dem Konzentrationslager Auschwitz gezeigt werden würden. Sie schildert das Hin und Her im Raum, Türenschlagen, Scherzen, Lichtflackern, Fluchen, und dann: »Wachtturm, Stacheldraht, ein Bagger schob Knochenberge, warf sie in eine Grube; eine Baracke, vollgepfercht mit übereinanderstehenden Pritschen, auf den Pritschen Skelette mit Totenköpfen und aufgerissenen Augen.« Als »nach Stunden« das Licht anging, »drehten sie sich um, sahen mich an. Auf der Rückfahrt sagte Kurt Hirsch: ›Ich habe sechzehn Verwandte verloren‹.«[10] Am nächsten Tag, so berichtet sie weiter, lag sie auf dem Sofa in ihrer Pension, die schrecklichen Bilder immer noch im Kopf.

Sie fragte eine Rothaarige, die ins Zimmer kam: »Hast du von Auschwitz gewußt?« – und bekam zur Antwort: »Ick kannte mal ein von de SS, der hat ma erzählt von die Judenlager, die solln ooch ma arbeetn, hat a jesacht.«[11] Damit ist die Sache erledigt und das eigene Nichtwissen beglaubigt oder in einem Scherz begraben – so es denn ein Scherz war. Ungerührt nimmt Knef im nächsten Absatz ihre Schauspieler-Geschichte wieder auf, das Herz war ihr nicht etwa wegen der Auschwitz-Bilder gebrochen, sondern weil sie die Hauptrolle in Pagnols *Goldenem Anker* nicht bekommen hatte. Doch jetzt, glückliche Fügung, darf sie für die erkrankte Hauptdarstellerin einspringen. Die einzelnen Ebenen des Daseins existieren unberührt nebeneinander. Beruf und Karriere bleiben unangetastet von den historischen Ereignissen, die im Hintergrund ablaufen.

Es ist leicht, der Knef diese Haltung zum Vorwurf zu machen. Doch die Berufung aufs Nichtwissen und die *Unfähigkeit zu trauern* – so der sprichwörtlich gewordene Titel der Psychoanalytiker Alexander und Margarete Mitscherlich aus dem Jahr 1967 – waren weit verbreitet. Auch darin konnten wir uns voller Scham wiedererkennen. 1970 wäre es leicht gewesen, sich von der eigenen, früheren Ahnungslosigkeit zu distanzieren und sie in einem überlegenen historischen Bewusstsein aufzuheben. Genau das tat Knef aber nicht. Sie zeigte die Verdrängung, ohne gleich die Distanzierung mitzuliefern. So wurde Verdrängung überhaupt erst als Verdrängung sichtbar. Die Bilder zu sehen, war zu schrecklich, das wurde deutlich, auch ohne dass sie viele Worte darum machte. Sie wusste nicht, wie sie darauf angemessen reagieren könnte. Vielleicht ist die Unangemessenheit angemessener als ein doch immer falsches, nachträgliches Mitleid oder die souveräne Unerbittlichkeit der Kritik. Und ist ihre ungerührte Ich-Bezogenheit nicht viel drastischer als jede erklärende, einordnende Reflexion? Im Lesen blieben alle Möglichkeiten offen. Wir Leser hatten die Freiheit, sie für ihre narzisstische Rohheit an dieser Stelle zu verachten. Aber dann mussten wir mit ihr auch uns selbst verachten und uns mit ihr schämen.

Hildegard Knef war eine von vielen. Ihr Lebenslauf bot einen kleinen Ausschnitt aus all den Möglichkeiten gelebten Lebens, die das Jahrhundert zur Verfügung stellte, und wir betteten ihn ein in die eigenen Erfahrungen und in all die anderen Lebensgeschichten, die es ja auch gab und die der Knef vorausgegangen waren. Hitlers Leibarchitekt Albert Speer lag mit seinen *Erinnerungen* direkt neben ihr in den Buchhandlungen, doch während Knef seltsamerweise unter Belletristik gelistet wurde, kam Speer unter den Sachbüchern auf Platz 2. Dabei waren seine Erinnerungen, in denen er sich als ahnungslosen Untergebenen Hitlers darstellte, der von Auschwitz nichts gewusst haben will, in weiten Teilen fiktiv: »Selbstinszenierungen« wäre der bessere Titel für diesen Entwurf eines anderen, besseren Lebens gewesen. Speer präsentierte sich als anständiger Bildungsbürger, dem es als Architekt um das Gute, Schöne und Wahre der Kunst gegangen sei. Damit bot er allen Mitläufern eine Legende, mit der sie sich trösten konnten, und verschwieg, dass er einmal den Umgang mit Zwangsarbeitern, die er für seine Baustellen aus den Konzentrationslagern rekrutierte, als zu milde bezeichnet hatte. Erst in den achtziger Jahren kamen Zweifel an seinem Biographieentwurf auf; 1970 bediente Speer die Bedürfnisse nach einer erst einmal möglichst sanften Annäherung an die NS-Geschichte, wie sie gerade erst begonnen hatte.

1965 war in Frankfurt am Main der Auschwitzprozess zu Ende gegangen. Aus dem Aktenmaterial und seinen eigenen Mitschriften hatte der Dramatiker Peter Weiss sein epochales Dokumentarstück *Die Ermittlung* gemacht. Martin Walser hatte über seine Eindrücke als Besucher des Gerichtsverfahrens berichtet und beschrieben, wie dort die scherzenden, ungerührten Mörder auf ihre unter der Last der Erinnerungen zusammenbrechenden Opfer trafen. Dieser Prozess hatte die deutschen Verbrechen erstmals einer breiten Öffentlichkeit ins Bewusstsein gebracht. Anders als bei den Nürnberger Kriegsverbrecherprozessen saßen nicht die Sieger über die Verlierer zu Gericht. Anders als beim Eichmannprozess in Israel war es jetzt ein deutsches Gericht, das sich mit dem Holocaust auseinandersetzte und die Frage stellte, ob dieser Schuld mit einem individuellen Strafrecht überhaupt beizukommen wäre. In den öffentlichen Debatten ging es auch darum, ob die Täter denn so ganz und gar anders waren als wir Durchschnittsbürger. In der Boulevardpresse wurden sie als »Teufel von Auschwitz« vorgeführt. Martin Walser wehrte sich gegen diese Art der Abtrennung des Bösen, indem er von »unserem Auschwitz« sprach und hervorhob, dass eine juristische Antwort darauf schlicht unmöglich sei. Das war der Hintergrund, vor dem wir die Memoiren der Zeitzeugen lasen.

1966 hatten uns die Erinnerungen von Carl Zuckmayer beeindruckt, der nach dem sogenannten Anschluss Österreichs – er hatte seinen Wohnsitz im Salzburger Land – vor den Nazis in die Schweiz und von dort aus weiter ins amerikanische Exil geflohen war.[12] Er hatte sich politisch gegen Hitler positioniert, seine Bücher waren 1933 verboten und verbrannt worden, seine Theaterstücke – allen voran das in den zwanziger Jahren meistgespielte Stück *Ein fröhlicher Weinberg* und *Der Hauptmann von Köpenick* – durften nicht mehr aufgeführt werden.

Es erschienen immer mehr und sehr unterschiedliche Lebensläufe. Jeder einzelne – und sei er auch so verlogen wie die Erinnerungen Albert Speers – war ein Splitter im Gesamtbild der Geschichte, und je mehr wir davon ins Kaleidoskop unserer Betrachtungen legten, umso vielfältiger wurde das Bild, das wir daraus zusammenfügten. Wenn Speer ein »Täter« war, Hildegard Knef eine Mitläuferin, dann gehörte Carl Zuckmayer eindeutig zu den »Opfern« – auch wenn diese Begriffe allzu schablonenhaft sind. Aber gerade deshalb lasen wir ja diese Bücher, weil sie uns klarmachten, dass die Grenzen zwischen Mut und Opportunismus, zwischen Widerstand und Schicksal, zwischen Machtgier und Vernichtungswille nicht immer so leicht zu ziehen sind.

Zuckmayer legte Wert darauf zu zeigen, dass er bei allem Leid, das er als Verfolgter ertragen musste, doch Herr seines Schicksals geblieben war. Er war der Mann der Zwischentöne, des Verständnisses, ein Intellektueller mit Herz, ein volkstümlicher Linker, über den der Literaturkritiker Marcel Reich-Ranicki einmal sagte: »Zuckmayers Situation war nicht ganz einfach: Für die Kritik galt er oft als zu volkstümlich und für das Volk bisweilen als zu kritisch. Die Linken hielten ihn für konservativ und die Konservativen für allzu links. So saß er oft zwischen allen Stühlen. Das jedoch ist für einen Schriftsteller kein schlechter Platz.«[13]

Zuckmayer beschrieb die allmähliche Fanatisierung der Menschen, die Absurdität einer rassistischen Ideologie und des Antisemitismus aus nächster Nähe – bis hin zu seiner eigenen »Austreibung«, wie er das nannte[14], als hätte es sich dabei um eine Art Exorzismus gehandelt. Wir erfuhren, was es bedeutet, ins Exil verjagt worden zu sein. Mit dem Verlust der Heimat geht alles verloren, was das Leben lebenswert macht, lasen wir: Freundschaften, Tradition, Zusammenhänge, Gewohnheiten, doch vor allem die Sprache, die nicht nur das Arbeitsmaterial des Schriftstellers ist, sondern »Wurzel der Erkenntnis und des Humanen« schlechthin. Und doch, so Zuckmayer weiter, »kann man in Wahrheit nichts verlieren, was man je wesentlich erfasst und besessen hat, weder Glück noch Schmerz.«[15]

Zuckmayer kehrte nach dem Krieg nicht als Ankläger zurück. Er kannte die ganze Breite der Verhaltensmöglichkeiten in der nationalsozialistischen Diktatur. In seinem 2002 in Buchform erschienenen *Geheimreport*, den er für den amerikanischen Geheimdienst verfasst hatte[16], legte er rund 150 Berichte über Schriftstellerkollegen, Schauspieler, Regisseure und andere Intellektuelle vor, an die er sich erinnerte. Er wusste also, mit wem er es zu tun hatte, wenn er in den fünfziger Jahren in Hamburg mit Gustaf Gründgens zusammenarbeitete oder wenn Hildegard Knef 1953 in der Verfilmung seiner Novelle *Eine Liebesgeschichte* die Lili Schallweiss spielte. Im Fototeil seiner Erinnerungen ist sie in dieser Rolle zu sehen. Mit Zuckmayer wurde der Blick auf die Geschichte klarer. Als volksnaher und menschenfreundlicher Autor, der er war, ließ er auch das Mitläufertum gelten, ohne es zu beschönigen und ohne es zu verurteilen. Damit konnten wir leben. Das war eine Haltung, die 1966 die Annäherung an die eigenen Versäumnisse und Feigheiten ermöglichte. Zuckmayers umfassender Humanismus leistete mehr, als jede rigide Kollektivschuldthese leisten konnte.

Ganz ähnlich verhielt es sich mehr als dreißig Jahre später, als Marcel Reich-Ranicki seine Erinnerungen vorlegte. Was er über Zuckmayer gesagt hatte, lässt sich auch auf ihn selbst anwenden: Für Intellektuelle und Literaturwissenschaftler war er zu volkstümlich und zu sehr auf Wirkung bedacht. Doch wir liebten ihn gerade deshalb, weil er ein Mann des klaren Urteils war und weil er es geschafft hatte, der gesellschaftlich gesehen doch eher randständigen Disziplin der Literaturkritik zu erstaunlicher Popularität zu verhelfen. Berühmt wurde er mit dem »Literarischen Quartett« im ZDF, wo er von 1988 bis 2001 neben seinem witzelnden Kollegen Hellmuth Karasek, der ihn mit ihrem analytischen Verstand oft ärgernden Sigrid Löffler und einem wechselnden Gast über literarische Neuerscheinungen stritt. Reich-Ranicki war die markanteste Figur und in seinem Sprachduktus mit dem polnischen Akzent leicht zu parodieren. Ein großer Roman! Wir mussten dazu nur ein bisschen lispeln, das R rollen und die Arme theatralisch in die Luft werfen, und schon war er fertig, der Fernsehkritiker oder auch »Literaturpapst«, wie sein fast schon offizieller Titel lautete. Er ist das seltene Beispiel eines Mannes, der es schaffte, seinen im Feuilleton erworbenen Ruhm im Fernsehen publikumstauglich zu machen und sich damit ein ganz anderes Feld der Berühmtheit zu erobern. Er popularisierte Kritik, indem er aus den Gefilden der Hochkultur in die Breiten des Boulevards hinabstieg und diesen Weg sichtlich genoss.

Wir wussten, dass er als deutsch-polnischer Jude das Warschauer Ghetto überlebt hatte und Ende der fünfziger Jahre aus Polen in die Bundesrepublik übergesiedelt war. Bei der Gruppe 47 war er nicht unumstritten in seiner Rolle als mächtiger Kritiker, der gleichwohl von den Literaten nicht ganz ernst genommen wurde. Schon dort trat er so apodiktisch wie der spätere Fernsehkritiker auf – nur eben noch ohne Fernsehen. Als Redakteur der *Zeit* und später der *Frankfurter Allgemeinen Zeitung* wurde er zum einflussreichsten, mächtigsten Kritiker des Landes, dessen oft harsche Verrisse gefürchtet waren. Aber er war immer auch unterhaltsam und verlangte das auch von der Literatur, die alles dürfe, nur nicht langweilen. Nichts Schlimmeres also, als wenn er bekundete, sich wieder einmal entsetzlich gelangweilt zu haben. Ganz sicher ist: Auch mit seiner Lebensgeschichte langweilte er uns nicht. Er liebte sein Publikum, weil er es brauchte. Er wollte gesehen werden: Er trat auf wie ein König, der dem Volk Audienz gewährt. Und wir liebten ihn dafür. Er war der Beweis dafür, dass ein Überlebender des NS-Terrors in Deutschland zu einer machtvollen Gestalt werden konnte. Auch das war eine Form der Wiedergutmachung.

Reich-Ranicki hatte weniger Skrupel als Hildegard Knef, schon im Titel explizit von sich selbst zu sprechen. So war er es ja gewohnt. Es ging nicht um irgendwen, sondern um *Mein Leben*.[17] Doch er, der Mächtige, der Fernsehberühmte, der Einflussreiche, der mit seinem Urteil über das Schicksal einzelner Bücher und ganzer Autorenbiographien mitentscheiden konnte, schrieb darin über Unzugehörigkeit, über Ausgrenzung, über Machtlosigkeit, übers Überleben. Reich-Ranicki gehörte zu den Opfern der nationalsozialistischen Judenverfolgung. Und es war dieser doppelte Umschlag vom Verfolgten, der 1958 nach Deutschland emigrierte und eine grandiose Medien-Karriere machte, zum Autor der eigenen Lebensgeschichte, in der er davon erzählte, wie es war, zum Opfer gemacht zu werden. Wenn er *Mein Leben* erzählte, dann erzählte er davon, wie er von den Deutschen ermordet werden sollte. Aber es ging auch um die Liebe zu seiner Frau und die Liebe zur Literatur, die ihm das Überleben ermöglicht hatten. Lesend und liebend kann man überleben. Das war die Botschaft. Bücher waren tatsächlich ein Überlebensmittel. So setzte er dem Vernichtungswillen der Nazis seinen Lebenswillen und eine Prise Sentimentalität entgegen. Daran konnten wir uns halten, so wie wir Leser uns immer gerne an Bücher halten, in denen das Lesen gefeiert wird.

Im Jahr 2000 war zudem genug Zeit vergangen, damit wir seine Geschichte mitempfinden konnten, ohne uns schuldig fühlen zu müssen. Reich-Ranicki gab sich als Erzähler sachlich und eher milde. Da trat er eben nicht als der polternde Kritiker auf, der gut und schlecht oft allzu schlicht einander gegenüberstellte. Erst im hinteren Teil des Buches, wo es um den Literaturbetrieb ging, teilte er aus wie gewohnt, wenn er mit dem *FAZ*-Herausgeber Joachim Fest abrechnete, dem er vorwarf, Albert Speers Legenden in eigener Sache allzu gutgläubig verbreitet und in seiner Speer-Biographie von 1999 noch einmal bestärkt zu haben, oder wenn er mit Martin Walser und seiner heftig umstrittenen Friedenspreisrede von 1998 ins Gericht ging. Beide Debatten waren noch virulent; Reich-Ranicki konnte auf dem Buchmarkt daran anschließen. Er griff die Themen auf, und er führte darüber hinaus, weil seine Lebensgeschichte von den Debatten der Gegenwart zurückführte auf eigene Erfahrung und eine Lebensgeschichte, die nicht hintergehbar war. Geschichte und Gegenwart fielen zusammen. Macht und Machtlosigkeit waren die beiden Extremerfahrungen, die aufeinander bezogen blieben und die die Spannung in diesem Leben ausmachten.

Der Erfolg war gewaltig. Das Buch verkaufte sich im ersten Jahr mehr als eine halbe Million Mal und landete auf Platz 1 der Sachbücher im Jahr 2000. Als es 2009 mit Matthias Schweighöfer in der Rolle des Marcel verfilmt wurde, waren längst mehr als Million Exemplare verkauft. Reich-Ranicki war zu einer Figur der Zeitgeschichte, ja, zu einer Filmrolle geworden. Und einzelne Momente dieses Lebens schrieben sich ein ins kollektive Gedächtnis. Unvergessen die Szene, in der er neben einer Leiche seine zukünftige Frau kennenlernt, oder wie seine Eltern deportiert werden, die Mutter »im hellen Regenmantel, den sie aus Berlin mitgebacht hatte«. Das geschah genau auf dem Platz, auf dem heute das Denkmal des Warschauer Ghettos steht. »Ich wusste, dass ich sie zum letzten Mal sah. Und so sehe ich sie immer noch: meinen hilflosen Vater und meine Mutter in dem schönen Trenchcoat aus einem Warenhaus unweit der Berliner Gedächtniskirche.«[18]

GOTT UND DIE WELT

Gott war nicht tot. Er war bloß den Theologen entrissen und zum Gegenstand der Altertumswissenschaft geworden. Doch er war weiterhin präsent, sogar im Plural. Ende der fünfziger Jahre lagen Cerams Götter immer noch in den Buchhandlungen, und inzwischen wussten wir auch, dass die Bibel doch recht hat. Unter diesem Titel hatte der Journalist Werner Keller 1955 einen weiteren archäologischen Bestseller nachgelegt, der sich mehr als eine Million Mal verkaufte.[1] Die *Zeit* fragte schon beim Erscheinen des Buches: »Ein neuer Ceram?«, denn anders konnte sie es sich bei diesem »Thema, das jeden interessiert« gar nicht vorstellen.[2] Keller suchte nach historischen Belegen für die im Alten Testament geschilderten Ereignisse. Er glaubte, den Schlamm der Sintflut gefunden zu haben, zu wissen, an welcher Stelle das Volk Israel durchs Rote Meer gezogen war und dass das göttliche Manna das Harz der Tamarisken gewesen sein musste. Keller bekräftigte den Wahrheitsgehalt der Bibel auf Kosten einer metaphysischen Ernüchterung: Er begründete die Religion aus dem Wüstenstaub der Geschichte, indem er dort nach handfesten Spuren suchte. Wahr war das, was sich dinghaft niederschlug und was sich historisch verorten ließ.

Diese Verweltlichung des Glaubens entsprach unserer eigenen, neu erworbenen Nachkriegs-Nüchternheit. Wir hatten uns von allen überhitzten Phantasien, von Wunderwaffen und Lebensraum im Osten, von rassischer Überlegenheit und

Führerkult verabschiedet – und zwar so, als hätte es das alles nie gegeben, jedenfalls nicht für uns, als wären wir immer schon skeptisch und ernüchtert und ungläubig gewesen. Zuvor, in den Jahren von 1933 bis 1945, hatten wir gelernt, in religiösen Angelegenheiten zurückhaltend zu sein, weil es neben der Partei keine Kirche, neben der NS-Ideologie keinen Glauben und neben dem Führerkult keinen Gott geben sollte. Diese religiöse Entfremdung setzten wir fort in die neue Zeit hinein, die dem Primat der Ökonomie und der Naturwissenschaften folgte. Da musste der bald weit über die Literatur hinaus berühmte Doktor Murke Gott durch »jenes höhere Wesen, das wir verehren« ersetzen. Siebenundzwanzigmal musste der bedauernswerte Radioredakteur in Heinrichs Bölls Satire[3] *Doktor Murkes gesammeltes Schweigen* das Wort »Gott« aus der Rede des Professors Bur-Malottke herausschneiden. Doch die Gottesreste auf den Tonbandschnipseln waren kein Abfall. Sie feierten ihre baldige Wiederauferstehung, indem Doktor Murke sie in einer anderen Sendung für das dort entfernte Wort »Schweigen« einsetzte. Vielleicht war Gott für uns zur Verschiebemasse geworden. Aber er war zäh. Und er besetzte nun die Stelle unseres Verstummens.

Als haltbar erwiesen sich auch die Hierarchien: die Verwaltungsapparate in ihrer Undurchdringlichkeit, die Bürokratie in ihrer Beharrlichkeit und die Instanzen der Macht. All das fanden wir in Kafkas Roman *Das Schloss* wieder, der, 1922 entstanden, 1958 plötzlich zum Verkaufsschlager wurde.[4] Die *Zeit* listete Kafka im Mai auf Platz 2 ihres Seller-Tellers. Im Schicksal des Landvermessers K., der so verzweifelt wie vergeblich darum kämpft, im Schloss vorsprechen zu dürfen, um endlich legitimiert zu werden in seiner Existenz, erkannten wir uns und die eigene Epoche wieder. Der britische Soziologe C. Northcote Parkinson lieferte dazu das passende Sachbuch. *Parkinsons Gesetz* verwies nicht etwa auf die gleichnamige Nervenkrankheit, die zu einem unbeherrschbaren

Zittern führt – auch das hätte uns nach 1945 gut angestanden, im Erschrecken über die eigenen Abgründe –, es bezog sich vielmehr auf das krebsartige Wachstum von Arbeit in Verwaltungsapparaten.[5]

Parkinson fasste die Absurditäten der Bürokratie in Formeln zusammen, in denen die Funktionsweise der Gesellschaft offenbar wurde. Wir hatten ja schon immer geahnt und konnten es jetzt auch lesen, dass Arbeit sich im selben Maße ausdehnt, wie Zeit zu ihrer Erledigung zur Verfügung steht. Je mehr freie Zeit, umso mehr Arbeit. Bürokratiewachstum ließ sich darauf zurückführen, dass jeder Angestellte das Bedürfnis entwickelt, zwar möglichst wenige Konkurrenten, dafür aber möglichst viele Untergebene zu haben. All diese Angestellten tendieren in der Folge dazu, die vorhandene Arbeit zu multiplizieren, indem sie Papiere reihum von Schreibtisch zu Schreibtisch befördern und Besprechungen absolvieren. Je mehr Menschen, umso mehr Sitzungen. Je mehr Sitzungen, umso mehr Protokolle. Je mehr Protokolle, umso größere Archive. Je unermesslicher die Archive, umso länger die Wege. Und so weiter. In dieser Beschreibung der bürokratischen Moderne konnten wir unsere Erfahrungen in den durchlebten Systemen unterbringen. Da fanden Kaiserreich, Weimarer Republik und NS-Diktatur einen gemeinsamen Nenner, und auch der demokratische Neuanfang nach dem Krieg wurde durch eine kontinuierliche Beamtenschaft verwaltet. Wir fühlten uns wie Kafkas Landvermesser als Opfer intransparenter Vorgänge hinter verschlossenen Türen eines mächtigen Apparates. So konnten wir uns als Objekte der Geschichte wahrnehmen und nicht etwa als Mitverantwortliche, als Mittäter.

Auch die Sowjetunion war so ein kafkaeskes, totalitäres System, unberechenbar und bedrohlich. Der US-Diplomat George F. Kennan, dem wir in Deutschland als Organisator des Marshall-Plans viel zu verdanken hatten, analysierte 1958 die inneren Widersprüche des russischen Imperiums. *Ruß-*

land, der Westen und die Atomwaffe[6] war das Buch eines diplomatischen Praktikers, das in den Buchhandlungen von den Reise-Essays des Schriftstellers Wolfgang Koeppen flankiert wurde, den es *Nach Rußland und anderswohin* verschlagen hatte, und von Boris Pasternaks *Doktor Schiwago*, mit dem wir an die Anfänge der russischen Revolution zurückkehrten. Vor allem jedoch war es der Publizist Klaus Mehnert, der uns den *Sowjetmensch* erklärte.[7] Mehnert war Experte für Großmächte, kannte sich in der UdSSR und in China nach zahlreichen Reisen aus wie kein Zweiter. Er besetzte die Stelle auf dem Buchmarkt, die später Peter Scholl-Latour übernehmen würde, wo Abenteurertum, Fachwissen und politische Expertise zusammenfielen. Mehnert suchte dabei immer auch nach dem *Deutschen Standort* – so der Titel seines Bestsellers aus dem Jahr 1967. Er drängte schon früh darauf, dass Deutschland machtpolitisch kein Vakuum in der Mitte Europas sein dürfe, argumentierte aber aus einer europäischen Perspektive.

In den siebziger Jahren war es dann Alexander Solschenizyn, der mit dem *Archipel Gulag* unser Bild der Sowjetunion prägte und Kommunisten weltweit in eine tiefe Glaubenskrise stürzte.[8] Er beschrieb das stalinistische System der Verbannung, der Ermordung von Millionen und der Zwangsarbeit aus eigenem Erleben heraus, war er doch 1945 als Kritiker der Politik Stalins verhaftet und zu acht Jahren Arbeitslager verurteilt worden. Er überlebte trotz schwerer Krebserkrankung – auch der Bericht *Krebsstation* war ein Bestseller in Deutschland, schon bevor Solschenizyn 1970 den Nobelpreis für Literatur erhielt. *Der Archipel Gulag* wurde 1974/75 zum erfolgreichsten Sachbuch, nachdem er aus der UdSSR ausgewiesen worden war und als Exilant bei Heinrich Böll in Köln Aufnahme gefunden hatte. Kein anderes Buch prägte unser Bild der russischen Revolution, des Bolschewismus und des Stalinismus so wie dieses. Insgeheim stellten wir uns damals

schon die Frage, was den Terror Stalins eigentlich vom nationalsozialistischen Massenmord unterschied. Die Anzahl der
Opfer war es nicht. Und den Toten konnte es egal sein, ob
sie aus ideologischen Gründen, bloßer Paranoia oder rassisti-
schem Wahn ermordet worden waren.

Bücher von Politikern, die wir mit Recht und Ordnung und
Normalität verbanden, standen in der ersten Hälfte der sechziger Jahre hoch im Kurs, allen voran die *Erinnerungen 1905
bis 1933* von Theodor Heuss.[9] Mit dessen zehnjähriger Amts-
zeit als Bundespräsident war 1959 eine Epoche zu Ende gegangen, die durch Wirtschaftswachstum und das Bedürfnis nach
Stabilität geprägt war. Im Jahr nach seinem Tod im Dezember
1963 wurden die *Heuss-Anekdoten*, herausgegeben von seiner
Nichte Hanna Frielinghaus-Heuss, zu einem Publikumserfolg,
erlaubten sie doch, dem beliebten, volksnahen FDP-Politiker
in seiner schwäbelnden Menschenfreundlichkeit nahezukommen.[10] Auch Kennedys bereits 1956 erschienene Aufsatz-
sammlung *Zivilcourage* wurde 1964 postum zum Bestseller.[11]
Dass das Buch in Wirklichkeit von seinem Redenschreiber Ted
Sorensen stammte, wussten wir damals noch nicht. Vor allem
aber war es Hans Habe, der die Kennedy-Ermordung zum Anlass nahm, unter dem Titel *Der Tod in Texas* ein flammend-düs-
teres Bild der amerikanischen Südstaaten zu zeichnen.[12] 1965
nahmen wir dann endgültig Abschied von der Nachkriegszeit
mit den *Erinnerungen 1945–1953* von Altbundeskanzler Konrad Adenauer[13], den im Jahr darauf nur Karl Jaspers und die
nach vorne gerichtete Frage: *Wohin treibt die Bundesrepublik?*
vom Spitzenplatz unter den Sachbüchern verdrängen konnte.[14]
Jaspers kündigte den Konsens der Selbstzufriedenheit auf. Er
bezweifelte nicht, dass aus Westdeutschland eine stabile par-
lamentarische Demokratie geworden war, sah Tendenzen zur
Entstehung einer Parteien-Oligarchie, der Abgehobenheit von
Berufspolitikern, der Erstarrung des politischen Diskurses. Er
plädierte für eine Erweiterung demokratischer Rechte, die sich

nicht in der Stimmabgabe alle vier Jahre erschöpfen dürfe. Die hitzige Debatte, die er damit auslöste, schreckte das Bonner Establishment auf – und sie stärkte die basisdemokratischen, antiautoritären Impulse, die 1968 wirkungsmächtig wurden.

Die Studentenrevolte hinterließ dann jedoch erstaunlich wenig Spuren auf den Bestsellerlisten. Lediglich das von Rudi Dutschke, Bernd Rabehl und anderen herausgegebene rororo-aktuell-Bändchen *Rebellion der Studenten* kam mit 170 000 Exemplaren auf nennenswerte Verkaufszahlen.[15] Wenn die Achtundsechziger-Generation von ihren Vätern forderte, endlich das Schweigen über die Zeit des Nationalsozialismus zu brechen (ein Schweigen, das es von Kogons *SS-Staat* über die *Blechtrommel* bis zu Peter Weiss' Dokumentarstück *Die Ermittlung* nie gegeben hat), schien ausgerechnet Hitlers Stellvertreter Albert Speer dem Imperativ des Erinnerns Folge zu leisten[16], ehe 1973 Joachim Fest mit seiner Hitler-Biographie für Diskussionsstoff sorgte.[17]

Die Zukunft aber begann 1968 mit dem Science-Fiction-Astronautiker Erich von Däniken und dessen *Erinnerungen an die Zukunft*[18], die 1969 den Spitzenplatz unter den Sachbüchern eroberten. 1970 legte von Däniken *Zurück zu den Sternen*[19] nach – und auch dieses Buch landete auf Platz 1 der Jahresliste des *Spiegel*. In der Verfilmung beider Bücher trat von Däniken leibhaftig auf und sprach in seinem gemütlichen Schweizer Akzent zu uns, was seinen phantastischen Thesen etwas Bodenständiges, Gemütliches zu geben schien. Er behauptete, dass die Menschheit durch den Besuch von Außerirdischen entstanden sei, die sich mit Menschenaffen so lange paarten, bis ein Intelligenzsprung zu verzeichnen war. Derlei passte im Jahr der Mondlandung in den allgemeinen Phantasiehaushalt. Alles schien möglich im All. Auch wenn der russische Kosmonaut Gagarin von der Erdumlaufbahn aus gemeldet hatte, keinen Gott entdecken zu können, war all unsere Neugier auf den Kosmos ausgerichtet. In Dänikens

ERICH VON DÄNIKEN

Erinnerungen an die Zukunft

Ungelöste Rätsel der Vergangenheit

ECON

obsessiver Geschichtsbetrachtung kehrten die Götter zurück, allerdings in der Gestalt von Astronauten, die von den Urwesen für Überirdische gehalten und vergöttlicht werden mussten. In indischen Mythen, in den Schriften von Qumran, in der ägyptischen Kultur: überall entdeckte Däniken Hinweise auf die Besuche der Außerirdischen. Den Anfang des Buches Hezechiel im Alten Testaments las er als Schilderung der Landung eines feuergetriebenen Raumschiffes aus Chrysolith, ausgestattet mit glänzenden Rädern und einer Besatzung aus vier menschenähnlichen Lebewesen. Die Kulturgeschichte wurde zu einem spektakulären Computerspiel, lange bevor es Computerspiele gab.

Däniken markierte einen Umschlagspunkt in unserem Denken und Empfinden. In Bonn regierte jetzt die sozialliberale Koalition mit Willy Brandt als Bundeskanzler und nährte die Hoffnung, dass die Bundesrepublik vielleicht doch zur Demokratie geworden war und Reformen möglich sein würden. Kontinuität und Aufbruch, Rückbesinnung und Phantasie: Aus dieser Stimmungslage heraus setzte Däniken zu seiner

Erfolgslandung an. Er erfüllte geradezu mustergültig das Bestsellergesetz, an frühere Erfolge und damit an Bekanntes anzuschließen, es in der Wiederholung aber in etwas Neues, Aktualitätsgebundenes zu verwandeln. Däniken knüpfte an die fünfziger Jahre mit Cerams archäologischer Vergangenheitskunde und Werner Kellers materialistischer Bibelforschung an, versorgte uns mit den glänzenden, technischen Göttern der Gegenwart in ihren Astronautenanzügen und wies voraus in die siebziger und achtziger Jahre mit ihrem Bedarf an phantastischen Gegenwelten – von Tolkien, dessen *Herr der Ringe* in Deutschland zwar 1969 erschien, aber erst 1980 auf Platz 1 landete, über Michael Ende und Umberto Eco bis zu den magischen Realisten Lateinamerikas. Dänikens Formel »Der Krieg der Sterne fand schon in der Steinzeit statt« verklammerte geschickt Zukunft und Frühgeschichte und präsentierte uns das Altertum als Science-Fiction. Die Kulturgeschichte der Menschheit war in seiner Darstellung voller Skizzen von Raumstationen, Raumschiffen und Astronauten, die auf der Erde gelandet und zu Göttern erklärt worden waren. Kunstwerke verwandelten sich in technische Zeichnungen, Bauwerke in Bodenstationen, und die Religion war nichts als der Versuch, technisch unendlich überlegene Zivilisationen aus anderen Welten in die eigene, unbegriffene Wirklichkeit einzubauen.

Die Däniken-Jahre waren zugleich auch Simmel-Jahre. Neben dem Schweizer Däniken beherrschte der Österreicher Johannes Mario Simmel die Bestsellerliste auf der Seite der Belletristik. Wenn Däniken im Lauf seines Lebens 67 Millionen Bücher weltweit verkaufte, überbot Simmel ihn mit insgesamt 73 Millionen Exemplaren.[20] Der Agenten-Thriller *Und Jimmy ging zum Regenbogen*[21] landete 1970 auf Platz 1, *Der Stoff aus dem die Träume sind*[22] belegte 1971 und 1972 den Spitzenplatz, *Die Antwort kennt nur der Wind* erreichte 1973 immerhin Platz 3 und 1974 Platz 4, 1975 war Simmel mit

Niemand ist eine Insel Vierter der Jahresabrechnung, ehe er 1978 mit *Hurra, wir leben noch* wieder auf Platz 1 gelangte und 1980 mit *Wir heißen euch hoffen* noch einmal Platz 3 belegte. *Mit den Clowns kamen die Tränen*, 1987 auf Platz 5, und *Im Frühling singt zum letzten Mal die Lerche*, 1990 auf Platz 6, waren eher Nachzügler der früheren großen Erfolge. Dass sich ein Simmel-Buch aber nicht gut verkauft hätte, kam nicht vor. Er schaffte es, auch wenn er von der Kritik als Unterhaltungsautor links liegen gelassen wurde, Publikumserfolg und politischen Anspruch miteinander zu verbinden. Er war nicht weniger moralisch als Heinrich Böll, politisch womöglich sogar radikaler als der doch auch recht konventionell erzählende Nobelpreisträger. Wir liebten Simmel, weil seine Bücher nicht nur spannend waren, sondern auch aufklärerisch. Unseren Fantasy-Bedarf deckte im Kostüm der Wissenschaftlichkeit Erich von Däniken ab. Also konnten wir uns mit Simmel aktuellen politischen Problemen zuwenden: der Friedenspolitik und der Bedrohung durch Massenvernichtungswaffen, der Medienpolitik und der Skrupellosigkeit der Boulevard-Presse, die er in *Der Stoff aus dem die Träume sind* schon drei Jahre vor Heinrich Bölls *Die verlorene Ehre der Katharina Blum* thematisierte. Und auch die Klimakatastrophe behandelte er in seinem letzten Bestseller von 1990[23] zu einem Zeitpunkt, als die Erderwärmung noch kein vordringliches Thema war und wir in Deutschland uns eher autistisch mit der Wiedervereinigung beschäftigten. Der gelernte Journalist Simmel war ein politischer Begleiter durch die Jahrzehnte, vor allem aber durch die siebziger Jahre, und er war ein Garant für Spannung und stets sorgfältig recherchierte Stoffe: Aufklärung im besten Sinne. Heinrich Böll kam auch mit seinem größten Erfolg, *Gruppenbild mit Dame*, nicht ganz an ihn heran.

Schwer ist es, eine Bestsellerliste aus den siebziger Jahren zu finden, auf der der Name Ephraim Kishon fehlt. Der israelische Humorist des Familienlebens und des israelischen Alltags war wie geschaffen für den deutschen Buchmarkt. 33 Millionen seiner weltweit 43 Millionen verkauften Bücher gingen in Deutschland über den Ladentisch. Ephraim Kishon war der Lieblingsjude der Nation, auch wenn er selber es als Ironie der Geschichte empfand, ausgerechnet in Deutschland am erfolgreichsten zu sein. Für ihn war der milde Humor seiner Satiren ein Beitrag zur Aussöhnung. Für uns war es ein Beitrag zur Wiedergutmachung, wenn wir seine Bücher kauften, mit ihm lachten und Israel als friedliches, freundliches Ländchen kennenlernten. Es war so klein und putzig, dass Kishon die Bitte, es in seiner ganzen Ausdehnung zu erkunden, mit der Frage beantwortete: »Und was machen wir am Nachmittag?«[24]

Kishon war als Ferencz Hoffmann 1924 in Budapest geboren worden. Ein großer Teil seiner Familie wurde in Auschwitz ermordet. Er wurde 1944 in ein Arbeitslager verschleppt. Während des Transportes nach Polen gelang ihm die Flucht, doch er geriet postwendend in sowjetische Gefangenschaft und in den Gulag. Auf abenteuerliche Weise kam er 1948 nach Wien und emigrierte von dort aus nach Israel, wo er als Journalist und Kolumnist für die Zeitung *Ma'ariv* arbeitete. Dass ein Mann mit dieser Biographie und diesen Erfahrungen zum Humorspezialisten wurde, war wundersam genug. Er habe eindeutig zu viele Arbeitslager erlebt, schrieb er in einer biographischen Skizze über sich, ungarische, deutsche, russische. Von einer Kollektivschuld der Deutschen wollte er nichts wissen, eine kollektive Scham hielt er jedoch für angebracht. In dieser Haltung konnten wir ihm begegnen und uns als seine Leser mit ihm verbunden fühlen. Mit Kishon normalisierten sich die deutsch-israelischen Beziehungen; Lesen bewährte sich als Versöhnungstechnik.

Der Durchbruch gelang ihm mit dem Stück *Der Blaumilch-kanal*, das zunächst als Hörspiel, dann als Film und schließ-

EPHRAIM KISHON

DER BLAUMILCH-
KANAL

SATIRISCHE SZENEN

LANGEN MÜLLER

lich auch als Buch erfolgreich war.[25] Mit dieser Satire über
die Bürokratie knüpfte Kishon an die alten Ängste aus den
fünfziger Jahren an und transformierte *Parkinsons Gesetze*
ins Kabarettistische. Sein Held Kasimir Blaumilch war aus der
Psychiatrie entflohen, um mitten in Tel Aviv eine Straße mit
dem Presslufthammer aufzureißen und einen Kanal zu bauen.
Während die Stadtverwaltung noch nach dem Auftraggeber
forscht, gehen die Arbeiten munter voran; die zuständige Ab-
teilung und das Ministerium wissen von nichts, akzeptieren
aber, um ihr Nichtwissen zu verbergen, den Status quo bis hin
zur großen Einweihungsfeier, mit der der Wahnsinn amtlich
als Wirklichkeit beglaubigt wird. Kishons größter Erfolg aber
waren die Familiengeschichten, die alle Lebensnöte zwischen
Geburt und Tod in einer verlässlichen, milden Heiterkeit auf-
lösten und ganz nebenbei bewiesen, dass der israelische und
der deutsche Alltag sich in den grundlegenden Fragen der Kin-
dererziehung oder der Ehe mit der »besten Ehefrau von allen«
nicht maßgeblich unterschieden. Kishons Titel ließen immer

wieder biblische Themen und Stoffe erahnen. Sie hießen *Drehen Sie sich um, Frau Lot* (1961), *Arche Noah, Touristenklasse* (1962), *Nicht so laut vor Jericho* (1970), *Kein Öl, Moses?* (1974), *In Sachen Kain und Abel* (1976) oder *Abraham kann nichts dafür* (1984). Das war kein Zufall. Kishon bezeichnete immer wieder die Bibel als sein Lieblingsbuch. Er scheute noch nicht einmal davor zurück, den Zimmermann Josef in einen Vaterschaftsprozess mit Gott zu verwickeln.

So konfrontierte er uns sanft mit dem Allmächtigen – wenn auch im kleinen Kosmos seiner Familiengeschichten. Doch damit waren wir vorbereitet auf den Ernst der Frage *Existiert Gott?*[26], die der in Tübingen lehrende katholische Theologe Hans Küng 1978 stellte, ein Jahr, bevor ihm wegen seiner Kritik am Dogma der päpstlichen Unfehlbarkeit die katholische Lehrerlaubnis entzogen wurde. Mit Küng landete Gott auf der Sachbuch-Bestsellerliste hinter Sebastian Haffners *Anmerkungen zu Hitler*[27] und Robert Jungks *Der Atomstaat*[28] auf Platz 3 – direkt vor dem amerikanischen Psychiater Raymond Moody, der gleich mit zwei Büchern über das Leben nach dem Tod Furore machte.[29] Er befasste sich mit Nahtod-Erfahrungen und untersuchte sie auf wiederkehrende Motive. So berichteten Betroffene immer wieder von einem hellen Licht, das ihnen aus dem Jenseits entgegengekommen sei, und von Gefühlen absoluter Erlöstheit, Leichtigkeit und Freude. Viele der Befragten vermuteten, dass ihnen dort im Licht Jesus Christus erschienen wäre.

Wem das zu esoterisch klang, der konnte sich an den *Hite-Report* von Shere Hite auf Platz 6 der Jahresbestseller halten.[30] Die Neuigkeiten vom »sexuellen Erleben der Frau« seien durchaus »auch für Männer lehrreich«, urteilte die Hamburger *Zeit* und empfahl Paaren eine gemeinsame Lektüre des empirischen Werks, das auf Basis von 3019 von Frauen ausgefüllten Fragebögen entstanden war. Die Befragten gaben Auskunft über ihre Frustrationen und ihre Lüste, über ihre sexuellen Praktiken und vor allem darüber, wie weit verbreitet Masturbation ist. Mit der Betonung der weiblichen, autonomen Lust machte der Report in Amerika einigen Skandal, in Deutschland weniger; für uns war die Gottesfrage dann doch dringlicher. Dahinter auf den folgenden Plätzen der Jahresliste 1978: Günter Wallraff mit seiner Undercover-Recherche in der *Bild*-Zeitungs-Redaktion.[31] Als nächstes Horst Stern und andere mit einem Report über gefährdete Vögel[32], der – auch der Kranich gehörte zu den vom Aussterben bedrohten Arten – bizarrerweise von der Lufthansa gefördert wurde; das Umweltbewusstsein wuchs zwei Jahre vor der Gründung der »Grünen«. Dann die politische Bilanz des CDU-Politikers Rainer Barzel, des einstigen Herausforderers von Willy Brandt, und ein Bildband des dänischen Fotografen Jacob Holdt über das schwarze, arme, ghettoisierte Amerika[33]: »Report« und Reportage standen hoch im Kurs.

Die Top Ten der Sachbücher des Jahres 1978 boten ein Bild der deutschen Befindlichkeit, wie es umfassender kaum sein könnte. Die Gegenwart kam in der von Terrorangst und »deutschem Herbst« traumatisierten Republik nur Undercover mit Wallraff vor oder als Rückblick mit Barzel. Ganz oben stand die Last der NS-Geschichte in Gestalt von Adolf Hitler. Atomare Bedrohung, Umweltzerstörung, Armut und Boulevardpresse provozierten die Fragen nach Gott und Moral und einem möglichen Weiterleben nach dem Tod, wenn uns schon auf Erden nicht mehr zu helfen war. Doch dazwischen, für alle, die doch lieber im Diesseits und in lustvoller Leiblichkeit blieben, die selbstbestimmte weibliche Sexualität. Von Hitler bis zu Gott reicht die Liste, von der Seele zum Körper, von den Vögeln bis zum Vögeln und vom Himmel bis in die Abgründe der Gesellschaft in der *Bild*-Redaktion und in den amerikanischen Vorstädten.

In der Literatur nahm von da aus der Bedarf an Phantastischem zu, und auch der Kitsch erlebte mit den Verschenk-Gedichtbändchen von Kristiane Allert-Wybranietz in den Achtzigern eine Blütezeit. Der Sachbuchmarkt bewirtschaftete dagegen unser Unglück und unsere Ängste: Mit Jonathan Schells Atomkriegsmahnung stand einmal mehr *Das Schicksal der Erde* auf dem Spiel. Also übten wir mit Rüdiger Nehberg *Die Kunst zu überleben*, bekamen von Paul Watzlawick ein *Anleitung zum Unglücklichsein* und von Fritjof Capra Bausteine für ein neues Weltbild der esoterischen Art. Wir schluckten *Bittere Pillen, Wir amüsierten uns zu Tode*, kauften plötzlich wie verrückt Dale Carnegies Sorglosigkeitskunde und pflanzten mit Hoimar von Ditfurth sicherheitshalber ein Apfelbäumchen. *Gödel, Escher, Bach* versorgte uns mit den logischen Verknotungen des Wissens, die unserer allgemeinen Verwirrung entsprachen, und als wir das überstanden hatten, verschwanden wir am Ende des Jahrzehnts in Stephen Hawkings *Eine kurze Geschichte* der Zeit in den Weiten des Universums. Gorbatschow setzte sich mit seiner *Perestroika* noch schnell auf Platz 1, bevor mit Franz Alt und *Jesus – der erste neue Mann* auch schon das nächste Jahrzehnt begann. Die Wende empfanden wir eher als Ende, jedenfalls überwogen die Rückblicke: Erinnerungen von Franz Josef Strauß und Willy Brandt, und Christian Graf von Krockow verlegte mit *Die Deutschen in ihrem Jahrhundert 1890–1990* die Jahrhundertschwelle kurzerhand um zehn Jahre zurück. Auch Gorbatschow war in der Biographie des nuschelnden Russlandkorrespondenten Gerd Ruge schon fast historisch geworden, und tatsächlich dominierte das Gefühl, mit dem Ende der Sowjetunion sei auch das vom Faschismus und Sozialismus geprägte totalitäre 20. Jahrhundert zu Ende gegangen. Und der liebe Gott? Der blieb von all dem unbeeindruckt. Seine Angelegenheiten übernahm ab sofort der Kirchenkritiker Eugen Drewermann.

MASKERADEN

Der zentrale Satz stand gleich im Vorwort: »Man muss sich verkleiden, um die Gesellschaft zu demaskieren, muss täuschen und sich verstellen, um die Wahrheit herauszufinden.«[1] Das klang vielversprechend nach Fasching, wo man sich verkleidet, um einen rauschhaften Festtag lang außer sich zu geraten und dadurch die Welt vielleicht wahrhaftig zu erleben. Das zog uns an. Der Satz war auf vertrackte Weise wahr. Günter Wallraff hatte sich in den Türken Ali Levent verwandelt, indem er sich dunkle Kontaktlinsen einsetzen ließ und sich eine schwarze Perücke übers eigene, schütter gewordene Haar stülpte. Er maskierte sich darüber hinaus aber auch als ein Autor, der all das, wovon er schrieb, als dieser Türke Ali selbst erlebt und erlitten hatte. Doch daran kamen bald einige Zweifel auf.

Einer seiner Mitarbeiter, der Journalist Uwe Herzog, behauptete, Wallraff habe nicht nur die Rechercheergebnisse seines Teams benutzt, sondern auch ganze Erlebnisprotokolle, um sie bedenkenlos als die eigenen im Namen Alis auszugeben. Er selbst, Herzog, habe immerhin 28 der 254 Buchseiten recherchiert und verfasst, und von keinem einzigen Abschnitt des Werks könne er definitiv sagen, dass Wallraff ihn geschrieben habe.[2] Die Vorwürfe wurden justiziabel, der Streit endete mit einem außergerichtlichen Vergleich: Wallraff zahlte 100 000 Mark »für insgesamt rund zwei Jahre intensiver Arbeit«, wie Herzog erklärte, »es ging dabei ja nicht nur ums

Recherchieren und Texten. Ich war auch Projektmanager und journalistischer Berater für Wallraff.«[3]

Moralisch oder dienstrechtlich betrachtet mögen die Vorwürfe berechtigt gewesen sein. Schließlich ging es in dem Buch um Ausbeutung und unlautere Arbeitsverhältnisse, und wenn Wallraff sich selbst als ein schlechter Arbeitgeber zeigte, dann müsste das eigentlich auf ihn und seine Glaubwürdigkeit zurückfallen. Dann wäre sein Buch ja auch nur so ein Produkt wie ein aus vielen Teilen zusammengeschraubtes Auto, auf dem der Name der Marke steht, aber nicht die Namen derer, die es gebaut haben. Tatsächlich waren uns diese Vorgänge aber ziemlich egal. Auch wenn wir vermuten konnten, dass »Günter Wallraff« eher ein Recherche- und Schreib-Büro sei als ein einzelner Urheber, störte uns das nicht. Er hatte seine Zulieferer, Mitarbeiter und Ghostwriter, stand also für ein modernes, kollektives Publikationskonzept. Er hatte zudem einen eingeführten Marken-Namen, wie sich das für einen Bestsellerautor gehört. Darauf reagieren wir genauso wie auf die Labels von Waschmaschinen oder Fernsehgeräten. Wir kannten ihn vor allem als den »Mann, der bei Bild Hans Esser war«

und der über seine Erlebnisse in der Redaktion der Bildzeitung den Bestseller *Der Aufmacher* geschrieben hatte. Das Buch zog eine ganze Serie von Prozessen mit dem Axel Springer Verlag und gleich noch zwei weitere, ebenfalls sehr erfolgreiche Bücher zum Thema nach sich. Wallraff war ein Kämpfer, der seine Bucherfolge dann auch in politisches Engagement ummünzte, wenn er zum Beispiel einen Hilfsfond für Bildzeitungs-Opfer gründete.

Auch beim *Aufmacher* behauptete im Jahr 1987 mit dem »konkret«-Herausgeber Hermann L. Gremliza ein anderer, das Buch als Ghostwriter geschrieben zu haben.[4] Wallraff war demnach eher so etwas wie ein Schauspieler in der Wirklichkeit denn ein klassischer Autor. Na und? Vielleicht ließ er andere schreiben, doch er begab sich hinaus in die Welt. Die Filme und Fotos, die dabei entstanden, bewiesen seine Anwesenheit in den prekären Bereichen der Arbeitswelt, die selten oder nie öffentlich werden. Eine Klage der CSU, die behauptete, ein Foto von Wallraff als Ali in einem bayrischen Bierzelt sei gefälscht, scheiterte. Hatte er es nicht selbst erklärt: Man muss sich maskieren, um erkennbar zu sein? Auch die Maskerade als Autor war Teil der Programmatik, stärkte also in unseren Augen die Authentizität der Arbeitsweise des Investigativ-Journalisten, der sich mit seinen Methoden notwendigerweise am Rande des Erlaubten und ethisch Vertretbaren bewegt. Es war ja gerade das Rollenspiel, das uns faszinierte: das Erfinden einer anderen Figur oder Identität, die zur eigenen wurde; die Lüge, die Wahrheiten sichtbar machte. Das Werbedesign hob diesen Aspekt hervor, wenn auf dem Buchrücken Wallraff in den verschiedenen Rollen zu sehen war: als adretter Fahrer mit Schildmütze, als Autogrammjäger neben Franz Josef Strauß, als Klo-Putzer und als Dreckwegschaufler mit rußigem Gesicht. Auf dem Cover blickte er uns als Thyssen-Arbeiter mit Sicherheitshelm anklagend entgegen. Sein schwarzer Schnauzbart stand ihm gut.

Ganz unten war in der Ich-Form gehalten, doch das Ich, das da operierte, war gespalten. Neben dem reflektierenden und kommentierenden Autor, der »ich« sagte, trat das erlebende, Erfahrungen machende »Ich (Ali)« auf und wurde im Text auch so genannt: »Ich (Ali) lasse mir an der Werkzeugausgabe gegen Quittung die Sachen geben.«[5] »Die Studie beginnt erst morgen, werde ich (Ali) aufgeklärt, trotzdem darf ich (Ali) das Gelände ab sofort nicht mehr verlassen.«[6] So ging das durch den ganzen Text. Falls wir vergessen haben sollten, dass da im Namen Alis erlebt wurde, bekamen wir es von Halbsatz zu Halbsatz immer wieder eingetrichtert. Ich war ein Anderer, wir hatten es begriffen.

Auch all die Figuren, denen Wallraff mit versteckter Kamera – denn zum Buch gab es dann auch bald (1986) einen Dokumentarfilm – nachstellte, spielten ihre Rollen in der Wirklichkeit der Arbeitswelt. Sie logen und betrogen, sie gaben sich freundlich, waren aber rechte Menschenschinder. Im jovialen Arbeitsvermittler Adler kam der skrupellose Sklavenhändler zum Vorschein, im freundlichen Nachbarn der Ausländerfeind, und die jungen Neonazis im Berliner Olympiastadion, zwischen denen »ich (Ali)« das Spiel Deutschland – Türkei verfolgte, mochten als Einzelne nette Kerle mit »offenen, sympathischen Gesichtern« gewesen sein, doch »in dieser Menge waren sie verhetzte Masken«.[7] Auch die Bundesrepublik Deutschland hatte sich maskiert als freundliche Demokratie. In Wirklichkeit war sie ein Land der Ausbeuter und der Ausländerfeinde. Indem Wallraff ihr mit seinem investigativen Eindringen entschlossen die Maske vom Gesicht riss, konstruierte er dahinter eine verborgene, von ihm zu enthüllende Wirklichkeit. Hinter der Gerechtigkeit die Ungerechtigkeit. Hinter dem Wohlstand die Armut. Hinter der sozial geregelten Arbeitswelt die nackte Ausbeutung. Hinter der Solidarität die Menschenschinderei. Das Spiel des Entlarvens bedeutet, die Dichotomie zwischen dem Maskenhaften und dem Verborgenen sichtbar zu machen. Das ist eine Dichotomie wie Gut und Böse, Gott und Teufel in der katholischen Kirche. Bei Wallraff ging sie sauber auf. Das ist die Struktur, die Bestseller schafft.

Ganz unten erschien im Oktober 1985, zu spät, um noch einen Platz unter den Top Ten der Jahresbestsellerliste zu erobern. Das ist seltsam, denn laut Wikipedia verkaufte sich das Buch bereits in den ersten sechs Wochen 1,6 Millionen Mal.[8] Das hätte doch wohl für Platz 1 reichen müssen! Und auch im Jahr 1986 schaffte Wallraff nur Platz 3 hinter Peter Scholl-Latours *Mord am großen Fluss* und Hoimar von Ditfurths *So lasst uns denn ein Apfelbäumchen pflanzen* und knapp vor Stefan Austs RAF-Geschichte *Der Baader-Meinhof-Komplex*. Außerdem unter den Top Ten des Jahres: Neil Postman: *Wir amüsieren uns zu Tode*, Gerhard Konzelmann: *Allahs neues Weltreich* nebst dem unvermeidlichen Dale Carnegie und Peter Watzlawicks *Anleitung zum Unglücklichsein*. Laut Verlagshomepage sind seither »mehr als vier Millionen« Exemplare von *Ganz unten* verkauft worden, Wikipedia meldete Ende 2017 gar fünf Millionen und Übersetzungen in 38 Sprachen. So oder so ist es eines der erfolgreichsten Sachbücher in Deutschland nach 1945.

Die Belletristik tendierte 1986 mit Patrick Süskind, Tanja Blixen, Isabel Allende und Umberto Eco weiter ins Magisch-Phantastische, während die Sachbücher ein großes Bedürfnis nach Wirklichkeit und Lebenshilfe erkennen ließen. Dass die ökologische Apokalypse in vollem Gange war, daran ließ Hoimar von Ditfurth keinen Zweifel. Die Entlarvung sozialer Missstände einer nichts als profitorientierten kapitalistischen Wirtschaftsweise, wie Wallraff sie zelebrierte, passte in unsere Bedürfnisstruktur. Es gibt auch eine Lust am Erschrecken. Genüsslich schwelgen wir in der Schlechtigkeit der Welt, was uns als doch nicht ganz Betroffene in wohliger Sicherheit wiegt. Wir reden über Armut aus wohlgepolsterten Sesseln heraus und beruhigen unser Gewissen, indem wir uns die sozialen Übel mit scharfer Kritik vom Leib halten.

1986 waren wir – ähnlich wie die jungen Grünen – noch ganz naiv in unserer Weltverbesserungsemphase, aber gerade deshalb setzte sie etwas in Gang. Wallraffs Reportagen leisteten zweifellos einen wichtigen Beitrag zur Veränderung der Arbeitsbedingungen und zur Auseinandersetzung der Gesellschaft mit sich selbst. Sie gaben der Politik Anhaltspunkte, an welchen Stellen gesetzlicher Regelungsbedarf bestand. Gerade weil die Wirklichkeit so grell überzeichnet erschien, ließ sich dieses Bild nicht ignorieren und Wallraffs Anklage nicht zum Verstummen bringen. Eine Flut von Prozessen brach über ihn herein, unter anderem klagten MacDonald's und der Thyssen-Konzern, zwei der Arbeitgeber von »Ich (Ali)«. Auch wenn Wallraff die meisten Klagen abwehren konnte, mussten in den folgenden Auflagen einzelne Passagen gestrichen werden. Das juristische Hin und Her schadete dem Buch aber nicht. Im Gegenteil: es hielt unsere Neugier wach und das Buch im Gespräch.

»Ich habe mitten in der Bundesrepublik Zustände erlebt, wie sie eigentlich sonst nur in den Geschichtsbüchern über das 19. Jahrhundert beschrieben werden«, schrieb Wallraff.[9] Nicht ganz zufällig begann er seine verdeckte Operation kurz nach der »Wende«, ein Begriff, der damals, im Jahr 1983, selbstverständlich noch nicht den Untergang der DDR bezeichnete, sondern die von Helmut Kohl und der neuen schwarz-gelben Regierung ausgerufene »geistig-moralische Wende«. Wallraff erprobte seine Ali-Levent-Maskerade ausgerechnet bei der Feier der CDU nach der gewonnenen Bundestagswahl am 6. März 1983, bei der auch die Grünen zum ersten Mal ins Parlament einzogen. Dort sammelte er Bemerkungen wie »Was hat der denn hier zu suchen?« oder »Sogar der Kaukasus feiert mit«.[10] Schon der Klappentext machte diesen politischen Kontext der Zeitenwende deutlich: »Dass sich in den Grauzonen unserer Arbeitswelt ein Rückfall ins frühkapitalistische System vollzieht – seit der ›Wende‹ aggressiver denn je – Wallraff belegt es, durch das radikale Einbringen seiner Person, mit erschütternder Deutlichkeit.«

Nach dem erfolgreichen Probelauf bei der CDU gab er folgende Zeitungsannonce auf: »Ausländer, kräftig, sucht Arbeit, egal was, auch Schwerst- und Drecksarb., auch für wenig Geld. Angebote unter 358458«.[11] Nun könnten wir es uns einfach machen und sagen: Na gut, er hat genau das bekommen, was er suchte. An Drecksarbeit besteht kein Mangel. *Ganz unten* ließ uns eigentlich nur die Wahl, all diese Schilderungen als tendenziöse Behauptungen eines radikalen Linken abzulehnen oder aber sie ergriffen nickend zur Kenntnis zu nehmen. Dann bestätigte Wallraff all das Schlechte über das sogenannte »System«, das wir immer schon ahnten, aber so genau noch nicht vorgeführt bekommen hatten, und wir übersahen all die Klischees, die Einseitigkeiten und die etwas öde Gegenüberstellung von fiesen Deutschen und verschüchterten Türken als deren Opfer. Drastischer als beim Besuch des Passauer Aschermittwoch-Spektakels der CSU mit dem Redner Franz Josef Strauß hätte diese antagonistische Weltsicht nicht ausfallen können. Da ging es nicht um Zwischentöne oder Widersprüchlichkeiten, sondern um die nicht wirklich überraschende Erkenntnis, dass es für den zarten Türken in der grölenden Menge im Bierzelt keine Zugehörigkeit gab. Armer Ali! Als hätten wir das nicht schon geahnt. Als wäre diese Wirklichkeit wahrhaftiger, wenn alles, wirklich alles darin bis zum unter den Tisch pissenden Bayern dem Klischee entspräche. Und dennoch: Wer glaubt, Fremdenfeindlichkeit sei eine besonders unangenehme Begleiterscheinung der Gegenwart und eine Reaktion auf die Flüchtlingsproblematik des 21. Jahrhunderts, der kann sich mit diesem Buch aus dem Jahr 1985 eines Besseren belehren lassen. Fremdenfeindlichkeit, damals gegen die »Gastarbeiter« gerichtet, gab es immer. Sie sucht ihre Anlässe und ihre wechselnden Opfer, folgt darin aber tieferliegenden Ressentiments, die mit den gerade jetzt auftretenden Fremden gar nichts zu tun haben.

Wallraff und seine Leute schrieben mit dem Holzhammer. Dass es durchaus auch anders ginge, beweist ein historischer Vorläufer von *Ganz unten*, George Orwells autobiographischer Roman *Down and out in Paris and London* aus dem Jahr 1933. Der Titel dieser subtilen Sozialreportage klang bei Wallraff nach. Auch Orwell hatte sich mit seiner ganzen Person ein- oder ausgesetzt, um Armut zu erleben und darüber zu schreiben. Wallraff tat das 1986 zwar mit einem festgefügten Weltbild, aber doch auf erfrischend »unkorrekte« Weise. Das Zeitalter der »Political Correctness« war noch nicht angebrochen. Er sprach von Zigeunern und nicht von Sinti und Roma, von Ausländern und nicht von Menschen mit Migrationshintergrund, von Türken und nicht von türkischen Mitbürgern, von Asylanten und nicht von geflüchteten Menschen. Wallraffs Maskeraden spielten sich nicht – wie heute – auf der sprachlichen Ebene ab, wenn wir versuchen, Ungleichheit zu verschleiern, indem wir sie hinter unverdächtigen Worten verschwinden lassen. Sprachlich war er ungeschminkt. Die Zeit und also wir Leser erlaubten es ihm.

Vielleicht war *Ganz unten* auch deshalb ein so großer Erfolg, weil das Bestseller-Gesetz der Wiederholung griff. Nicht nur Wallraff selbst war schon eingeführt als Erfolgsmodell. Sieben Jahre zuvor, 1978, waren wir bereits mit einem anderen Buch »ganz unten« gewesen. Bei der im *Stern*-Verlag erschienenen Sozialreportage war es allerdings um ein Mädchen gegangen, das im Drogensumpf versank und uns einen Blick auf die unendliche Traurigkeit dieser verlorenen Jugend erlaubte. *Wir Kinder vom Bahnhof Zoo* zeigte einen vollkommen hoffnungslosen Ausschnitt der Wohlstandsgesellschaft. In diesem Fall war klar, dass Christiane Felscherinow, die anonymisiert als Christiane F. auf dem Cover stand, nicht die Autorin war.

Wer das Buch aufschlug, erfuhr, dass es die beiden Journalisten Kai Hermann und Horst Rieck »nach Tonbandprotokollen« aufgeschrieben hatten.[12] Beim Lesen vergaßen wir das aber, so nah dran am Geschehen waren wir, so nah auch an diesem »Ich«, das da sprach und das davon berichtete, wie es sich selbst verloren ging. Ich ist ein Anderer, auch hier: Vor unseren Augen verwandelte sich die vierzehnjährige Christiane in eine Drogensüchtige, die auf den Strich ging, um anzuschaffen, und die ihr Leben als Tochter und Schülerin nur noch als Maskerade absolvierte. Christiane F. war eine begnadete Rollenspielerin ihrer selbst, eine begnadete Lügnerin, sodass sie lange Zeit durchkam, ohne aufzufliegen.

Wie bei *Ganz unten* folgte auch auf diese Buchveröffentlichung der zugehörige Film, und wie bei Wallraff ist auch hier bei Wikipedia zu erfahren, dass es sich um das erfolgreichste deutsche Sachbuch nach 1945 handle.[13] Es ist das bewährte Muster: Film folgt auf Bucherfolg und profitiert davon, wirkt dann aber verstärkend darauf zurück. Von 1979 bis 1981 stand *Wir Kinder vom Bahnhof Zoo* dreimal in Folge auf Platz 1 der Sachbuch-Jahresbestsellerliste. Als 1981 der Film in die Kinos kam, waren bereits 1,3 Millionen Exemplare unter die »überwiegend jungen Leute« gekommen.[14] Doch das Buch wandte sich keinesfalls bloß an die Jugend. Es war ja auch Mahnung und Erziehungsratgeber. Neben der drogensüchtigen Tochter kam auch die ratlose Mutter zu Wort. Es nahm die Ängste der Eltern auf, ihre Kinder könnten ihnen in die Heroinsucht entgleiten. Es lehrte, den Blick auf die Details zu schärfen, aufmerksam zu sein und die Kinder nicht allein zu lassen. Und es erlaubte den angenehmen Grusel über die Abgründe der Wirklichkeit, die Lust am Entsetzen über die Schrecken der Welt da draußen in den Wohnblockhöllen der Berliner Gropiusstadt und am Drogenstrich am Bahnhof Zoo, eine Welt, die wir Leser doch nur aus diesem Buch kannten.

Die Medien schrieben über das Drogenproblem in diesen Jahren in hysterischem Tonfall, als stünde das kollektive Abdriften der Jugend in die Abhängigkeit bevor. Tatsächlich stieg die Anzahl der Drogenopfer im Lauf der siebziger Jahre kontinuierlich an und erreichte 1979 einen Höchststand von 623 Toten, pendelte sich in den achtziger Jahren auf ca. 300 bis 500 Tote ein, um nach 1989 auf über 2000 hochzuschnellen, dann allerdings auf veränderter, gesamtdeutscher Bevölkerungsbasis.[15] Auch für 2016 verzeichnet der Drogenbericht mit 1333 Menschen, die an Drogenkonsum starben[16], deutlich mehr Tote als in den siebziger Jahren, und dennoch ist das fast kein Thema mehr. Haben wir uns einfach daran gewöhnt oder woher kommt die Konjunktur der Hysterie zu einer bestimmten Zeit? Wechseln vielleicht einfach bloß die Bedrohungsszenarien, an denen wir unsere Untergangsängste befriedigen? Dann wären Bestseller die Bücher, die unsere jeweils aktuellen Ängste am besten bewirtschaften. Dann wären Bestseller so etwas wie Ventile einer kollektiven Angst, und es käme vor allem darauf an, dass sie als solche gut funktionieren.

Dazu gehörten damals auch und vor allem die ökologischen Schocker *Ein Planet wird geplündert* von Herbert Gruhl, der schon im Untertitel *Die Schreckensbilanz unserer Politik* versprach und damit im Jahr 1976 das erfolgreichste Sachbuch vorlegte, und Robert Jungk mit *Der Atom-Staat,* Platz 2 im Jahr 1978. Sie begleiteten und beförderten den Aufstieg der »Grünen«. Auch Holger Strohms zur »Bibel« der Anti-AKW-Bewegung erklärter Sachbuch-Thriller *Friedlich in die Katastrophe* wäre da zu nennen, erschienen 1973 in einem Kleinstverlag mit kleiner Auflage, ehe die Neuausgabe im Verlag Zweitausendeins 1981 rasch auf mehrere hunderttausend Exemplare kam. Da Zweitausendeins einen eigenen Buchversand und Buchhandel betrieb, erschienen dessen Bücher aber nicht auf den Bestsellerlisten. Strohm machte uns klar, dass wir die Büchse der Pandora geöffnet hatten oder, wie er es formulierte, dass wir Flugzeuge starten lassen, ohne eine Landebahn zu haben. Auch diese Bücher betrieben eine Demaskierung: Unter der Oberfläche der technischen Beherrschung der Natur glühten die Atombrennstäbe, und wenn unsere Gesellschaft noch reibungslos zu funktionieren schien, dann lebten wir doch längst auf der »Titanic«, und die Kapelle spielte zu unserem Untergang, den wir bloß noch nicht wahrhaben wollten.

Von der Unordnung der Welt erzählte auch Peter Scholl-Latour, der 1980 mit seinen Vietnam-Reportagen *Der Tod im Reisfeld* seinen ersten und größten Bucherfolg landete[17] und der danach aus den Bestsellerlisten kaum noch wegzudenken war. Jahr um Jahr erschienen neue Titel des Welterklärers, Indochina- und Arabienverstehers, und es schien so, als hätte er den Erfolg zuverlässig abonniert. Vielleicht lieferte er uns das, was Literaturkritiker gerne »Welthaltigkeit« nennen, und er lieferte uns dazu die Illusion, hautnah dran zu sein am Geschehen. Vietnam hatte er als Fernsehkorrespondent über Jahrzehnte hinweg immer wieder bereist, 1973 war er mit seinem Team sogar für eine Woche in die Gefangenschaft des Vietcong geraten. Um Authentizität mussten wir uns bei ihm keine Sorgen machen, und wenn ihm von Wissenschaftlern immer wieder nachgewiesen wurde, in seinen Berichten doch eher oberflächlich, klischeehaft und aus der Perspektive französischer Machtpolitik heraus zu argumentieren, dann blieb immer noch die spannende, erlebnishafte Erzählweise, mit der er uns in die Welt hinausführte.

Peter Scholl-Latour verkörperte erfolgreich den »Experten« des Medienzeitalters, der mit seinen Büchern als Ausweis der eigenen Expertenhaftigkeit zum eloquenten Dauergast in allen TV-Talkshows wurde und der seine Fernsehpräsenz erfolgreich in Buchverkäufe ummünzte. Dieser Zirkel der gegenseitigen Verweise auf sich selbst schuf einen Aufwind der öffentlichen Aufmerksamkeit, in dem er kreisen konnte wie ein Raubvogel, der nur noch die Flügel ausbreiten muss. Die Herausforderung bestand lediglich darin, in diese günstige Thermodynamik hineinzufinden und die Talkshowsessel dann schließlich gar nicht mehr zu verlassen. Die *Süddeutsche Zeitung* bezeichnete ihn deshalb einmal zutreffend als »Mobiliar mit Meinung«.[18] Dabei halfen ihm seine Biographie und seine guten Beziehungen als Journalist ebenso wie die Tatsache, dass er ja schon immer im Fernsehen gewesen war. Und wer dort nur oft genug sein Gesicht in die Kamera hält, muss sich um den Bucherfolg keine Sorgen machen. Die Nachrichtenmoderatoren Ulrich Wickert und Peter Hahne wussten diesen Effekt auch sehr gut für sich zu nutzen.

Scholl-Latour stammte aus einer deutschen Familie im Elsass, wo er auch aufgewachsen war. Seine Mutter war Jüdin, sodass er nach den NS-Rassegesetzen als Halbjude galt. Ein Bruder der Mutter wurde von den Nazis im KZ Sachsenhausen ermordet. Die deutsch-französische Herkunft machte ihn früh zu einem Weltbürger, seine Studienjahre führten ihn von Mainz nach Paris und schließlich nach Beirut, wo er nach der Politologie noch ein Arabistik-Studium anschloss. Seine Karriere beim Fernsehen als Leiter des Pariser Büros der ARD, als Fernsehdirektor des WDR und schließlich als Chefkorrespondent des ZDF war damit schon vorgezeichnet. Wir kannten ihn als einen, der immer wieder von den Brennpunkten der Erde berichtete. So war er es auch gewesen, der Ajatollah Khomeini bei seiner Rückkehr aus dem Pariser Exil nach Teheran begleitete und interviewte. War es da ein Wunder, dass *Der Tod im Reisfeld* zum Bestseller wurde? 1,3 Millionen Mal verkaufte sich das Buch bis zu Scholl-Latours Tod im Jahr 2014. Das ist nicht schlecht, auch wenn es damit sicher nicht das »bestverkaufte Sachbuch nach 1945« ist, wie Wikipedia auch in diesem Fall meldet.[19]

Der Tod im Reisfeld blieb sein größter Erfolg. Seine Leistung bestand aber darin, über drei Jahrzehnte hinweg zuverlässig Bestseller auf Bestseller zu produzieren. *Mord am großen Fluss* war das bestverkaufte Sachbuch im Jahr 1986. *Leben mit Frankreich* landete 1989 auf Platz 3, obwohl sich doch in der Wendezeit alle unsere Sensoren in Richtung Osten ausrichteten. Das China-Buch *Der Wahn vom Himmlischen Frieden* belegte 1990 immerhin Platz 6, und ein Jahr später lag Scholl-Latour mit *Das Schwert des Islam* auf Platz 2. Seine Titel klangen immer ein wenig nach Karl May und nach Märchen aus Tausendundeiner Nacht, doch auch bei ihm störte es uns nicht, wenn so manches, was da als harte Fakten präsentiert wurde, vielleicht eher auf Hörensagen beruhte oder auf der eigenen Phantasie. Scholl-Latour verlegte sich immer mehr von Fernost auf Nahost und wurde zum stets auf Gelassenheit, aber auch auf militärische Stärke drängenden Experten, der sich in seiner Rolle als fiktiver Polit-Ratgeber gefiel. *Den Gottlosen die Hölle* hieß sein nächstes Buch, das 1992 auf Platz 7 der Jahresbestsellerliste landete. Dann wurde es etwas ruhiger um ihn, und erst mit dem zweiten Irakkrieg nach dem Terroranschlag des 11. September 2001 kehrte Scholl-Latour mit *Der Fluch des neuen Jahrtausends* unter die Top Ten zurück. Es folgte *Kampf dem Terror – Kampf dem Islam?* (Platz 10, 2003), *Weltmacht im Treibsand* (Platz 7, 2004), *Zwischen den*

Fronten (Platz 13, 2007). Dann verließen ihn so langsam die Kräfte. Nur in seinem Todesjahr 2014 geisterte er noch einmal auf Platz 4 nach oben, mit dem fast schon als Remake konzipierten Titel *Der Fluch der bösen Tat*. Es gibt keinen zweiten Autor, der über mehr als drei Jahrzehnte hinweg so regelmäßig so viele Titel auf die Bestsellerliste brachte wie Scholl-Latour. Rund zehn Millionen Bücher verkaufte er insgesamt.[20]

Zu erklären ist das nur damit, dass er die Rolle des Experten so perfekt zu spielen verstand, die in der Medienwelt nach einer festen Besetzung verlangt. Zum Experten wird man schnell ernannt. Wenn der Name und das Gesicht schon bekannt sind, reichen ein paar Aufenthalte in fernen Ländern, um zum medieninternen Fachmann promoviert zu werden. Der Experte muss gar nicht so sehr viel wissen und beweisen, aber er muss eine Meinung haben, sie entschieden vortragen und am besten auch auf eigene Erlebnisse zurückgreifen können. Er ist kein Akademiker, weder Theoretiker noch empirischer Forscher. Scholl-Latour kam als Augenzeuge und als Erzähler aus der weiten Welt zu uns zurück. Und so saß er da, mit seinem Halstüchlein, das an vergangene Abenteuer erinnerte und zugleich auch ein bisschen bürgerliche Wohlanständigkeit symbolisierte. Scholl-Latour war ein Grandseigneur mit Verwegenheitsattitüde, und wenn er immer ein wenig nuschelte, dann verziehen wir ihm auch das. Als Wüstenwanderer durfte ihm die Zunge im Hals kleben. Wir hörten ihm erst recht zu.

DER DUFT DES ERFOLGS

Erfolg ist ein synthetisches Produkt wie jedes gute Parfum. Er setzt sich aus vielen einzelnen Duftstoffen zusammen. Wer eine besonders gute Witterung für freischwebende Moleküle besitzt, kann nicht nur vorhandene Düfte analytisch in ihre Einzelbestandteile zerlegen, sondern auch selber neue Mischungsverhältnisse hervorbringen, von denen er ahnt, dass sie Begeisterung auslösen werden: Düfte, die so sind, als hätte es sie immer schon geben müssen; Wohlklänge für unsere Nasen, die süchtig machen und von denen wir mehr wollen; Sensationen, die unseren Sinnen schmeicheln, die locken oder kratzen oder streicheln, je nachdem, aber immer im richtigen Verhältnis zueinander und zur Stimmung des Augenblicks.

Ein Bestsellerautor ist womöglich nichts anderes als so ein Magier der Düfte, der aus lauter bekannten Ingredienzien etwas Unwiderstehliches, Aufregendes zusammenbraut. Er braucht dafür keine Formel und keine Anleitung, denn er hat es im Gefühl – oder eben, wie es umgangssprachlich heißt, »ein Näschen« dafür. Wir nennen so ein Vermögen »Talent« oder gar »Genie«. Uns weniger Genialen, die wir immer nur mit vorgegebenen Rezepturen operieren, ist das unbegreiflich: die freie Verfügung über die Stoffe, der tänzerische Zugriff auf die Elemente und das instinktive Wissen um das Ergebnis, in dem sich die einzelnen Bestandteile in einem gelungenen Ganzen organisch verbinden. So jedenfalls lautet die romantische Variante des Künstlers als Genie, sei er Parfümeur oder Schriftsteller, was manchmal aber auch dasselbe ist.

Patrick Süskind schuf in *Das Parfum*[1] mit Jean-Baptiste Grenouille ein so abstoßendes wie faszinierendes Genie der Düfte, dessen Geruchssinn so fein war, dass er damit wahre Wunder vollbrachte. Seine ins Äußerste gesteigerte Sinnlichkeit musste seinen Zeitgenossen als übersinnliche Fähigkeit erscheinen, da sie nicht in der Lage waren, ihm dahin zu folgen oder auch nur zu ahnen, wie einer, der mit so einem Organ ausgestattet ist, die Welt wahrzunehmen vermag. Grenouille entziffert alle Erscheinungen mit seiner Nase. Die Düfte sind sein Alphabet. Aus ihnen setzt er seine eigene Sprache zusammen, denn mit Worten kann er sich nicht so gut ausdrücken. Er formuliert in Düften. Und wenn er später einmal an sein Leben zurückdenkt, greift er in die unermessliche Bibliothek seiner Geruchserinnerungen. Dann, so heißt es da, »schlug er ein Buch auf und begann zu lesen. Er las von den Gerüchen seiner Kindheit, von den Schulgerüchen, von den Gerüchen der Straßen und Winkel der Stadt, von Menschengerüchen. (…) Mit angewidertem Interesse las Grenouille im Buch der ekligen Gerüche, und wenn der Widerwille das Interesse überwog, so klappte er es einfach zu, legte es weg und nahm ein anderes.«[2] Grenouille wird uns damit als Leser vorgeführt. Einer, der liest, ist für uns Leser immer ein Verwandter. Mit ihm sympathisieren wir, weil er so ist wie wir. Er entziffert die Welt und legt sie sich in Düften zurecht, und wir folgen ihm darin. Lesen jenseits der Sprache: Vielleicht ist es dieser Zustand, den wir suchen, und wir lieben deshalb die Bücher, die ihn uns ermöglichen.

Grenouille ist ein Lesender, obwohl er keine Bücher liest, sondern die Dinge selbst. Er entschlüsselt sie über ihren Geruch, um damit ihrem Wesen nahezukommen. Süskind legt große Sorgfalt auf die Schilderung des Moments, in dem Grenouille bemerkt, dass seine Wahrnehmung viel feiner ist als die Begriffe, die ihm dafür zur Verfügung stehen. Da sitzt er auf einem Holzstapel, verbindet den Duft mit dem Wort »Holz«, unterscheidet dann aber den Geruch von Ahorn-, Eichen-, Kiefern- und Birnenscheiten, unterscheidet altes, junges, morsches, modriges und moosiges Holz, hält Splitter, Scheite, Brösel riechend auseinander und wundert sich nur, dass es für all diese so unterschiedlichen Phänomene nicht ebenso viele Worte gibt. Wie arm ist die Sprache, wie vielfältig dagegen das Reich der Düfte und der Sinne! »So lernte er sprechen«, lasen wir,[3] und so lernten wir es mit ihm, auch wenn wir, als Leser eines Buches, uns mit Wörtern begnügen müssen.

Das Parfum öffnete uns den Zugang zur Welt über einen missachteten Sinn. Wann ist schon einmal von Gerüchen die Rede? Wo handelt Literatur von diesem vernachlässigten Sinnesorgan, der Nase? Augen, Ohren, Geschmack und Tastsinn gehen vor. Die Nase gehört dagegen eher zur Physiognomie als zu den Wahrnehmungsorganen. Für Gerüche fehlen uns die Worte. In Süskinds *Parfum* wird danach gesucht. Er schwelgt in Riechbarkeiten. Damit geht dieser Roman etwas sehr Naheliegendem und doch sehr Fernem nach. Er sucht nach etwas, das immer vorhanden ist, über das wir aber nicht adäquat zu sprechen in der Lage sind, schon deshalb nicht, weil das Riechen und wie es uns beeinflusst, sich oft nur unterschwellig, als nicht-bewusster Vorgang vollzieht. Gerüche verweisen in diesem Roman auf innere Vorgänge, auf Verdrängtes und Dunkel-Erotisches. Gerüche bringen das Unbewusste zur Sprache. Indem Süskind dafür sensibilisiert, erweitert er unseren Wahrnehmungshorizont, öffnet unser Bewusstsein, und reizt uns mit latenter Erotik. Das ist sicher keine schlechte Voraussetzung für einen Bestseller.

Eigentlich müsste so ein Buch seine Leser mit einer Duftprobe anlocken, so wie in Frauenzeitschriften für Parfums geworben wird. Das Duftcover ist aber noch nicht gebräuchlich. Stattdessen zeigte das Umschlagbild eine schlafende Frau mit entblößter Brust, sehr weißhäutig, also wohl jener Typus, den auch Grenouille bei seinen Mädchenmorden bevorzugte. Das Bild ist ein Ausschnitt aus Antoine Watteaus *Jupiter und Antiope*, bekannt auch unter dem passenderen Namen *Satyr und schlafende Nymphe*. Vom Satyr ist auf dem Cover allerdings nichts zu sehen. Unser Blick, der auf die schlafende Nymphe fällt, bekommt dadurch notwendigerweise etwas Voyeuristisches, was uns noch näher an Grenouille heranrückt. Doch ihn interessierte eben nicht das Aussehen und auch keine nackten Brüste, sondern einzig und allein der Geruch der jungen, eben erst zu Frauen werdenden Mädchen. In ihrem Duft suchte er etwas, das über die einzelne Person hinauswies: den Geruch der Liebe. Ihn zu isolieren und zu extrahieren und so die Essenz des Erotischen zu schaffen, wird zu seiner großen Obsession. Insofern führt die Illustration in die Irre; sie stimuliert das falsche Sinnesorgan.

Grenouille steht mit seinen sinnlich-übersinnlichen Fähigkeiten in einer Reihe von bestsellertauglichen Romanen, in denen ähnliche Eigenschaften eine Rolle spielen. Meist sind es Kinder, jedenfalls zu Beginn. Da ist Alice im Wunderland, die in ein Kaninchenloch stürzt und erlebt, wie variabel Körpergröße sein kann. Da ist Oskar Matzerath in der *Blechtrommel* von Günter Grass, der im Alter von vier Jahren beschließt, das Wachstum einzustellen. Das kann er sich leisten, weil er von Geburt an mit überragender Intelligenz ausgestattet ist und auch die Fähigkeit besitzt, mit seiner Stimme Glas zerspringen zu lassen. Da ist das Mädchen Momo im gleichnamigen Roman von Michael Ende. Sie hat eine Schildkröte als Helferin, die eine halbe Stunde weit in die Zukunft schauen kann und das, als wäre sie ein technisches Gerät, mit einer Leuchtschrift auf ihrem Panzer mitteilt. Und da betritt schließlich, zwölf Jahre nach Jean-Baptiste Grenouille, der Zauberlehrling Harry Potter die Bühne der Weltliteratur, der nette Junge von nebenan, der sich magische Fähigkeiten erwirbt, so wie sie sich wohl jedes Kind wünscht. Johannes Elias Alder aus Robert Schneiders Roman *Schlafes Bruder* aus dem Jahr 1992 ist ein direkter Nachfolger Grenouilles, der statt eines überscharfen Geruchssinnes mit einem hochsensiblen Gehör ausgestattet ist. Schneiders Erfolg wäre ohne das vorbereitende *Parfum* wohl nicht denkbar gewesen. Doch all diese Helden der Sinnlichkeit müssen für ihre Fähigkeiten auch einen Preis bezahlen. Sie sind Außenseiter in ihrer Welt, so herausgehoben wie unverstanden. Sie sind kleinwüchsig wie Oskar, bucklig und hinkend wie Grenouille oder gezeichnet wie Harry Potter, der eine Narbe in Form eines Blitzes auf der Stirn trägt. Und sie haben stets ein schweres Los und eine harte Kindheit, der zu entkommen ihr Lebensantrieb ist.

Grenouille erinnert an David Copperfield von Charles Dickens, so erbärmlich sind die Elends- und Gewaltverhältnisse, denen er entstammt. Es ist, als hätte Süskind es darauf angelegt, die marxistischen Tendenzen der siebziger und achtziger Jahre aufzunehmen. Wer *Das Kapital* gelesen hatte mit den Kapiteln über Ausbeutung und Kinderarbeit im England des 19. Jahrhunderts, sah dessen Befund in *Das Parfum* bestätigt, auch wenn der Roman ein Jahrhundert früher und in Frankreich spielte. Wichtig jedoch, dass die sozialkritische, sozialromantische Gemütslage der achtziger Jahre darin aufgehoben war und der Held in diesem Milieu zur Identifikationsfigur für uns werden konnte. Seine erbärmliche Herkunft wurde ihm zum Ansporn: Er musste sie, um etwas aus sich zu machen, hinter sich lassen. Mit seinem Geruchssinn war er eine Ausnahmeerscheinung, aber auf einem Gebiet, das uns allen erreichbar war. Genie, das lernten wir bei ihm, war zunächst einmal nichts anderes als die ins Extreme gesteigerte Normalität. Aber auch das hat seinen Preis. Grenouille entwickelt sein Geruchsvermögen, indem der optische Sinn zurückbleibt und sein Sprachvermögen ebenfalls zu wünschen übrig lässt. Wir können ihn für eine Fähigkeit bewundern und

beneiden – und müssen ihn zugleich bedauern. Er ist ein be-
mitleidenswertes Geschöpf.

Patrick Süskind mag als Autor so ähnlich vorgegangen sein
wie sein Held, der seine Parfums mit schlafwandlerischer Sicherheit mischte, ohne auch nur irgendetwas abzumessen oder
zu wiegen. So wie Grenouille instinktiv zu seinen Tinkturen
und Destillaten griff, nahm Süskind die Genres, die auf dem
Bestsellermarkt die größte Aufmerksamkeit versprechen, und
mischte Elemente des Kriminalromans, des Schauerromans,
des historischen Romans und des Bildungsromans mit einem
Hauch Fantasy, würzte mit einer Prise Thriller nach und ließ
das alles aufgehen im Stil des realistischen Erzählens des
19. Jahrhunderts, den er als konventionelles Lösungsmittel
benutzte, grade so, als handle es sich um einen Roman von
Dickens oder von Honoré de Balzac. Mit dem Phantastischen
lag er im Trend des Jahrzehnts, für das Tolkien und Michael
Ende den Boden bereitet hatten. Ein Vorläufer als historischer
Roman war Umberto Ecos *Der Name der Rose*, das einzige
Werk, das der *Unendlichen Geschichte* und *Momo* von Michael Ende in den Jahren zuvor auf der Bestsellerliste Paroli
bieten konnte. Das ist das Beste, was einem Buch passieren
kann: dass es auf den Boden fällt, den die Bestseller vor ihm
bereitet haben.

Süskind verzichtete auf formale Experimente. Er erzählte
streng chronologisch am Lebenslauf seines Helden entlang. Es
gab keine Rückblenden, nur einen allwissenden Erzähler, der
aber höchst selten einmal vorausblickte, um die Handlung zu
bündeln. Das erzeugte in uns Lesern das wohltuende Gefühl,
dass wir uns diesem Tonfall und diesem Erzählstrom anver-
trauen könnten. Wiederholung – wir haben bereits gesehen,
dass auch das eine Bestseller-Ingredienz ist – nahm er als sti-
listisches Prinzip auf. Gleich auf den ersten Seiten, mit der
Aufzählung ekelerregender Gerüche in den Straßen von Paris,
wiederholte er »es stank« so penetrant, als wollte er uns die

Phrase einhämmern. Transparenz und Durchschaubarkeit der Absichten: auch das ist eine wichtige Zutat. Und so ließ schon der erste Satz erkennen, aus welchen Elementen das Buch bestand: »Im achtzehnten Jahrhundert lebte in Frankreich ein Mann, der zu den genialsten und abscheulichsten Gestalten dieser an genialen und abscheulichen Gestalten nicht armen Epoche gehörte.« Was für ein Auftakt. Süskind paraphrasierte damit den Anfang von Kleists Novelle *Michael Kohlhaas*, der als »einer der rechtschaffensten zugleich und entsetzlichsten Menschen seiner Zeit« eingeführt wird. Wir kannten Süskinds Anfangssatz also schon. Ein einziger Satz, und schon entfalteten sich Raum und Zeit und Geschichte. Genialität und Abscheulichkeit verschwisterten sich. Auch dieses Mischungsverhältnis zog uns sofort in seinen Bann. So amalgamierte und destillierte Süskind sein Erfolgskonzept. *Das Parfum*, 1985 erschienen, ist der am besten verkaufte deutschsprachige Roman des 20. Jahrhunderts, besser noch als Erich Maria Remarques *Im Westen nichts Neues* aus dem Jahr 1929, der bis dahin den Spitzenplatz einnahm.

Natürlich kann man – wie eben auch geschehen – Süskind die Begabung eines Bestseller-Zauberers zuschreiben, der alle Zutaten blind in den Kessel wirft, mit perfektem Ergebnis. Es gibt aber auch eine andere, weniger romantische Variante der Entstehung von Kunst, derzufolge der Autor eher ein Ingenieur ist, der mit Kalkül und Plan vorgeht. Er wählt die erfolgversprechendsten Inhaltsstoffe aus und baut sie nach bewährtem Muster zusammen. Auch wenn es keine Bestseller-Baupläne gibt (so wenig wie Grenouille sich bei seinen Parfums an Formeln orientiert, weil er Formeln bloß als Umweg zwischen Eingebung und Erschaffung begreift), so gibt es doch Zutaten, von denen klar ist, dass sie enthalten sein müssen. Glaubt man der Legende, dann verfolgte Süskind sein Ziel mit großer Konsequenz und von langer Hand. Schon als Gymnasiast soll er zu einem Freund am Starnberger See, wo er aufwuchs, gesagt haben, er wolle später einmal ein Buch schreiben, um dann sein Leben lang davon leben zu können.[4] Das hat er geschafft. *Das Parfum*, in mehr als fünfzig Sprachen übersetzt und über 20 Millionen Mal verkauft, hat ihn zum vielfachen Millionär gemacht.[5] Allein die deutschsprachige Ausgabe erreichte bisher rund fünfeinhalb Millionen.[6] 470 Wochen lang stand der Roman von 1985 bis 1994 auf der *Spiegel*-Bestsellerliste und hält damit den Longseller-Dauerrekord.

Schon ganz am Anfang, im Herbst 1985, eroberte das Buch sofort die Spitzenposition. Eine sich vor Begeisterung geradezu überschlagende Kritik trug ihren Teil dazu bei. Auch auf der damaligen »Bestenliste« des SWF (heute SWR), auf der Kritiker ihre Favoriten wählen, stand das Buch mit weitem Abstand auf Platz 1. Es ist also das seltene Beispiel der Zustimmung sowohl von Seiten des Marktes als auch des Feuilletons. Auf der Jahresliste des *Spiegel* reichte es wegen der kurzen Anlaufzeit dennoch nur zu Platz 2 hinter Isabel Allendes *Das Geisterhaus*. 1986 lag *Das Parfum* dann aber ganz vorn, um in den beiden folgenden Jahren immerhin Platz 2 zu halten – nun hinter Gabriel García Márquez' Welterfolg *Die Liebe in den Zeiten der Cholera*. Von 1989 bis 1992 folgten zweimal Platz 4 und zweimal Platz 6 und dann erst der langsame Abstieg – ein Wunder an Ausdauer über den Epochenwechsel des Jahres 1989 hinweg. 1994 folgte die Taschenbuchausgabe mit einer unglaublichen Startauflage von 325 000 Exemplaren.[7] Sie verkauft sich bis heute ungebrochen gut.[8] Im September 2006, als die Verfilmung von Regisseur Tom Tykwer in die Kinos kam, kehrte auch die Hardcover-Ausgabe als »Buch zum Film« für einige Wochen auf die vorderen Plätze zurück.[9]

So präsent und bekannt der Roman, so mysteriös und ungreifbar sein Autor. Systematisch entzieht er sich der Öffentlichkeit. Bis heute gibt es nur vier überlieferte Interviews mit ihm und vier veröffentlichte Fotos, alle aus den achtziger Jahren[10], und man kann nur darüber spekulieren, ob sein Verschwinden und seine Verwandlung in ein großes Mysterium Teil des Erfolgskalküls gewesen sind, oder ob es seinem scheuen Wesen entsprach. Vorbilder für den Rückzug aus der medialen Aufmerksamkeitszone gab es mit Jerome D. Salinger oder mit Thomas Pynchon, von dem so wenig bekannt ist, dass er bei einem Gastauftritt in der Zeichentrickserie *Die Simpsons* mit einer braunen Papiertüte über dem Kopf und einem aufgedruckten Fragezeichen gezeichnet wurde. Immerhin gibt es ein Foto von Patrick Süskind auf dem Umschlag des *Parfums*. Es zeigt das Gesicht eines hageren Mannes mit schütterem Haupthaar, der sich, halb nachdenklich, halb ratloses Kind, den Zeigefinger an den Mund legt, als wolle er gleich etwas Wichtiges sagen oder auch nur mit der Unterlippe spielen. Es ist ein ängstliches, schutzbedürftiges Gesicht mit skeptischem Blick.

Auszeichnungen und Preise lehnte Süskind konsequent ab, da sie mit öffentlichen Auftritten verbunden gewesen wären. Um ihn herum entstand eine »Aura der Exklusivität«[11], die dem Erfolg sicher nicht geschadet hat – auch wenn sie bloß seiner eigenen psychischen Verfassung geschuldet sein sollte. So habe er sich, um »seine Ängste zu bannen«, während der Dreharbeiten zu *Rossini* (Süskind schrieb zusammen mit Helmut Dietl das Drehbuch wie auch zur Fernsehserie *Kir Royal*) in eine italienische Klause zurückgezogen.[12] Dass seine Fluchttendenz einem tiefen inneren Bedürfnis entsprang, lässt sich einer Äußerung noch aus der Zeit vor dem *Parfum* entnehmen. Da sagte er: »Ich verbringe den größten Teil meines Lebens in immer kleiner werdenden Zimmern, die zu verlassen mir immer schwerer wird. Ich hoffe aber, eines Tages ein Zimmer zu finden, das so klein ist und mich so eng umschließt, dass es sich beim Verlassen selbst mitnimmt.«[13] Das ist ihm schließlich gelungen. Und so etwas Ähnliches schaffte ja auch Grenouille, der sich in den Duft seiner Parfums einhüllte, um unerkannt zu bleiben. Süskind hat das Kunststück vollbracht, in seinem Welterfolg unsichtbar zu werden. Er hat sich für die Öffentlichkeit in Luft aufgelöst, während wir alle sein Buch verschlingen.

Das Schicksal zu verschwinden – oder die Angst davor – hat er im Ende seines Helden Grenouille vorgezeichnet. Grenouille, der selbst nach nichts riecht und deshalb von der Angst getrieben wird, nicht zu wissen, wer er ist, übergießt sich endlich mit seinem unwiderstehlichsten Parfum. Es ist sein Opus Magnum, der Duft, den er aus den Geruchsextrakten der 25 Jungfrauen gewonnen hat, die er dafür ermorden musste. Es ist der Duft der Liebe, das Konzentrat der Erotik schlechthin, und das ist eng verknüpft mit dem Tod. Die auf dem Pariser Großfriedhof versammelten Clochards und Aussätzigen können diesem Duft nicht widerstehen. Die entfesselte Menschenmenge fällt über ihn her, um sich seinen Duft buchstäblich einzuverleiben. Im Roman heißt es nach dieser orgiastischen Fresserei: »Eine halbe Stunde später war Jean-Baptiste Grenouille in jeder Faser vom Erdboden verschwunden.«[14] Was hier ein dionysisch-kannibalistisches Bacchanal ist, wird im Film zur sanfteren Version eines weiteren Wunders, vielleicht einer Himmelfahrt: Die räudige Menge lässt von ihm ab und weicht zurück; Grenouille ist verschwunden, auf dem Boden liegen nur noch ein paar Kleidungsstücke. Kein Blut ist zu sehen. Der Held hat sich – ganz wie sein Autor – in Luft aufgelöst.

Aber schon vor diesem Ende hatte Grenouille den Rückzug geprobt und, weil ihn die beißenden Gerüche der Menschen mehr und mehr belästigten, Zuflucht in der einsamen Bergwelt des Zentralmassivs gesucht. Hier führte er sieben Jahre lang das Leben eines Eremiten, lebte in einer Höhle und ernährte sich von Schlangen und Eidechsen. Wie Nietzsches Zarathustra erhob er sich zornig über die Menschheit und imaginierte sich als Schöpfer-Gott, der sich aus erdachten Düften eine eigene, schönere Welt zurechtmacht. »Hier galt nichts als sein Wille, der Wille des großen, herrlichen, einzigartigen Grenouille«, heißt es da, und Süskind spart nicht an geradezu biblischem Vokabular aus der Schöpfungsgeschichte: »Und er sah, dass es gut war.«[15] Die innere Versenkung des Eremiten ist die Inkarnationsphase, in der er sich auf sein großes Werk vorbereitet. Was er hier bloß erträumt, muss er später dann wirklich werden lassen.

Die absolute Einsamkeit, in der er existiert, ist jedoch der schöpferische Ort des Künstlers, der seine Isolation erst dadurch überwindet, dass er etwas schafft, was alle bewundern. Grenouille, der hässliche, bucklige, kleinwüchsige, ausgestoßene Held, der nach nichts riecht, will endlich einmal geliebt werden und deshalb das absolute Parfum erschaffen. Zugleich bleibt er aber der Unberührbare, der sich entzieht. Das Werk des Künstlers ist sein Surrogat: Er entlässt es in die Welt, damit es stellvertretend für ihn, den Verborgenen, geliebt werde. Grenouille ist ein Künstler, der das Absolute will. Dafür geht er über Leichen. Das stört ihn nicht. Er hat keine Moral und kein Gefühl, nur sein Ethos: die Kunst. Angetrieben wird er nur von diesem Ziel: den Duft zu schaffen, mit dem er die Menschheit unterwerfen kann. In dem Moment, wo er sich damit selber übergießt, wird er zerrissen und vernichtet. Das ist der Moment, in dem er ganz in seinem Werk aufgeht. Süskind beschreibt damit die Urangst des großen Künstlers, des Stars, ja, seine eigene Angst: mit seinem Werk vollkommen identifiziert zu werden und als eigenständige Person zu verschwinden. Wenn er überleben will, muss er sich entziehen und muss auch sein Werk ziehen lassen. So wird von Patrick Süskind überliefert, er habe sich schon beim Erscheinen des *Parfums* nicht mehr dafür interessiert. Das sei abgetan, vergangen, erledigt für ihn.

Süskind war kein Unbekannter mehr, als *Das Parfum* erschien, obwohl es sich um seinen ersten Roman handelte.

Dass es zugleich auch sein – bis heute – letzter sein würde, konnte niemand ahnen. Mit dem 1981 entstandenen Ein-Personen-Stück *Der Kontrabass* hatte er bereits großen Erfolg gehabt. 1984/85 wurde es mit 500 Aufführungen zum meistgespielten Stück der Saison.[16] Dieser Monolog eines Musikers, der zunächst ein Loblied auf sein Instrument anstimmt, schlug in Verbitterung um, weil er nicht verbergen kann, dass er seinen Beruf hasst und sich in einem schalldichten Übungsraum hermetisch abschließt. Der Schweizer Diogenes Verlag brachte die Buchausgabe heraus und machte Süskind damit als Autor bekannt. Da lag es nahe, dass er auch *Das Parfum* Diogenes anbot, einem Verlag, der sich auf gehobene Unterhaltung und unterhaltsame, durchaus anspruchsvolle Literatur spezialisiert und auch im Bereich des Kriminalromans große Namen vorzuweisen hat. Nicht nur die Dauer-Seller Ingrid Noll und Donna Leon sind bei Diogenes zu finden, sondern auch Patricia Highsmith, Raymond Chandler, Friedrich Dürrenmatt, Ian McEwan und vor allem Georges Simenon, der Ober-Bestseller. Es war klar, dass ein Roman mit dem Untertitel *Die Geschichte eines Mörders* hier gut aufgehoben sein würde.

Der Name des Autors war auch deshalb geläufig, weil sein Vater Wilhelm Emanuel Süskind als Journalist der *Süddeutschen Zeitung*, als Übersetzer und als Schriftsteller kein Unbekannter war. Er war ein Jugendfreund von Klaus Mann und hatte seit den zwanziger Jahren publiziert. Über Patrick Süskind konnten wir aus Zeitungen immerhin erfahren, dass er 1949 in Ambach »in eine großbürgerliche, schöngeistige, etwas steife Welt aus Literatur und Bildungsstolz« hineingeboren worden war. Der Vater erzählte in seinen Feuilletonglossen regelmäßig von seinem kleinen Sohn[17], aber da interessierten wir uns noch nicht für ihn. Als Autor verschwand er so rasch, wie er hervorgetreten war: Seit 1991 hat er kein literarisches Werk mehr veröffentlicht. Sein Schreiben endete im Schweigen, so wie er es in seinen Büchern angedeutet hatte. »Das verbindende Element zwischen der Medienpersönlichkeit Süskind und deren Erfindungen ist ein universales Grundgefühl: die Angst«, schreibt der Journalist Alexander Kissler. »Die Welt wird vom Standpunkt der Angst aus betrachtet.«[18]

Damit nahm Süskind eine Grundstimmung der Epoche in seinem Roman auf. Er fügte sich mit den darin zur Geltung kommenden Ängsten in das Jahrzehnt der Angst ein. Obwohl er ganz andere Themen verfolgte, konnten wir uns darin wiederfinden, wir, die den Weltfrieden bedroht und die Natur in einem apokalyptischen Ausmaß zerstört sahen, wir Friedensdemonstranten und Ostermarschierer, wir Nachrüstungsbesorgten und Fortschrittsverwirrten. 1985 war Helmut Kohl seit drei Jahren Kanzler, Ronald Reagan seit fünf Jahren US-Präsident, und in Moskau übernahm Michail Gorbatschow die Macht. Boris Becker gewann in Wimbledon, Niki Lauda beendete seine Formel-1-Karriere, mit Sat1 begann das Zeitalter des Privatfernsehens, und alles wurde wieder einmal immer schlimmer. Süskind nahm uns die Angst, indem er sie in eine ferne, historische Landschaft umleitete – und er ließ sie uns damit auch. In dieser fremden Umgebung konnten wir mit unserer Angst umgehen. Wir erlebten die Angst des Volkes vor dem unbekannten Mädchenmörder – und wussten doch schon längst, wer es war. Damit waren wir als Leser auf der sicheren Seite. Wir erlebten die Angst Grenouilles, die darin bestand, »über sich selbst nicht Bescheid zu wissen«[19], und atmeten erleichtert auf, dass wenigstens diese Angst nicht unsre Angst war. *Das Parfum* ist nicht nur die *Geschichte eines Mörders*, sondern auch, wie Kissler betont, »die Geschichte einer Gesellschaft, die auf Ängsten errichtet ist und deren Künste von dieser Lebensangst ablenken sollen. (…) Die Ängste, denen der Schriftsteller zu entgehen hoffte, lassen sich deuten als die Ängste des spätmodernen Menschen, die Ängste des ausgehenden 20. und beginnenden 21. Jahrhunderts. Vielleicht ist es ja diese vermittelte Zeitzeugenschaft, die Süskinds postmodernen Fabeln dauerhaft ein derart großes Publikum zuträgt.«[20] Lesend darin abzutauchen hat nichts mit Weltflucht zu tun. Es ist vielmehr eine Transformation und damit eine Methode, die eigene Lebensangst besser zu bewältigen. Der Roman ist ein Spiegel, in dem sich die Gegenwart verwandelt und als verwandelte wiedererkennt.

BÖSE MÄDCHEN

Böse sein, wie wunderbar! Endlich all das tun, was uns schon als Kindern verboten worden ist. Endlich keine Rücksicht mehr nehmen. Böse sein ist verlockend, verspricht es doch mehr Lust und mehr Freude am Leben: Nimm dir, was du brauchst! Wer das für Sünde hält, ist bloß zu schwach dafür. Doch alle, die den direkten Weg in die Hölle suchten, weil die Musik dort lauter ist und das Paradies mit seinen blockflötespielenden Engeln sowieso nicht in Frage kommt, waren mit diesem Buch nicht gut bedient. Es richtete sich ausschließlich an die Frauen unter uns oder vielmehr an die »Mädchen«, die in puncto Bösesein offenbar noch etwas nachzuholen hatten. »Frauen sind das brave Geschlecht«, lautete der erste Satz, und genau darin bestehe ihr Problem. Auch wenn die »neue Frau« von heute »nicht mehr nur brav sein« wolle, so stecke sie immer noch »voller Widersprüche«.[1] Was Männern selbstverständlich sei – zuerst an sich und den eigenen Erfolg zu denken –, passe nicht zum gängigen Rollenbild der Frau, die immer noch glaube, es vor allem allen recht machen zu müssen, die sich aufopfere und dafür noch nicht einmal Dankbarkeit erwarte. Zu bescheiden, zu lieb, zu angepasst und in »erlernter Hilflosigkeit«[2] verharrend: Kein Wunder, dass aus den Frauen keine Chefinnen werden wollten.

Gute Mädchen kommen in den Himmel, böse überall hin: Der Titel des emanzipativen Ratgebers der Psychologin Ute Ehrhardt prägte sich ein. Das klang nach sündiger Verlockung, doch der Titel war auch schon das Böseste am ganzen Buch. Dabei stammte er noch nicht einmal von der Autorin, sondern von dem sich einigermaßen glaubwürdig als Bösewicht inszenierenden Rockstar Meat Loaf. Der hatte – passenderweise auf dem Album *Bat Out of Hell II* aus dem Jahr 1993 – einen Song über die Freuden der Masturbation in der Zeile gipfeln lassen: *Good girls go to heaven but the bad girls go everywhere.* So kam es, dass der Buchtitel von vornherein auf offene Ohren stieß und sich sogar singen ließ. Dass es ursprünglich ein ziemlich korpulenter Mann gewesen war, der die Mädchen aufgefordert hatte, böse zu sein, schadete dem emanzipatorischen Anspruch nicht.

»Warum fällt es vielen Frauen so schwer, etwas vermeintlich Böses zu tun? Woran liegt es, dass Frauen etwas als böse empfinden, was für die meisten Männer ganz normal ist?«[3], fragte Ute Ehrhardt in aller Bescheidenheit. Wer wissen wollte, was das Böse eigentlich ist und sich danach sehnte, der konnte das Buch spätestens beim Wörtchen »vermeintlich« wieder zuklappen. Ein bisschen egoistischer sein und dafür weniger ängstlich, mehr an sich denken und an den eigenen Erfolg und das nicht gleich für böse halten – das war schon die ganze Moral, die hier verbreitet wurde. Die Frauen sollten männliche Tugenden übernehmen, um selber Erfolg zu haben. Wie zum Zeichen dafür trug die Autorin einen männlichen Vornamen als Nachnamen.

»Böse« war für Ehrhardt nicht das Gegenteil des Guten, sondern stand in Opposition zum Bravsein. So legte es ja schon der Untertitel nahe: *Warum Bravsein uns nicht weiterbringt.* »Böse« wurde von ihr mit »frech«, »aufmüpfig« und als äußerste Ungezogenheit mit »dreist«[4] umschrieben, Kategorien mithin, bei denen man sich durchaus fragen durfte, was denn daran böse sei. Die »bösen Mädchen«, die sie als Vorbilder auflistete, waren selbstbewusste, in unterschiedlichen Berufsfeldern erfolgreiche Frauen wie Florence Nightingale,

die Begründerin der ersten Krankenpflegerschule, Golda Meir, die israelische Ministerpräsidentin, die Modedesignerin Coco Chanel und schließlich gar die Tagesthemen-Moderatorin Sabine Christiansen. Fehlte eigentlich nur noch Mutter Teresa. All diese »Sterne am Prominentenhimmel« verkörperten die Eigenschaften, für die Ehrhardt sich stark machte: die Lust zu siegen und kein Mitleid mit den Unterlegenen zu haben, durchsetzungsfähig zu sein und ohne Angst vor Aggressionen, denn Aggressionen lassen sich auch als »Energiequelle« nutzen. Böse Mädchen »wissen sich zu wehren« – und zwar im Beruf ebenso wie in der »Partnerschaft«: »Im Zweifel trennen sie sich von anderen, nie von sich selbst.«[5]

So schlicht die Botschaft, so durchschlagend der Erfolg. 1994 erschienen, brauchte der Titel zwar eine kleine Anlaufzeit. Im Sommer 1995 meldete der *Spiegel* immerhin 160 000 verkaufte Exemplare und adelte das Werk als »Neues Testament der Frauen«. Dabei habe Ute Ehrhardt allenfalls mit einer verkauften Auflage von 20 000 »und ein bisschen Anerkennung« gerechnet.[6] Ein halbes Jahr später war schon die halbe Million erreicht, im Sommer 1997 die Million geknackt.[7] Auch das

»Remake«, ein »Handbuch« als konkrete Handlungsanleitung mit dem Titel *Und jeden Tag ein bisschen böser*[8], verkaufte sich im Januar 1997 sofort 200 000fach, obwohl es erkennbar keine andere Funktion hatte, als den Erfolg zu wiederholen. Die Sache mit dem Bösen war zur netten Masche geworden, T-Shirts und Postkarten waren auch im Angebot.

Das Foto auf dem Buchcover zeigte eine Frau auf einem felsigen Berggipfel, und über ihr nur noch Himmel. Sie trug einen weißen Rock und ein knapp geschnittenes weißes T-Shirt und hielt eine Jacke oder ein Tuch über sich wie ein Segel. Das Bild erinnerte von ferne an die Marianne auf dem berühmten Gemälde *Die Freiheit führt das Volk* von Eugène Delacroix – nur dass die weibliche Ikone dort die Trikolore schwenkte und dass auf dem Berggipfel der Emanzipation das Volk verloren gegangen war. Die moderne Frau war zur Einzelkämpferin geworden. In ihrer weißen Kleidung sah sie eher so aus wie eine Braut oder wie ein Engel und nicht wie eine Revolutionsführerin. Sie war kein böses Mädchen, sondern ein Sehnsuchtsbild des Aufstiegs und der Freiheit – für den weiblichen Blick ein Identifikationsangebot, für den männlichen ein durchaus begehrenswerter Fixpunkt.

Zum Verkaufskonzept gehörte auch, dass Ute Ehrhardt durch ihren Ehemann, den Psychologen Wilhelm Johnen, unterstützt wurde. Das Handbuch hatten beide zusammen geschrieben, doch nur ihr Name tauchte auf dem Cover auf. Die beiden traten als gutgelauntes »Powerpaar« auf und boten gemeinsam Seminare an, die praktischerweise direkt im Buch beworben wurden.[9] Wilhelm Johnen fungierte als Manager und Kompagnon, der sich dezent im Hintergrund hielt. Öffentlichkeit sei nicht seine Sache, sagte er. So praktizierte das Paar die eigene Lehre und lieferte den Beweis, dass auch eine selbstbewusste, »starke«, »neue« Frau keine Angst haben müsse, nicht mehr geliebt zu werden. Allerdings: Um Liebe, um Erotik und um Sexualität ging es in ihrem Buch auch gar nicht. Ihr Bösesein besaß keinerlei sexuelle Ausprägung, und die Liebe mutierte zur »Partnerschaft«. Das klang eher nach gerechter Verteilung der Hausarbeit als nach gutem Sex.

Weniger erfolgreich war Johnens eigenes Buch mit dem Titel *Die Angst des Mannes vor der starken Frau*, gewissermaßen das Komplementärstück zu den *bösen Mädchen*. Wenn die Frauen ihre Angst vor der eigenen Courage ablegten, dann, so das zu zerstreuende Klischee, machten sie den Männern Angst. Johnen erklärte seinen Misserfolg damit, dass es »provokativ gesagt keine lesenden Männer« gebe. Und er fügte hinzu: »Als gereifter und erfahrener Autor würde ich heute zudem einen eingängigeren Titel wählen, der eine interessante Botschaft vermittelt. Ein Buch über Angst, noch dazu Männerangst, ist chancenlos. Die ›Guten Mädchen‹ haben uns gelehrt, welches Potential in einem witzigen Titel und einer attraktiven Aufmachung steckt.«[10]

Dass Ängste sich nicht verkaufen würden, ist allerdings Unsinn. Alle Ratgeber bearbeiten Ängste, die Angst vor Misserfolg, vor Krankheit und Tod oder davor, nicht geliebt oder als Liebhaber nicht ernst genommen zu werden. Martin Heidegger baute seine ganze Philosophie auf dem Existenzial der Angst, und Ende der siebziger Jahre hatte Klaus Theweleit ein Buch mit dem Titel *Männerphantasien* vorgelegt, in dem er das Frauenbild soldatischer Männer zu Beginn des 20. Jahrhunderts und ihre Angst vor selbstbewusster Weiblichkeit untersuchte. Diese psychologische Studie der Genese des Faschismus hatte großen Einfluss nicht nur auf die Debatte um das Verständnis der NS-Zeit, sondern auch auf die Emanzipationsbewegung. Theweleit nahm die Rolle klassischer Männlichkeit ins Visier, indem er die Panzerungen und Ängste bloßlegte, die der Preis der Stärke sind. Der moderne Mann musste sich neu definieren, und so versammelten sich die aufgeklärten, rollenbewussten Männer bald in Männergruppen, um ihre Machtallüren und Frauenängste loszuwerden. Bis sich herumsprach, dass diese Männergruppen-Männer auch nicht das waren, was sich die Frauen wünschten.

Wer hatte also noch Angst in den Neunzigern? Und vor wem? Authentizität ist gleichbedeutend mit Glaubwürdigkeit. Wir sind geneigt, Autorinnen und Autoren zu folgen, die das, was sie lehren, auch selbst leben. Ute Ehrhardt verkörperte perfekt den Typus Frau, den sie propagierte. Das Autorinnenfoto auf der hinteren Klappe zeigte eine junge Frau mit zeittypischer, verwegen verwuschelter Kurzhaarfrisur, die fröhlich in die Kamera lächelte. Böse sah sie nicht aus, brav und ängstlich aber auch nicht. Alles an ihr signalisierte eine unkomplizierte Unverkrampftheit. Sie war die zeitgemäß emanzipierte, selbstbewusste Frau, wie man sie täglich auf der Straße treffen konnte.

Die Bedeutung solcher Autorenporträts ist nicht zu unterschätzen. Sie sind so etwas wie die Probe auf den Titel und das Cover. Haben wir das Buch erst einmal aufgeschlagen, dann ist es das Bild des Autors, der Autorin, das darüber entscheidet, ob wir dabeibleiben oder nicht. Wenn es Sympathie in uns auslöst, ist das sicher nicht verkehrt. Genauso wichtig ist es jedoch, dass es zur Botschaft passt, dass wir der Autorin, die sich auf diese Weise zu erkennen gibt, abnehmen, worüber sie schreibt. Bei einem Ratgeber ist die Erwartung besonders groß, dass sie eine von uns ist, denn nur wenn sie sich nicht allzu sehr unterscheidet, sind ihre Ratschläge brauchbar.

Ehrhardt variierte die Ermutigungen des amerikanischen Predigers Dale Carnegie, indem sie, was er allgemein formuliert hatte, auf Frauen zuspitzte. Was Carnegie Sorge nannte, war bei ihr die Angst, die es zu überwinden galt. Und wenn Carnegie auf Gelassenheit setzte, dann warb sie für eine gesunde Aggressivität. Beide Bücher machten gleichzeitig Karriere; Ehrhardt belegte 1996 und 1997 den ersten Platz der Jahres-Bestseller und landete 1998 immer noch auf Platz 4. Das war zugleich die große Zeit von Dale Carnegie in Deutschland, der, ohnehin schon immer auf der Bestsellerliste, 1998 Ute Ehrhardt als erfolgreichstes Sachbuch ablöste. Der Bedarf an Stärkungen des Selbstbewusstseins war enorm – unter Männern nicht anders als unter Frauen. Es war die Zeit der New Economy, der Existenzgründer, des neuen Wirtschaftswunders – und im Osten des Landes die Zeit der Einübung in die kapitalistische Wirtschaftsweise und ihre Tugenden. Sorge dich nicht und »böse sein« boten ein und dieselbe Botschaft: das eigene Ego zuerst – und dann erst die Gemeinschaft. Das Wohl aller ergab sich aus einem wohlverstandenen Eigeninteresse.

Vergleicht man die *bösen Mädchen* mit dem Frauenbild, das Alexander Barrantay in seinem Eheratgeber *Lieben – aber wie?* in den fünfziger Jahren verbreitet hatte, dann lässt sich ermessen, welch enormer kultureller Wandel sich in Deutschland im Lauf weniger Jahrzehnte vollzogen hat. Dann lässt sich aber auch ahnen, was dabei auf der Strecke blieb: Die Liebe. Der Sozialpsychologe Erich Fromm hatte 1956 mit *Die Kunst des Liebens*[11] einen internationalen Bestseller vorgelegt, in dem er die Tätigkeit des Liebens und die Fähigkeit, sich lieben zu lassen, aus der marktwirtschaftlichen Deformation als bloßes Tauschverhältnis zu befreien suchte. Liebe war ein Gefühl, das sich nicht auf eine Kosten-Nutzen-Rechnung reduzieren ließ. Die Befreiung der Frau aus den traditionellen Rollenbildern, aus ihrer Hausfrauenhaftigkeit und Unterwürfigkeit gegenüber dem Ehegatten hatte seither aber dazu geführt, die Liebe selbst als romantisches Konzept in Frage zu stellen. Weil jedes Liebesverhältnis unvermeidlich auch ein Abhängigkeitsverhältnis ist und weil Emanzipation bedeutete, all das »in Rechnung zu stellen«, was Frauen an unbezahlter Arbeit im Haushalt leisteten, ging die Liebe verloren.

Ein Jahrzehnt vor Ute Ehrhardt hatte die amerikanische Familientherapeutin Robin Norwood dafür die Formel gefunden: *Wenn Frauen zu sehr lieben* und damit das erfolgreichste

Sachbuch des Jahres 1987 gelandet.[12] 1988 erreichte sie immer noch Platz 2 und 1989 Platz 4 der *Spiegel*-Jahresbestseller. Offenbar hatte sie einen Nerv getroffen. Für Norwood war die Liebe der Frauen eine selbstzerstörerische Sucht, vergleichbar dem Alkoholismus, also etwas, das sich am besten mit einem harten Entzug kurieren ließ. Seither war die Ernüchterung jedoch so weit fortgeschritten, dass bei Ute Ehrhardt Liebe schon gar nicht mehr vorkam. Sie in eine »Partnerschaft« zu überführen, geht auf Kosten der Leidenschaft, erlaubt aber gerade deshalb ein pragmatisches Verhältnis, in dem Geben und Nehmen austariert werden wie in einer ordentlichen Geschäftsbeziehung. Partnerschaft klingt eher nach Ökonomie als nach Lust und Unberechenbarkeit und nach Verhältnissen, in denen man auch untergehen könnte – und zwar Mann und Frau gleichermaßen. Deshalb sind Ute Ehrhardts *böse Mädchen* ganz aufs Berufsleben ausgerichtet und eben nicht auf Liebe und Sexualität. Und deshalb sind sie kein bisschen böse, sondern fordern nur, was ihnen zusteht: gleiche Rechte am Arbeitsplatz.

Beide, Norwood wie auch Ehrhardt, sahen die Frauen weniger als Opfer männlicher Unterdrückung denn als für sich selbst verantwortliche Subjekte, die sich durch ihre Liebessucht (Norwood) oder ihre Tendenz zum Bravsein (Ehrhardt) selbst in Abhängigkeit und berufliche Unterordnung begaben. Umgekehrt hieß das aber, dass sie sich auch selbst befreien konnten. Auch für ihre Freiheit waren sie verantwortlich. Es lag an ihnen. Und erst unter dieser Prämisse waren sie als Leserinnen dazu anzustiften, ihr Leben zu verändern. Darin konnten Norwood und Ehrhardt auf die Vorarbeit der Feministinnen der ersten Stunde aufbauen, vor allem auf Alice Schwarzer und ihre epochale Interviewsammlung *Der kleine Unterschied und seine großen Folgen* aus dem Jahr 1975.[13]

An keinem Buch hatte sich »die Angst des Mannes« vor der emanzipierten Frau so heftig entzündet wie an diesem.

Schwarzer hatte Interviews mit den unterschiedlichsten Frauen geführt, mit Karrierefrauen, Hausfrauen, Studentinnen, Prostituierten, Feministinnen. Doch »egal worüber und egal mit wem«, teilte sie im Vorwort mit, »fast immer landeten diese Gespräche bei der Sexualität und bei den Männerbeziehungen dieser Frauen. Auch und gerade Frauen, die sich in anderen Bereichen scheinbar weitgehend emanzipiert hatten, blieben in ihrem Privatleben ratlos. Am schlimmsten ist es in der Sexualität: die ›Sexwelle‹, Oswalt Kolle und Wilhelm Reich brachten den Frauen nicht mehr Freiheit und Befriedigung, sondern mehr Selbstverleugnung und Frigidität.«[14] Sexualität erschien als ein Feld der Unterdrückung, wo männliche Macht auf weibliche Ohnmacht traf: »Da spiegeln sich Männergesichter in den Augen gedemütigter Frauen wie unmenschliche Fratzen.«[15]

Schwarzer arbeitete sich an der Dialektik der Aufklärung ab: Pille, sexuelle Libertinage und Liberalisierung von Schwangerschaftsabbrüchen hatten – so ihre Diagnose – keineswegs zu mehr weiblicher Selbstbestimmung geführt, sondern dazu, dass die Frauen jetzt erst recht jederzeit zur Verfügung stehen und »funktionieren« mussten. Es gab ja keine Ausreden mehr. Sexualität blieb ein Druck- und Machtmittel, sodass es naheliegend schien, den Frauen zu raten, sich den Männern zu verweigern. Erbittert schrieb Schwarzer gegen den »Mythos des vaginalen Orgasmus« an, der »den Männern das Sexmonopol über Frauen« sichere, weil aufgrund dieser (männlichen) Erfindung allein die Penetration Befriedigung weiblicher Lust versprach. »Und nur das Sexmonopol sichert den Männern das private Monopol über Frauen, das wiederum das Fundament des öffentlichen Monopols der Männergesellschaft über alle Frauen ist.«[16] Folglich setzte sie nicht etwa auf die »Gleichberechtigung« von Mann und Frau, sondern auf die Abschaffung des Unterschieds zwischen den Geschlechtern. Nicht länger sollten wir uns als Männer und Frauen begegnen, sondern als

»Menschen«: Nicht Penis und Vagina mache den Unterschied aus, sondern Macht und Ohnmacht.

Damit waren tatsächlich nicht einfach bloß die Geschlechterverhältnisse in Frage gestellt. Es ging um Grundsätzlicheres: um die Abschaffung von »Mann« und »Frau«, die Schwarzer weniger als biologische Differenz denn als kulturelles Konstrukt begriffen haben wollte: »In einer Kultur, in der Zeugung nicht länger primärer Impuls für menschliche Sexualität ist, müsste also bei freien Entfaltungsmöglichkeiten die Homosexualität ebenso selbstverständlich sein wie Heterosexualität und Eigensexualität. Dass sie das nicht ist, hat politische Gründe. Nur eine zum Dogma erhobene Heterosexualität kann das männliche Sexmonopol sichern – ihr Vorwand ist der ›kleine Unterschied‹: Er stellt die Weichen für die Abhängigkeit der Frauen von Männern.«[17]

Das war polemisch formuliert und geeignet als Attacke auf festgefügte Rollenmuster. Dieser Feminismus war radikal, indem er nicht weniger als »die Natur des Begehrens« von Frauen und Männern zu verändern suchte.[18] Damit provozierte er aber auch Widerstand – und keineswegs nur bei Männern. Die Differenz zwischen den Geschlechtern zu leugnen, bedeutete, all das zu untergraben, »was in der traditionellen Geschlechterordnung für emotionale Verbindlichkeit und erotische Verlockung gesorgt hatte«, wie die Soziologin Eva Illouz kommentierte.[19] In ihrer Analyse der sadomasochistisch angehauchten Romantrilogie *Shades of Grey* kommt sie zu dem Schluss, dass die feministische Gleichheitsrhetorik eine neue Sehnsucht nach traditioneller Männlichkeit ausgeprägt habe. Der sensationelle Welterfolg von *Shades of Grey* ist ihrer Ansicht nach damit zu begründen, dass weibliche Autonomie und Differenz in diesem Buch neben- und miteinander existieren. Die Ich-Erzählerin Anna Steele ist eine durchaus selbstbewusste Frau, die sich mit Christian Grey einen schwerreichen, geheimnisvollen Liebhaber sucht, dem sie sich zwar lustvoll unterwirft, dabei aber nie die Kontrolle über das Geschehen verliert. Der Widerspruch zwischen weiblicher Autonomie und tradierter »Männlichkeit« ist in ihrem Fühlen und Handeln aufgelöst.

Offenbar entsprach der Roman von E. L. James damit den Phantasien und Wunschbildern sehr vieler Frauen. Es war ein Frauenroman, geschrieben von einer Frau und gelesen überwiegend von Frauen. Die drei Bände, die im April 2012 in den USA in rascher Folge erschienen, hatten sich bis Ende Mai zehn Millionen Mal verkauft, zwei Monate später waren es zwanzig Millionen. Und auch die deutsche Ausgabe, die am 9. Juli bei Goldmann herauskam, verkaufte sich in den ersten fünf Wochen 1,2 Millionen Mal. Bis Ende des Jahres 2012 gingen insgesamt 5,7 Millionen Exemplare der drei Bände über die Ladentische.[20]

Dieser phantastische Zuspruch hat mit der Einsicht zu tun, dass sexuelles Begehren die Differenz zum begehrten Objekt voraussetzt, und damit, dass das feministische Postulat der Gleichheit große Probleme aufwirft. Im zelebrierten Sadomasochimus wurden die Unterschiede wieder geschärft. Eva Illouz nennt vor allem drei problematische Punkte: Ungleichheit besaß den Vorteil klarer Rollenprofile, Gleichheit sei dagegen »von Haus aus konfuser, weil auf dieser Grundlage keine Rollen festgelegt oder bewertet werden können«. Zweitens erzeuge Ungleichheit einen starken »emotionalen Klebstoff«, wenn aus dem Machtverhältnis ein »Beschützerverhältnis« werde. Gleichheit hingegen »begründet kein Pflichtgefühl, sondern verhilft jedem einzelnen zum Bewusstsein der eigenen Bedürfnisse und Rechte.« Kurz gesagt: Wir denken dann stärker an uns selbst und weniger an den anderen, womit die Gefühlsbindung abnimmt. Und drittens, so Illouz, erlaubt Ungleichheit, dass die Rollen nicht andauernd neu ausgehandelt werden müssen, sodass die Gefühle zueinander »spontaner, unmittelbarer und weniger verkopft« seien.[21] Eben darin jedoch bestehe die große Sehnsucht und das Versprechen der Liebe: nicht alles immerzu aushandeln zu müssen, nicht über alles »reden müssen«. So kam Illouz zu ihrer abschließenden These: »Eine Gegenreaktion auf den Feminismus besteht in der Sehnsucht nach dem Patriarchat, und zwar nicht, weil sich Frauen danach sehnen, beherrscht zu werden, sondern weil sie sich nach den emotionalen Bindungen sehnen, die die männliche Vorherrschaft begleiten, verbergen, rechtfertigen und unsichtbar machen – als könnte man diese männliche Beschützerrolle von dem feudalen Herrschaftssystem trennen, in dem der Mann solchen Schutz gewährte.«[22] Solche Sehnsüchte lassen sich aber nicht einfach aufklärerisch-ideologiekritisch beseitigen. Sie sind da, sie leben weiter und sind als solche ernst zu nehmen. Der weltweite Siegeszug von *Shades of Grey* hat das hinreichend bewiesen.

Ute Ehrhardt hatte mit ihren bösen Mädchen eine andere Antwort auf Alice Schwarzers Gleichheitspostulat gegeben, indem sie das Gebiet der Sexualität weiträumig umging. Im Bereich des Berufslebens war es einfach, für Gleichheit zu sein. Denn die Schwierigkeiten ergeben sich erst im libidinösen Feld des Begehrens. *Shades of Grey* rehabilitierte die Leidenschaft, indem aus einer sadomasochistisch geprägten sexuellen Beziehung schließlich doch wieder eine romantische Liebe entstand, die in eine Ehe einmündete. Die Trilogie formulierte »sowohl die Spannungen, von denen Beziehungen heutzutage heimgesucht werden, als auch eine zeitgenössische Liebesutopie, die sich wie Phönix aus der Asche der Konventionen romantischer Liebe erhebt.«[23] So löste sie die Spannung zwischen dem gesellschaftlich Vernünftigen der Gleichberechtigung und dem erotischen Postulat der Gefühls- und Geschlechterdifferenz. Bestseller entstehen aber genau da, wo es gelingt, widersprüchliche, grundlegende Bedürfnisse in Einklang zu bringen.

Um die Struktur des Begehrens ging es auch in Charlotte Roches Porno-Schocker *Feuchtgebiete*.[24] Das war nun wirklich ein Buch für böse Mädchen oder über ein böses Mädchen, das mit seinen Körperöffnungen allerintimsten Umgang pflegte und beim Sex eigentlich nur deshalb gelegentlich auch zu zweit sein musste, weil es sich möglichst vielfältig penetrieren lassen wollte. Um Liebe ging es dabei nicht, sondern allein und ausschließlich um Lust. Der Unterschied, es sich selbst zu machen oder es sich besorgen zu lassen, war bloß graduell. Erlaubt war alles, was geil macht und geil ist.

Charlotte Roche war eine adrette, gepflegte junge Frau, deren Romanheldin in allem schwelgte, was sich unterhalb der Ekelschwelle oder auch nur unterhalb der Gürtellinie befand. Das Setting war einfach: Die achtzehnjährige Helen lag nach einer missglückten Intimrasur im Krankenhaus; sie hatte eine schmerzhafte Hämorrhoiden-Operation hinter sich und erinnerte sich aus dem Krankenhausbett heraus ihrer erotischen Biographie. Erotisch aber war bei ihr alles, was mit Körperöffnungen, Säften, Krusten und so weiter zu tun hatte. Nie zuvor wurde die »Muschi«, wie sie es kindgerecht formulierte, in der Literatur so ausgiebig und in allen Details gewürdigt, nie so schamlos über körperliche Abgründe geschrieben. Emanzipatorisch war dieses Werk dadurch, dass es die Reinlichkeits-Ideologie der Hygiene-Kultur als besondere Form der Prüderie und der Lust-Unterdrückung bloßstellte. Auf diesem Gebiet leistete Charlotte Roche Großes. Emanzipatorisch war aber auch ihr Anspruch, ganz alleine über die eigene Lust zu gebieten und sich von niemandem – auch nicht von Feministinnen wie Alice Schwarzer – vorschreiben lassen zu wollen, wie und mit wem das zu geschehen habe. Männer kamen in diesem Roman sowieso nur als Lustobjekte vor; die meisten hatten noch nicht einmal einen Namen, sondern blieben allein durch ihre besonderen Vorlieben in Erinnerung. Bei Roche hatte sich Sexualität vollkommen abgekoppelt von jeglichem Gefühl oder gar von Verbindungssehnsucht. Von Liebe zu sprechen, wäre in diesem Kosmos geradezu lächerlich.

Aber daneben und darin verborgen gab es noch ein zweites Thema. Helen führte sich als »Scheidungskind« ein, und sie wollte ihren Krankenhausaufenthalt auch deshalb verlängern, weil sie hoffte, ihre Eltern an ihrem Krankenbett wieder zusammenzubringen. So erhielt durch die Hintertür also auch in diesem Roman die Sehnsucht nach der romantischen Liebe und dauerhafter Zusammengehörigkeit ihren Auftritt – und sei es auch nur in Gestalt der Eltern. Die ganze Schnoddrigkeit und demonstrative Lieblosigkeit der Ich-Erzählerin bekam vor diesem Hintergrund eine andere Bedeutung, denn sprach hier nicht ein armes, verlassenes, ungeliebtes Kind? So gilt auch für dieses in seiner Genitalfixierung rabiate Buch, was Eva Illouz über *Shades of Grey* sagt: Bestseller zeichnen sich dadurch aus, dass sie bestehende gesellschaftliche Widersprüche integrieren und in einer Figur lebbar machen. Je besser ihnen das gelingt, umso größer ihre Notwendigkeit und ihr Erfolg.

WER BIN ICH, WENN ICH MAL WEG BIN?

Wenn jemals ein Buch Menschen in großer Zahl in Bewegung setzte, dann dieses: Waren es 1978 gerade einmal dreizehn Pilger, die über den Jakobsweg nach Santiago de Compostela wanderten, so machten sich 2007 rund 120 000 auf den beschwerlichen Fußmarsch.[1] Ob es sich dabei um Gläubige oder andere Sinnsucher handelte, ist schwer zu sagen, aber eines waren sie bestimmt: Leser. Sie folgten nicht etwa einem Heiligen, der die Pilgerroute vor ihnen gegangen wäre, sondern dem Entertainer Hape Kerkeling, dessen Reise- und Erfahrungsbericht *Ich bin dann mal weg* zu einem Millionenbestseller und – laut Wikipedia, aber das hatten wir schon häufiger – zum erfolgreichsten Sachbuch seit Cerams *Göttern* geworden war. Warum? Die Fachwelt staunte, und auch er selbst hatte dafür keine Erklärung.[2] Klar war nur, dass seine Bekanntheit als Quotenkönig und Sympathieträger im Fernsehen den Bucherfolg befördert hatte. »Wahrscheinlich wäre ich das eine nicht ohne das andere«, meinte er.[3] Die Verfilmung mit Devid Striesow als Hape Kerkeling kam erst zehn Jahre später in die Kinos. Sie war also in diesem Fall kein Motor für den Buchverkauf, sondern ein später Nachzügler der Geschichte.

Als Kerkelings Bericht erschien, lag seine Reise schon fünf Jahre zurück. Das orangene Notizbuch, in dem er seine Eindrücke unterwegs festgehalten hatte, hatte er achtlos im hintersten Winkel eines Schranks vergessen. Erst mit einem Auftritt in der Talkshow von Sandra Maischberger kam die Sache ins Rollen. Da saß auch Reinhold Messner und erzählte schon hinter den Kulissen vom Bergsteigen. Auf dessen Frage, ob auch Kerkeling Erfahrungen in dieser Richtung hätte, sagte der: »Nein, ich bin nur mal 600 Kilometer gelaufen, den Jakobsweg.« Sandra Maischberger hörte das, und so wurde daraus ein Thema in der Sendung.[4] Und schon bald fragten Verlage bei ihm an, ob er sich eine Veröffentlichung in Buchform vorstellen könne. Es gehörte nun wahrlich nicht allzu viel Phantasie dazu, sich auszurechnen, dass die Kombination von Pilgerreise, Sinnsuche und einem ausgesprochen sympathischen Helden bestsellertauglich sein könnte. Kerkeling, Everybody's Darling der Fernsehunterhaltung, wäre von einer ganz anderen Seite zu entdecken, und es gäbe eine interessante Reibung zwischen der lustigen Figur, als die er berühmt war, und dem religiösen Ernst seiner Pilgerschaft.

Allerdings war es alles andere als sicher, dass diese Rechnung aufgehen würde, denn es ist keineswegs ausgemacht, dass sich verschiedene Aufmerksamkeitsbereiche einfach zum Erfolg addieren lassen. Es hätte durchaus passieren können, dass Kerkeling-Humor-Freunde sich nicht für dessen Pilgererfahrungen interessieren würden, weil da keine Witze zu erwarten wären; dass Anhänger der reinen Lehre der Pilgerschaft wiederum sich von einem Kerkeling-Buch abwenden würden, weil für so einen Charakter in ihrer Welt religiöser Erwartung kein Platz wäre. So war man beim Reisebuch-Verlag Malik, der den Zuschlag erhielt, mit einer Startauflage von 50 000 zwar durchaus optimistisch. Wäre das Buch aber generalstabsmäßig als Bestseller geplant und promotet worden, wäre es wohl besser nicht im Mai 2006, kurz vor dem Beginn der Fußball-Weltmeisterschaft erschienen, als sowieso niemand in die Buchhandlungen ging. Wochenlanges Sommerwetter folgte – auch nicht gut für Buchverkäufe. Zwar gab es Lesungen und Fernsehauftritte, die Medienpräsenz und -bekanntheit Kerkelings war ein wichtiger Faktor, aber es dauerte bis zum Herbst, bis zur Buchmesse, ja

bis zum Weihnachtsgeschäft, dass aus dem Wanderbuch ein Selbstläufer wurde. Pressereaktionen, Auftritte und Verkaufszahlen schaukelten sich in einem »Pingpong-Effekt« immer weiter nach oben. Alle liebten *Ich bin dann mal weg*, auch die Buchhändler, die anfangs eher skeptisch gewesen waren. Im Verlag beobachtete man die Entwicklung mit Faszination und wachsender Euphorie.[5] Mit einem gewaltigen Endspurt eroberte Kerkeling Platz 1 der Jahres-Sachbuch-Bestenliste und stand dort auch 2007 wie festgenagelt. Seine Botschaft: Beweglichkeit, Ortswechsel, Abwesenheit. Auf der Bestsellerliste: Bewegungslosigkeit und Präsenz. Er war da, stand ganz oben und blieb.

Die Prominenz des Autors alleine hätte nicht so weit getragen, schließlich gibt es viele Bücher auch von Prominenten, die vielleicht ein kurzes Strohfeuer zünden, dann aber schnell wieder vergessen sind. Auch das Bedürfnis nach einem Sinn im Leben ist kein Spezifikum der Jahre 2006/2007, obwohl die politische Situation nach dem Ende der Regierung Schröder, den ernüchternden Erfahrungen mit dem rot-grünen Projekt und dem Beginn der Kanzlerschaft von Angela Merkel womöglich ein gewisses Sinn-Defizit erzeugt hatte. Aus der Vision einer ökologischen Umgestaltung der Gesellschaft war pragmatisches Gewerkel und Gemerkel geworden, das auch eine große Koalition fortsetzen konnte. Politik als bloßer Verwaltungsvorgang, die auf die Ereignisse der Welt immer bloß reagiert, setzt nichts mehr in Bewegung. So konnte Hape Kerkeling in die entstandene Leerstelle einwandern und demonstrieren, wie sich aus dem vorübergehenden Rückzug aus der Gesellschaft ein eigenes Projekt machen lässt.

Selten wurden kleine Lebensweisheiten und religiöse Empfindungen so undogmatisch und unterhaltsam erzählt wie hier. Dass Kerkeling als bekennender Homosexueller aus seiner Distanz zur katholischen Kirche keinen Hehl machte, war auch nicht von Nachteil. Wir Leser waren mit ihm auf Seiten einer Minderheit und Teil einer aufgeklärten, liberalen Öffentlichkeit. Schließlich hatte Berlins Regierender Bürgermeister Klaus Wowereit sein Schwulsein für »auch gut so« erklärt. Die Zeit war reif für schwule Helden. Religiöse Fragen und Fragen der Lebensweise wurden dringlicher, Kerkeling nahm sie auf und ging locker darüber hinweg. Sein Weg zu sich selbst war auch der Weg ins Offene, ins Undogmatische, und er nahm uns alle dabei mit, weil er eine Figur ist, auf die wir uns einigen konnten, ja mehr als das: Kerkeling liebten wir. Martin Walser erklärte ihn gleich zum »Größten überhaupt«, zu einem »Meister der Liebenswürdigkeit«, den wir deshalb so lieben, weil er »nie kulturkritisch« werde. Er sei ein Positivist und habe einen reinen Überraschungstext geschrieben: »Es spricht für uns, dass wir ihn haben.«[6] Und es sprach für uns, dass wir ihn lasen.

Wir ließen uns auch davon beeindrucken, zu welchen körperlichen Strapazen einer wie er, der doch eher untrainiert und unsportlich antrat, fähig war. Lesend wussten wir, dass auch wir dazu in der Lage wären, wenn wir zur langen Wanderung aufbrächen wie unser Held. Er litt Hunger und Durst, konnte manchmal nicht mehr gehen vor lauter Schmerzen in den Füßen oder in den Knien, aber er widerstand tapfer der Versuchung aufzugeben und setzte sich nur ganz am Anfang einmal in den Bus, um eine Etappe zu schwänzen. Wenn Kerkeling das geschafft hatte, dann würden wir das auch schaffen. Tatsächlich zogen viele Leser genau diesen Schluss und machten sich auf zu ihrer eigenen Pilgerschaft über den Jakobsweg. Wem dann die Füße wehtaten und die Knie, wer an Durst und Hunger litt und miserable Unterkünfte ertragen musste, der wusste, dass ihm schon einer im Leiden vorausgegangen war. Das ist immer tröstlich. Dass Kerkeling sich selbst in dieser Rolle als Schmerzensmann der staubigen Landstraßen nicht ganz ernst nahm, sein Anliegen, die Pilgerschaft, aber sehr wohl, das war vermutlich das unwiderstehlich Charmante an diesem Reisebericht.

Das vorangestellte Motto gab die Richtung vor: »Der Weg stellt jedem nur eine Frage: Wer bist du?« Da klang schon der Titel des Bestsellers an, der Kerkeling nach hundert Wochen auf Platz 1 und rund drei Millionen verkaufter Exemplare im Jahr 2008 dann auf den zweiten Platz verdrängte: Richard David Prechts Philosophiegeschichte *Wer bin ich – und wenn ja wie viele?*. Die Frage nach dem Ich war die Frage der Epoche. Offenbar waren wir uns unserer selbst unsicher geworden in der säkularen Welt. Sie wurde von Kerkeling zuerst als Erfahrungsbericht und mit der Formel *Ich bin dann mal weg* eher salopp beantwortet, ehe Precht, ebenfalls unterhaltsam, aber zugleich philosophisch bewandert, das Ich in seine Bestandteile zerlegte. Eine Tendenz zum Verschwinden deuteten beide Titel an, sei es im Wegsein, sei es in der Vervielfachung des Ich. Der Sinn des Lebens, nach dem wir strebten, war größer und vielfältiger als wir. Kerkeling bot uns eine Erfahrung an, mit der wir uns überschreiten konnten, Precht setzte auf Wissen

und Bildung und verknüpfte Wissenschafts- und Philosophiegeschichte. Wir gierten danach, auch auf diese Wanderschaft
zu gehen.

Kerkelings erste, vorläufige Antwort auf die Frage, die ihm
der Weg stellte, lautete: »Vor allem bin ich nicht ich. Verstehen
Sie, was ich meine? Man denkt doch immer, man ist Ich. Ist
man aber nicht. Das ist so ein Aufbau, den man sich macht. Ich
bin weder Bestsellerautor, auch wenn das gut klingt, und auch
kein Komiker. Das ist eigentlich nicht wesentlich und eigentlich nicht da. Können Sie mir folgen?«[7] Der Weg zum eigenen
Ich führte über den Zweifel an all den verschiedenen Rollen,
die man in der Gesellschaft einzunehmen gezwungen ist. Der
Titel *Ich bin dann mal weg* war demnach nicht bloß kalauer-
haft zu verstehen. Er war auch nicht die Aussage eines Mannes,
der sich mal vorübergehend abmeldet, um auf Wanderschaft
zu gehen – um sich dann aber per Buch umso kräftiger zu-
rückzumelden. Der Titel hatte vielmehr eine grundsätzliche,
existentielle Bedeutung: Das »Ich« ist (dann mal) weg, weil
es ein »Ich«, so wie wir es denken und verstehen, gar nicht
gibt. Im Buch stellt zunächst das Werbeplakat eines Telekom-
munikationsunternehmens dem Wandersmann die entscheidende Frage: »Wissen Sie, wer Sie wirklich sind?« Kerkeling
beantwortet sie »spontan und unumwunden« mit »Nein, pas-
du-tout!«[8] Als er wenig später in der Pilgerherberge beim Ein-
checken gefragt wird: »Whats's your profession, Sir?«, weiß er
ebenfalls keine passende Antwort und behilft sich mit »Artist«.
Glaubhaft findet er das nicht, denn mit seinem Käppi und der
Sonnenbrille fühlt er sich eher wie Elmer, die Cartoonfigur, die
stets vergeblich Bugs Bunny hinterherjagt.[9]

Künstler zu sein bedeutet bei Kerkeling, in Rollenspiele einzutreten. Ob als Journalist Horst Schlämmer mit dem Her-
rentäschchen und den schlechten Zähnen oder als Königin
Beatrix beim Staatsbesuch in Berlin: Seine Fernsehauftritte
leben davon, dass er immer erkennbar er selbst ist – und eben

gerade nicht. Man sieht ihn durch seine Rollen hindurchscheinen, aber ihn als greifbares »Ich« gibt es dabei nicht. Auf die Frage, ob er sich hinter solchen Masken verstecke, sagte er: »Sie sind so etwas wie eine Erholung von meiner eigenen Person. Ich empfinde mich manchmal als für mich anstrengend. Das geht doch jedem mal so. Die Masken sind dann für zwei, drei Stunden eine Pause davon.«[10] Das Motto *Ich bin dann mal weg* gilt also auch für Kerkelings künstlerisches Schaffen. Und wenn er gestand, schon einmal (ohne daran zu glauben) an einem Reinkarnations-Seminar teilgenommen zu haben, bei dem herauskam, dass er in einem früheren Leben ein polnischer Mönch gewesen sei[11], zeigte das nicht nur einen leichten, allerdings humorvollen Hang zur Esoterik, sondern war auf anderer Ebene erneut ein Hinweis darauf, dass die Frage nach dem »Ich« nicht so leicht und eindeutig zu beantworten ist, wie es womöglich scheint.

Kerkeling ließ ihr rasch die zweite Grundfrage folgen: »Gibt es Gott?« Er trug sie in aller Naivität vor und beantwortete sie hypothetisch mit Ja. Denn: »Es wäre doch sinnlos, meine wertvolle, begrenzte Zeit damit zu verplempern, nach etwas zu suchen, was am Ende vielleicht gar nicht da ist.«[12] Das klingt nun allerdings so, als hätte man die Ostereier, nach denen man sucht, zuvor selbst versteckt, leite daraus aber trotzdem den Glauben an den Osterhasen ab. Die Hypothese reichte aber aus, damit Kerkeling sich in Bewegung setzte. »Dass man in jeder Sekunde seines Lebens komplett neu von vorne anfangen kann«, war eine Erkenntnis, die auf dem Pilgerweg nebenbei abfiel, so wie all die kleinen Einsichten, die er am Ende eines jeden Tages als Resümee notierte: »Ja, man muss sich auch dem Monströsen nähern.« Oder: »Es ist die Leere, die vollends glücklich macht.« So bot er uns im Kostüm des Komikers, der auch diese Rolle hinter sich lässt, etwas Altvertrautes und durchaus Christliches: körperliche Leidensfähigkeit und tröstliche Erbauung – allerdings beides modernisiert, mit leiser Ironie und einer trotz aller Askese und Strapazen nie versiegenden Genuss- und Lebensfreude. Ein bequemes Hotel war der billigen Pilgerabsteige dann doch vorzuziehen, und gegen gutes Essen und guten Wein war auch nichts einzuwenden.

Auch Richard David Precht betrat gewissermaßen als Tourist die Lesewelt, wenn er uns im Untertitel *eine philosophische Reise* versprach. In ihm hatten wir einen Fremdenführer, der sich offensichtlich gut auskannte zwischen all den Höhenzügen der Wahrheit und den unübersichtlichen Klippen der Selbsterkenntnis. Mit *Wer bin ich – und wenn ja wie viele?* folgte er als Nummer-1-Bestseller nicht nur zeitlich direkt auf Kerkeling, sondern knüpfte auch an dessen Pilgerfrage »Wer bist du?« an. Kerkeling hatte Precht den Weg zum Ich auf der Bestsellerliste geebnet. Dass es sich auch bei Prechts Werk um eine Begehung handele, legte schon die prominente Leserin Elke Heidenreich in ihrer Fernsehsendung »Lesen!« nahe, wo sie es mit den Worten anpries: »Wenn Sie dieses Buch lesen, haben Sie den ersten Schritt auf dem Weg zum Glück schon getan!« Von 2003 bis 2008 war »Lesen!« die einflussreichste Literatursendung, die es im deutschen Fernsehen überhaupt jemals gab. Heidenreich hatte tatsächlich die Macht, Erfolge herbeizureden. Bücher, die sie lobte, landeten zuverlässig auf der Bestsellerliste. Sie füllte weniger die Rolle einer Kritikerin aus – die sie auch gar nicht sein wollte – als die einer emphatischen Buchhändlerin der Herzen. Die Lesewelt wurde zum Heiden-Reich. Als sie im Februar 2008 das im Vorjahr erschienene Precht-Buch mit dem ihr eigenen Überschwang rühmte, katapultierte sie es damit umstandslos auf Platz 1. Rechnet man die Paperbacks mit, die der *Spiegel* bald auf einer eigenen Liste führte, blieb das Buch dort bis 2012 und stellt damit den Nummer-1-Langzeitrekord der Republik. Es wurde zum Millionen-Seller und in 32 Sprachen verkauft.

Doch Precht führte uns keine Pilgerschaft vor wie Kerkeling, der die Strapazen auf dem Jakobsweg als Gelegenheit begriff, Erfahrungen über sich selbst zu sammeln. Ihm ging es weniger um den Sinn des Lebens als um die Frage, was wir über uns selbst wissen können. Er führte uns durch die Weite des Wissens und das zerklüftete Gelände zwischen Metaphysik und Moral. Dabei tat er so, als hätte er einen festen Standpunkt, von dem aus er die gesamte Geschichte des Denkens überblicken und beurteilen könnte. Er verknüpfte Hirnforschung, Verhaltensforschung, Evolutionstheorie, Psychologie und Freud'sche Psychoanalyse mit praktischen Fragen nach dem guten und richtigen Leben. Er wusste bei jedem Philosophen Erkenntnisse und Irrtümer fein säuberlich zu unterscheiden und bot uns damit Sicherheiten, die wir gerne ergriffen. Philosophie war für ihn immer auf Handlung, Anwendung, Forschung bezogen, also etwas Konkretes, und so machte er uns damit vertraut. Die philosophische Grundtugend, die einst Sokrates formuliert hatte: »Ich weiß, dass ich nichts weiß«, war seine Sache nicht. Precht wusste. Er wusste eigentlich alles. Und siehe da: Alles war bei ihm auch ziemlich einfach und verständlich.

Reisegewohnt, wie wir waren, nahmen wir es dankbar zur Kenntnis, dass auch er mit einer Reiseerinnerung begann: Er berichtete von einem Urlaub auf der griechischen Insel Naxos, wo er als Zwanzigjähriger am Strand einen jungen Mann kennengelernt hatte, mit dem er leidenschaftlich über seine Platon-Lektüre diskutieren konnte. Damit allerdings war Platon – und die gesamte griechische Antike – auch schon erledigt. Im Rest des Buches kamen sie nicht mehr vor. Precht schrieb eben keine Philosophiegeschichte, die von den Anfängen bis in die Gegenwart führte, sondern eher ein loses Kompendium philosophischer Grundfragen und Probleme, die er, ohne dabei aber chronologisch vorzugehen, an einzelnen Philosophen abarbeitete.

Das funktionierte in den 34 Kapiteln stets nach demselben Muster: Auf den szenischen Einstieg, wie man ihn in der Journalistenschule lernt, folgte ein kurzer biographischer Abriss, um dann zum zentralen Problem des jeweiligen Forschers oder Denkers und nach zirka zehn Seiten zu dessen Bewertung und Einordnung zu kommen. Ein ums andere Mal wiederholte er dieses Schema: Wenn es eine Erfolgsformel für Bestseller gäbe, dann würde die Wiederholung als Prinzip und als formales Element dazugehören: Man vollführe stets dieselbe Bewegung, finde dann aber immer wieder zu neuen Gegenständen und Ergebnissen. Das galt gewissermaßen extern, indem Precht die Kerkeling-Frage nach dem Ich wiederholte, dann aber anders behandelte. Und es galt intern, indem er Kapitel für Kapitel einen stereotypen Ablauf wiederholte und in der Wiederholung variierte. Neues Wissen und neue Erfahrungen waren eingebettet in vertrautes Gelände, in dem wir uns leidlich auskannten und in dem Precht für uns das Neue bewertete und einordnete. Aufbruch und Beruhigung, Fortschritt und Konservatismus: Wer beide Bedürfnisse gleichzeitig befriedigt, dem folgen wir gern.

Die Voraussetzungen, die Precht machte, wenn er bestimmte philosophische Denkinhalte und Theorien aus einer konkreten biographischen Lebenssituation des jeweiligen Denkers heraus entwickelte, reflektierte er jedoch nicht. Dabei wäre das doch eine entscheidende Frage, ob überhaupt, und wenn ja, wie Existenz und Erkenntnis sich bedingen; wie sehr der Einzelne als Subjekt Herr seiner Gedanken ist oder ob das Denken, der Logos, ihn übersteigt und was deshalb in der Darstellung auch nicht aus biographischen und historischen Hintergründen entwickelt werden kann. So ließ Precht beispielsweise den siebenjährigen Immanuel Kant an der Hand seiner Mutter in den Sternenhimmel blicken und so tief beeindruckt sein, dass er deshalb Jahrzehnte später den Satz notierte: »Zwei Dinge erfüllen das Gemüt mit immer neuer und zunehmender Bewunderung und Ehrfurcht, je öfter und anhaltender sich das Nachdenken damit beschäftigt: der bestirnte Himmel über mir und das moralische Gesetz in mir. Ich sehe sie vor mir und verknüpfe sie unmittelbar mit meiner Existenz.«[13]

Auf diese Weise schnurrte auch noch die erhabenste Einsicht auf einen kleinen Erfahrungsmoment zusammen – was an sich vielleicht gar nicht problematisch wäre, wenn es als Voraussetzung der eigenen Darstellungsweise wahrgenommen werden würde. Precht schrieb aber ganz schlicht: »Seine hochfliegenden Phantasien und das donnernde Selbstbewusstsein seiner Bücher standen dabei in einem geradezu haarsträubenden Gegensatz zu seiner Erscheinung: ein kleiner, etwas dicklicher, weicher Mann.«[14] Das war Nietzsche, also gewissermaßen ein Fall für den Psychologen. Und über den amerikanischen Moralphilosophen John Rawls erfuhren wir, dass er wahrlich kein »brillanter Redner« gewesen sei: »Er stotterte, und vor vielen Menschen wirkte er sehr schüchtern. Gegenüber Kollegen, Schülern und Freunden dagegen war er ein feiner Kerl, der immer bescheiden blieb und aufmerksam zuhörte.«[15] Precht machte das Lebensgeschichtlich-Anekdotische zu einer Fundgrube des Wissens. Auch dieses Verfahren wiederholte sich. Er lehrte uns, dass es sich bei Philosophen um mehr oder weniger skurrile Gestalten handelte und beim Denken um etwas, das all diese auf merkwürdige Weise Verzwergten vielleicht nur hervorbrachten, um die eigenen Defizite zu kompensieren. Er wandte damit dasselbe Prinzip an, das auch literarische Bestseller beherzigen, die – wie Grenouille in *Das Parfum* – von Helden handeln, die ihr körperliches Defizit mit ihrer speziellen Genialität beantworten.

Mag sein, dass es gerade diese Verkleinerung der großen Philosophen war, die uns die Sache zugänglich und Prechts Buch zum Erfolg machte. Seine Kunst bestand darin, Theorie erzählbar zu machen. Wenn C. W. Ceram 1949 den *Roman der Archäologie* geschrieben hatte, dann legte Precht den Roman der Philosophie vor – oder dessen, was er für Philosophie ausgab, denn er hielt sich dabei keineswegs an die Lehrbücher. Im Kapitel über den Primatenforscher Donald Carl Johanson, der das erste vollständige Skelett des urmenschlichen Australopithecus afarensis fand, konnten wir tatsächlich das Gefühl haben, einer archäologischen Ausgrabergeschichte Cerams zu folgen. Nur dass es hier nicht um Pyramiden und Göttergräber ging, sondern um Knochenfunde und die Frage: Was ist der Mensch?

Entscheidend war für uns dabei Prechts Fähigkeit, komplexe Sachverhalte auf einfache Weise darzustellen und damit Zugänge zur Philosophie jenseits eines kleinen, in sich selbst verfangenen akademischen Fachpublikums zu öffnen. Das ist nicht wenig, und es wäre billig, ihm die dafür notwendigen Vereinfachungen vorzuwerfen. Mit seinem in der Einleitung vorgetragenen Ressentiment gegen die akademische Welt und das »erschreckend reizlose Leben«[16] der Professoren, die er während seines Studiums erlebt hatte, rannte er allerdings weit offene Türen ein – was ihm im Feuilleton dann auch als »rücksichtslose Ranschmeiße ans Publikum« angelastet wurde.[17] Aber auch hier wurde ihm bescheinigt, »dass die Komplexität der Fragen im Großen und Ganzen nicht einem vermeintlichen Zwang zur echten Allgemeinverständlichkeit geopfert wird, im Anhang finden sich sogar 15 Seiten ordentlich gegliederte Literaturhinweise. Und für einen philosophischen Bestseller werden einzelne Fach-Diskussionen erstaunlich genau referiert.«[18] Doch man rieb sich die Augen und staunte, wie so ein Kompendium einen derartigen Erfolg haben konnte.

Als wir Precht zu Ende gelesen hatten (falls wir ihn zu Ende lasen, denn auch dieses Buch mit seinem Bildungsversprechen könnte zu denen gehört haben, die gerne verschenkt, dann aber nach ein paar Kapiteln ermüdet zur Seite gelegt werden), wussten wir noch nicht sehr viel von Philosophie – oder vielleicht sogar das Falsche, weil er das Denken allzu sehr an Ergebnisse koppelte, als handle es sich bei Philosophie um eine ganz normale Wissenschaft und nicht vielmehr um eine Lebensweise oder eine Denkungsart. Immerhin lernten wir, dass es weniger auf die Antworten als auf das Fragen ankomme – auch wenn sein etwas unangenehmes Bescheidwissertum das zu dementieren schien, weil er ja auf jede Frage – Gibt es Gott? Was ist Freiheit? Was sind Gefühle? – eine Antwort parat hatte oder doch zumindest ein konkretes Fallbeispiel aus der Geschichte des Denkens.

Wer oder wie viele wir sind, wussten wir zwar am Ende immer noch nicht, der Titel aber war selbst schon so etwas wie die Bestsellerformel: Sie führt vom Ich des einsam Lesenden zur Vielheit der Millionenmasse, die sich in ihrer Vorliebe für ein bestimmtes Buch bildet und findet. Indem wir uns auf etwas einigen, konstituieren wir uns als Gemeinschaft. Und darin fühlen wir uns dann als je Einzelne wohl. Precht ermöglichte uns das, und doch bleibt sein Erfolg ein Rätsel. Wenn sich diese flott geschriebene philosophische Fibel nur 5000 statt einer Million Mal verkauft hätte, hätte es sicher auch niemanden gewundert: Mehr gibt das Genre nicht her, hätte es dann geheißen. Was also machte den Erfolg aus? Sicher: Elke Heidenreich. Sie war der nötige Anschub, und ein Buch, das so befördert auf Platz 1 landet, hält sich dort, wie man weiß, auch deshalb, weil es auf Platz 1 steht. Precht bediente unser Bildungsbedürfnis und eine große Sehnsucht danach, das Wissen geordnet und übersichtlich zu machen. Wie jeder Bestseller hatte auch dieser zwei Halterungen: das Bedürfnis nach Unterhaltung und das Bedürfnis nach Gehalt. Es ist tröstlich zu erfahren, dass das Komplizierte einfach ist und dass auch Philosophen bloß seltsame Leute mit genialen Momenten sind, denen wir uns auch ein bisschen überlegen fühlen dürfen.

Precht trat mit dem Gestus auf, der Erste zu sein, der eine gut lesbare, unterhaltsame Philosophiegeschichte vorlegte.

Den Mangel an »Kulinarischem«, an Lesbarem, hatte er ausdrücklich beklagt und als Ursache das mangelnde Stilbewusstsein innerhalb der Universitäten genannt. Gleichwohl verschwieg er einen wichtigen Vorläufer, ein Buch, das unterhaltsamer war als sein eigenes, das tatsächlich und zu Recht als *Roman über die Geschichte der Philosophie* auftrat und das schon 1994 zum Nummer-1-Jahresbestseller auf der Belletristik-Liste geworden war: *Sofies Welt* von Jostein Gaarder. Der Welterfolg des norwegischen Jugendbuchautors und Philosophiedozenten hielt die Spitzenposition zwei Jahre lang, bis er 1996 von Nicholas Evans' *Pferdeflüsterer* auf Platz 2 verdrängt wurde. 1997 gehörte *Sofies Welt* auf Platz 9 immer noch zu den am besten verkauften Büchern. Das Prinzip der Wiederholung galt also auch für Prechts Anliegen der Erzählbarkeit von Philosophie.

Das Cover von *Wer bin ich – und wenn ja wie viele?* ließ nicht ganz zufällig an ein Kinderbuch denken. Die Illustration zeigte einen in schlichtem Stil gezeichneten kleinen Dampfer auf dem Ozean, dessen Rauchwolken die Form eines Fragezeichens annahmen. Sollte es in diesem Buch um die ganz großen Fragen der Menschheit gehen, dann in einer einfachen, allgemeinverständlichen Form. Das war sichtbar, auch wenn die Kindlichkeitsanmutung bloß nachgeahmt war. Das Meer als Halbkugel zitierte das Umschlagbild von *Sofies Welt*, wo die blaue Erdkugel beim Blick durch ein Fenster im Weltall schwebte, als wäre sie der Mond. Auch die Frage »Wer bin ich?« hatte bereits Gaarder als Ausgangspunkt gewählt und eine erste provisorische Antwort darauf gegeben: »Ich bin ein seltsames Wesen, denkst Du. Ich bin ein geheimnisvolles Tier … Du scheinst aus einem jahrelangen Dornröschenschlaf aufzuwachen. Wer bin ich? fragst Du. Du weißt, dass Du auf einem Planeten im Universum herumkrabbelst. Aber was *ist* das Universum?«[19]

Gaarder hatte im Gegensatz zu Precht tatsächlich einen

Durchgang durch die Philosophiegeschichte vorgelegt, die mit der biblischen Schöpfungsgeschichte begann, über die Vorsokratiker, Antike und Mittelalter allmählich zur Aufklärung und schließlich zu Darwin, Marx und Freud vordrang. Das war vergleichsweise brav und bieder und sehr viel oberflächlicher als das, was Precht 15 Jahre später bot. Allerdings war Gaarder durch die romanhafte Rahmenhandlung legitimiert. Da erzählt er von dem Mädchen Sofie, das Briefe eines mysteriösen Unbekannten erhält, ohne dass wir Leser ahnten, weshalb dieser Mann sich der Mühe unterzieht, Sofie ein philosophisches Privatseminar zu bieten. Jeden Tag liegt wieder ein großer gelber Umschlag in ihrem Briefkasten oder in ihrem Hecken-Versteck, der eine neue Vorlesung enthält. Sofies schlichte Vorstellungen von Welt und Wirklichkeit geraten ins Wanken. Schließlich stellt sich heraus, dass sie die fiktive Figur in einem Roman ist – ein Schicksal, dem sie mit Hilfe ihres Philosophielehrers zu entkommen sucht, indem sie die Flucht in die Wirklichkeit antritt. *Sofies Welt* verband Philosophiegeschichte mit ein bisschen Fantasy und dem skandinavischen Geschmack der *Kinder von Bullerbü* von Astrid Lindgren, und wer sich in den seminaristischen Etappen gelegentlich langweilte, durfte zwischendurch auf die spannende Rahmenhandlung hoffen.

Bemerkenswert – und erfolgsfördernd –, dass Gaarder das Lesen seiner philosophischen Ausführungen gleich miterzählte. *Sofies Welt* ist auch und vor allem ein Buch darüber, wie aufregend das Lesen ist. Die Heldin ist eine junge Lesende, der wir beim Lesen zusehen. Das Staunen als Ausgangspunkt aller Philosophie ist ihr ins kindliche Gemüt geschrieben. Wie in allen Kinder- und Jugendbüchern sind die Kinder die eigentlichen Weisen mit einem privilegierten Zugang zur Welt, den die Erwachsenen nach und nach verloren haben. Die erste Lektion Gaarders lautete: Zu philosophieren bedeutet – ebenso wie zu lesen, was ja dasselbe ist –, neugierig zu sein und sich das kindliche Staunen zu bewahren. Das führte Sofie mit ihren naiven Fragen und ihrem Lerneifer vor. Und wenn Gaarder in seiner Philosophiegeschichte allzu sehr simplifizierte, dann war das in der Erzählkonstruktion aufgehoben. Er will ja alles einem kleinen Mädchen begreiflich machen. Und wir lasen ihr Lesen mit. Sofie war unsere Vor-Leserin. Mit ihr wurden auch wir zu staunenden Kindern.

Lesen ist der Schlüssel zur Welt. Ein Buch, das davon handelte, musste doch einfach allen Lesern aus der Seele sprechen. Wie einst Dale Carnegie lieferte auch Gaarder die Leseanleitung gleich mit, wenn sein Briefeschreiber die kleine Briefempfängerin ermahnte: »Vielleicht musst du dieses Kapitel zwei- oder dreimal lesen, ehe Du alles verstehst. Aber Verständnis kostet einen kleinen eigenen Einsatz.«[20] Lesen ist mühsam, es birgt aber auch ein Geheimnis: Das ist die durchaus erotische Beziehung, die der Leser – in diesem Fall die Leserin – zum Autor unterhält. Sofie versucht, die Briefe des Unbekannten vor ihrer Mutter geheim zu halten. Lieber lässt sie die Mutter im Glauben, sie sei in einen Jungen verliebt und deshalb ein wenig wunderlich. Die Intensität dieser neuen Beziehung, die sich ihr durch die Erfahrung des Lesens erschließt, übersteigt bloße Verliebtheit. Sie ist verwirrend und muss deshalb verborgen werden.

Als Lesende vollzieht Sofie einen Prozess der Verwandlung, wie ihn Liebende erleben. In jeder Lektüre bleibt der Autor eine anonyme Macht, die so fern steht, wie sie als nah empfunden wird, die so unbekannt ist wie ganz und gar durchdrungen. Es bleibt für jeden von uns ein Wunder, warum der Autor ihn oder dich oder mich erwählt hat und genau zu mir spricht. So wie man nicht ahnen kann, warum der Briefeschreiber sich ausgerechnet an Sofie wendet. Damit inszeniert Jostein Gaarder die Grundbedingungen des Lesens und des Verhältnisses von Autor und Leserschaft. Und weil das so ist, finden wir uns darin wieder und werden widerstandslos zu Sofie. Weil wir Lesende sind wie sie. Umso schöner, dass wir nebenbei auch noch die ganze Philosophiegeschichte erzählt bekommen. Wem Jostein Gaarder dann aber doch zu kindlich erschien, der bekam mit Richard David Precht den abgeklärten Überflieger, der auch das Staunen schon durchschaut und zerlegt hatte.

LESEN, LIEBEN, SCHREIBEN

Für uns Leser gibt es nichts Schöneres, als vom Lesen zu lesen. Unser eigenes, augenblickliches Tun wird dann zum Gegenstand unserer Lektüre. Wir sind Subjekt und Objekt, Lesende und Gelesenes, Sehende und Angeschaute. Wir sind im Text vorhanden, während wir ihn aufnehmen. Damit verdoppelt sich auch unsere Leselust und verschränkt sich mit sich selbst. Wir legen sie ins Buch hinein und erkennen sie dort wieder – als fremde Lust und als unsere eigene. Falls es nach der philosophiehungrigen Sofie und dem Düfte-Entzifferer Grenouille – und übrigens auch nach Michael Endes *Unendlicher Geschichte* – noch eines Beweises bedarf, dass das Lesen als literarisches Motiv Bestsellerpotenzial birgt, findet er sich in dem Roman *Der Vorleser* von Bernhard Schlink, der im Herbst 1995 erschienen ist. Er knüpfte zu diesem Zeitpunkt direkt an das *Parfum* an, das nach neun Jahren auf der Bestsellerliste langsam an Kraft verlor und den Weg freimachte für das nächste Buch aus dem Diogenes Verlag, der bekannt war für seine unverwechselbaren weißen Cover, die schmalen schwarzen Rahmen und die kleinen Titelillustrationen. Dieses Mal handelte es sich um einen Ausschnitt aus Ernst Ludwig Kirchners *Nollendorfplatz*. Das sah recht hübsch aus, führte aber in die Irre, da Schlinks Roman weder in Berlin noch in der Zeit vor dem Ersten Weltkrieg angesiedelt ist, sondern in Heidelberg, rund fünfzig Jahre später.

Der Vorleser beginnt 1959 als Geschichte einer Verführung, genauer: der ersten Liebe eines Schülers zu einer rund zwanzig Jahre älteren Frau. Seine sexuelle Initiation ist aufs engste verbunden mit dem Akt des Lesens: »Vorlesen, duschen, lieben und noch ein bisschen beieinanderliegen – das wurde das Ritual unserer Treffen.«[1] Das Buch ist im Tonfall der Erinnerung geschrieben, es gibt viele »damals« und »heute nicht mehr«. Das erzeugt eine melancholische Grundstimmung, in der schmerzliche, wehmütige Sätze wie dieser möglich werden: »Warum wird uns, was schön war, im Rückblick dadurch brüchig, dass es hässliche Wahrheiten verbarg?«[2] Der Erinnerungston schafft aber auch Abstand zum Geschehen und bietet die Möglichkeit, das Damals mit einiger Distanz zu betrachten. Der Ich-Erzähler Michael Berg ist Anfang der neunziger Jahre um die Fünfzig, Rechtshistoriker und Schriftsteller – ganz wie der Autor Bernhard Schlink. Er erinnert sich an den Sommer seiner Jugend, in dem er in Heidelberg, wo er aufwuchs, die Straßenbahnschaffnerin Hanna Schmitz kennenlernte und fast täglich besuchte. Mit ihr entdeckt er seine Sexualität, sie lässt ihn ihren und den eigenen Körper erleben, und so verliebt er sich in sie. Bald aber muss er sich ihre Zuneigung verdienen, indem er ihr vorliest. Vor dem ersten Kuss kommt die Lektüre, auch wenn dieser Aufschub sein Begehren nicht unbedingt steigert. Umso begieriger ist sie darauf, ihm zuzuhören. Zunächst zeigt er ihr, was sie im Deutsch-Unterricht in der Schule durchgenommen haben, *Emilia Galotti* und *Kabale und Liebe*. Bald liest er ihr Tolstois *Krieg und Frieden* vor, und sie versinken gemeinsam in der Geschichte von Natascha, Andrej und Pierre und im Krieg Napoleons gegen Russland. Vierzig oder fünfzig Stunden dauert die Lektüre.

Es ist nur ein kleiner Schritt vom Akt des Vorlesens und Zuhörens zum Liebesakt. Mit Tolstoi und seinen Figuren betritt Hanna eine fremde Welt. Sie empfindet das so, »wie man staunend eine ferne Reise tut oder ein Schloss betritt, in das man eingelassen ist, in dem man verweilen darf, mit dem man vertraut wird, ohne doch die Scheu je zu verlieren.« Im Lesen passiert also etwas Ähnliches wie in der Liebe: Staunend betreten wir die Welt des Anderen und öffnen die eigene Innenwelt, indem wir den Romanfiguren Eintritt gewähren. Das gilt erst recht dann, wenn, wie in diesem Fall, zwei zusammen lesen: »Wir taten die ferne Reise gemeinsam.«[3] Gleich zu Beginn bemerkt der junge Besucher beim begehrlichen Blick durch den Türspalt auf die im Moment noch sehr fremde Frau, dass Verführung »nicht Busen und Po und Bein ist, sondern die Einladung, im Inneren des Körpers die Welt zu vergessen«.[4] Das zielt, ohne dass er es in diesem Moment ahnen würde, auf die körperliche Vereinigung ebenso wie auf die Verschmelzung im gemeinsamen Lesen. Es ist ja die Sprache selbst, die wir lesend »im Innern des Körpers« beherbergen und der wir laut lesend unsere Stimme leihen. Die Liebesgeschichte wird zum Leseabenteuer und das Lesen zum Liebesakt.

Eines Tages aber ist Hanna spurlos verschwunden. Michael sieht sie erst sieben Jahre später im Gerichtssaal wieder. Er kommt als Jura-Student, um den Prozess gegen ehemalige KZ-Wärterinnen zu beobachten, und entdeckt sie unter den Angeklagten. Es ist ein Schock. Wen hat er da geliebt? Und inwiefern ist er damit selbst schuldig geworden, auch wenn er von Hannas Verbrechen nichts wusste? Kann es sein, dass die, die wir lieben und von denen wir geliebt zu werden hoffen, so monströs sind? Noch etwas wird ihm erst während des Prozesses klar: Hanna ist Analphabetin. Er begreift, dass ihr Leben und ihr Verhängnis nicht zu verstehen sind ohne das Schamgefühl, das sie stets dazu zwang, ihren Makel zu verbergen – und sei es auch zum Preis, zur Mörderin zu werden. So stolperte sie, ungebildet, wie sie war, in ihr Verhängnis. Aus ihrer Scham wurde ihre Schuld. Jetzt versteht Michael auch, weshalb sie so scharf darauf gewesen war, dass er ihr vorlesen sollte und dass sie seine Aufforderung, doch einfach selber zu lesen, mit dem Hinweis auf seine schöne Stimme abgebügelt hatte, der sie so gern zuhöre.[5] Aber es ist ja wahr, auch wenn sie damit nur ihr Geheimnis wahren wollte: Im lauten Lesen gewinnt der Text eine andere, klangliche Dimension. Die Stimme verwandelt die abstrakten Schriftzeichen in etwas Sinnliches und macht aus dem körperlosen Text ein leibliches Phänomen.

Auch die Düfte spielen dabei eine Rolle, und Schlink zählt sie auf, als hätte er gewusst, dass ein Bestseller Anknüpfungspunkte an frühere Bestseller braucht und aus der Wiederholung heraus Wiedererkennbarkeit erzeugt. Eine ganze Seite nimmt er sich für Michael Bergs Erinnerung an die Gerüche, die er an Hanna so sehr liebte. Da sitzt sie, kurz vor der Entlassung aus dem Gefängnis, als alte Frau neben ihm, und da ist nichts mehr an ihr, was so duftet wie damals: »Sie roch immer frisch: frisch gewaschen oder nach frischer Wäsche oder nach frischem Schweiß oder frisch geliebt.« Und darunter lag »ein anderer, ein schwerer, dunkler, herber Geruch«, an dem er schnüffelte »wie ein neugieriges Tier«.[6] Und dann geht Michael sorgfältig alle Körperpartien durch. Dass der Geruch das Medium der Erinnerung ist, wissen wir aus dem *Parfum*. In Prousts *Recherche* war es der Geschmackssinn, aber der ist ja eng mit dem Geruch verbunden. Was sich in Gedanken noch riechen lässt, das ist auch vorhanden, das ist da – wenn auch als Vergangenes. Lesend vollziehen wir diese Heraufbeschwörung mit. Lesen appelliert an die Sinne und weckt sie auf. Wir riechen die Düfte, die uns aus dem Text heraus anwehen.

Das Lesen ist jedoch im *Vorleser* alles andere als unschuldig und entspricht auch darin dem sexuellen Erleben, so wie Entjungferung umgangssprachlich als »Verlust der Unschuld« bezeichnet wird. Michael erfährt im Lauf des Prozesses, dass Hanna bereits im KZ, in einem Außenlager von Auschwitz, junge Mädchen dazu zwang, ihr vorzulesen. Anschließend schickte sie sie zurück ins Hauptlager, wohl wissend, dass sie dort ermordet werden würden. Das war ihr womöglich sogar recht, denn auf diese Weise konnte sie sicher sein, dass ihr Geheimnis gewahrt bleiben würde. Hanna vermag ihre eigene Schuld nicht zu begreifen. Sie ist auch auf moralischem Gebiet eine Analphabetin. Da sie die Anklageschrift nicht lesen kann, versteht sie noch nicht einmal, was ihr genau vorgeworfen wird. Für Michael ist das ein besonders gruseliger Moment. Er gerät als ihr Vorleser in eine Reihe mit den Opfern. Zugleich aber fühlt er sich schuldig, weil er Hanna geliebt hat und vielleicht immer noch liebt, sich also mit einer Mörderin verbunden fühlt. Wenn sie ihm etwas angetan hat, dann dies: dass sie ihm seine Unschuld als Liebender – und als Vorlesender – geraubt hat. Und was ist mit uns Lesern? Sind wir nicht auch schuldig geworden, wenn uns die Liebesgeschichte nahegegangen ist und wir die spröde Hanna zusammen mit Michael lieben lernten? Ist nicht auch unsere moralische Überlegenheit erschüttert und unser Urteil vorsichtiger geworden?

Das Buch erhielt im Herbst 1995 begeisterte Kritiken. Die Sorgen des Autors, es könne als Versuch der Verharmlosung missverstanden werden, weil eine NS-Mörderin als erotisch attraktive und gewissermaßen schuldlos schuldig gewordene Frau gezeichnet wird, bestätigten sich nicht. Schlink hatte deshalb sogar darüber nachgedacht, noch vor dem deutschen Original eine englische Übersetzung in den USA auf den Markt zu bringen; Diogenes-Verleger Daniel Keel konnte ihm das aber ausreden.[7] Die US-Ausgabe erschien dann 1997. Der Roman verkaufte sich gut, auf den vorderen Plätzen der Bestsellerliste tauchte er aber nicht auf. Erst nachdem die Talkmasterin Oprah Winfrey ihn 1999 im US-Fernsehen zum »Buch des Monats« kürte, sprang er prompt auf Platz 1 in der *New York Times* – der erste deutschsprachige Roman, dem dieses Kunststück gelang.

Oprah Winfrey war jedoch vor allem deshalb so begeistert, weil sie glaubte, es gehe um einen Fall von sexuellem Missbrauch – ein Thema, das in den USA besonders hohe Wellen schlägt. Dabei beschreibt Schlink die Liebe – oder die sexuelle

Attraktion – doch trotz der Altersdifferenz eindeutig als frei bestimmtes Verhältnis zweier Menschen. Wenn sie abhängig voneinander werden, dann deshalb, weil jedes Liebesverhältnis auch ein Abhängigkeitsverhältnis ist. Er habe versucht, das »schlichte Konzept des Missbrauchs aufzubrechen«, sagte Schlink in einem Zeitungsinterview. Es verkürze »die Wirklichkeit der Liebe schmählich«, wenn sie nur gleich Starken, gleich Erfahrenen und gleich Alten zugebilligt werde.[8] Hanna ist zwar auf sexuellem Gebiet zunächst die Tonangebende und die Erfahrene, sodass Michael ihr verfällt, doch dafür ist sie von ihm als Vorleser abhängig, auch wenn er gar nicht weiß, wie sehr. Das Verbergen, die Scham und die Schuld sind in ihrem gemeinsamen Lesen und Lieben von Anfang an unterschwellig präsent.

So beruhte der durch Oprah Winfrey angeschobene Welterfolg zwar auf einer Fehlinterpretation, wirkte aber trotzdem auf dem Umweg über die USA nach Deutschland zurück. Anfang 2002 waren in den USA 750 000 und in Deutschland 500 000 Exemplare verkauft.[9] Auch in Frankreich und in England wurde der Roman zum Bestseller. Inzwischen ist *Der Vorleser* in mehr als fünfzig Sprachen übersetzt und kommt weltweit auf eine Gesamtauflage von rund 10 Millionen.[10] Die Hollywood-Verfilmung mit Kate Winslet als einer (um wahr zu sein) etwas zu schönen Hanna, die 2008 in den US-Kinos anlief und 2009 auf der Berlinale zu sehen war, trug ihren Teil dazu bei. Das Buch ist zur Schullektüre und zu einem Longseller geworden, ohne hierzulande jemals die Spitzenplätze der Bestsellerlisten erobert zu haben. Auch das gibt es also.

Schlink betonte immer wieder, dass er keineswegs über den Holocaust habe schreiben wollen, sondern über seine, die nachfolgende Generation und ihren Umgang mit den Eltern und mit der Frage der Schuld.[11] Die moralische Rigorosität der Achtundsechziger-Generation in Frontstellung zu den »Vätern« wird zunächst auch von Michael Berg repräsentiert.

Solange er selbst nicht beteiligt ist, sondern bloß die Älteren anklagt, ist es ja auch leicht, auf der Seite der Guten, der Aufklärer und Vergangenheitsbewältiger zu sein. Doch nachdem er durch seine Liebesgeschichte in die Vergangenheit verstrickt ist, verliert er alle Gewissheiten. Er möchte Hanna verstehen, aber dann hat er das Gefühl, sie nicht so zu verurteilen, wie ihre Taten verurteilt gehören. Und wenn er sie bloß verurteilt, bleibt kein Raum fürs Verstehen.[12] In diesem Zwiespalt bewegt er sich, wenn er ganz grundsätzlich fragt: »Was sollte und soll meine Generation der Nachlebenden eigentlich mit den Informationen über die Furchtbarkeiten der Vernichtung der Juden anfangen? Wir sollen nicht meinen, begreifen zu können, was unbegreiflich ist, dürfen nicht vergleichen, was unvergleichlich ist, dürfen nicht nachfragen, weil der Nachfragende die Furchtbarkeiten, auch wenn er sie nicht in Frage stellt, doch zum Gegenstand der Kommunikation macht und nicht als etwas nimmt, vor dem er nur in Entsetzen, Scham und Schuld verstummen kann.«[13] Aus diesem Dilemma findet Michael nicht heraus. Diese Erfahrung ist verallgemeinerbar. Es ist das Dilemma des Erbes der NS-Geschichte, der gegenüber wir uns zwischen den Polen Verstehen und Verurteilen eigentlich nur falsch verhalten können.

Durch die Rolle als emotional Beteiligter wird Michael Berg zum Kritiker seiner eigenen Generation, dem die Art und Weise ihrer Klägerschaft merkwürdig vorkommt. Er vermutet – und da spricht aus der Romanfigur der Autor Bernhard Schlink –, »dass die Auseinandersetzung mit der nationalsozialistischen Vergangenheit nicht der Grund, sondern nur der Ausdruck des Generationenkonflikts war, der als treibende Kraft der Studentenbewegung zu spüren war«. Und weiter: »Woher kam die auftrumpfende Selbstgerechtigkeit, die mir bei ihnen so oft begegnete? Wie kann man Schuld und Scham empfinden und zugleich selbstgerecht auftrumpfen? War die Absetzung von den Eltern nur Rhetorik, Geräusch, Lärm, die übertönen sollten, dass mit der Liebe zu den Eltern die Verstrickung in deren Schuld unwiderruflich eingetreten war?«[14]

Das sind »spätere Gedanken«, wie Schlink an dieser Stelle notiert. Man kann sagen, es sind Gedanken des Jahres 1995, denen er damit Ausdruck verleiht. Sie entsprachen der Zeitstimmung in den Jahren nach der sogenannten Wende und dem Ende des Sozialismus. Da wurde nicht nur mit der DDR-Vergangenheit aufgeräumt, sondern auch mit der Geschichte der Linken in der Bundesrepublik. Deren Selbstgerechtigkeit, die Schlink im *Vorleser* beklagte, führte ja direkt weiter zur ideologischen Borniertheit der siebziger Jahre und zum Terrorismus der RAF als Extremform einer radikalisierten Minderheit, die aus dem Gefühl ihrer eigenen moralischen Überlegenheit heraus zu Mördern wurde und damit auf bizarre Weise die Verhaltensmuster der angeklagten Elterngeneration wiederholte oder überbot. Diese Kritik an der Studentenbewegung war 1995 Allgemeingut, Schlinks *Vorleser*, der sie sich zu eigen machte, also der Roman der Stunde.

Mit dem Ende der DDR verschob sich auch der Blick auf die NS-Vergangenheit. Die moralische Rigorosität der Achtundsechziger-Generation, die ja auch eine Reaktion auf die schonungsvolle Verschwiegenheit der fünfziger Jahre und die – auch personellen – Kontinuitäten der Nachkriegszeit gewesen war, agierte sich nun in der Bewältigung des Stasi-Komplexes der DDR aus. Es schien so, als hätten manche westdeutschen Ankläger in den Medien sich vorgenommen, all das wiedergutzumachen, was in der Auseinandersetzung mit der NS-Vergangenheit unterblieben war. Der Furor, mit dem sie über die Schuld der Ostdeutschen öffentlich zu Gericht saßen, hatte jedoch immer den Beigeschmack, dass die Ankläger allzu leicht reden hatten, da sie als Unbeteiligte risikolos die Betroffenen ins Visier nehmen konnten – mal abgesehen davon, dass es nebenbei auch um Posten, um Konkurrenz und Karriere ging, und nicht bloß um die reine Moral. Auch auf diesem Boden

war *Der Vorleser* aktuell; die Kritik an der moralischen Überlegenheit der Studenten der sechziger Jahre passte punktge-
nau auf eine moralisch überhebliche westdeutsche Öffentlichkeit, die sich gegen die Ostdeutschen formierte. Damit wurde
der Roman gleich zweifach von der Zeitstimmung getragen:
in der Kritik an der Achtundsechziger-Generation (die er
aufnahm) und in der Anwendbarkeit auf die Gegenwart als
einer Wiederkehr und Verlängerung von deren ideologischer
Besserwisserei. Wenn Schlink sich die »Bemühungen um die
Bewältigung der Vergangenheit gelegentlich behutsamer, zurückhaltender, leiser«[15] gewünscht hätte, dann war das auf die
NS-Zeit ebenso anwendbar wie auf die DDR.

Andererseits wuchs mit der Kenntnis des Alltags in der
DDR und der unterschiedlichsten Formen der Teilhabe zwischen feigem Mitläufertum und Rückzug aufs Land oder in
die Innerlichkeit auch das Verständnis für all diese Strategien
der Zeitgenossenschaft, die ja auch in der NS-Zeit galten. Es
gab nicht nur Täter und Opfer, sondern den großen Graube-
reich dazwischen, wo jeder konkrete Fall einzeln zu unter-
suchen war. In diesem Bereich lassen sich eher Geschichten
erzählen als moralische Urteile fällen. Das ist der Raum der
Literatur, die darstellt, ohne zu verurteilen, und die es uns
Lesern überlässt, wie wir die Dinge einschätzen. Insofern war
Schlinks *Vorleser* ein natürlicher, weil literarischer Gegenpol
zu Daniel Jonah Goldhagens schriller These des »eliminatori-
schen Antisemitismus« der Deutschen, wie er ihn in seinem
im Sommer 1996 erschienenen Buch *Hitlers willige Vollstrecker* verbreitete. Die Vernichtung der Juden – so Goldhagens
These – sei deshalb so erfolgreich gewesen, weil die Deutschen
schon seit Jahrhunderten diese Absicht gehabt hätten und nun
die sich bietende Gelegenheit dazu ergriffen. Trotz des Wider-
spruchs der Historiker Hans Mommsen, Hans-Ulrich Wehler
und Eberhard Jäckel erhielt Goldhagen sehr viel Beifall. Seine
Diskussionsreise durchs wiedervereinigte Deutschland wurde

als »Triumphzug« wahrgenommen, obwohl die Schärfe seiner Anklage kaum zu überbieten war.[16]

Wie kann das sein, fragte deshalb der Münchner Altphilologe Christian Meier in einem Jahresrückblick im Dezember 1996 und bot dafür zwei Erklärungen: Erstens werde die Ermordung der europäischen Juden leichter begreiflich, wenn sie nichts anderes sei als das, was »die Deutschen« immer schon wollten. Angenommen werden könne die These in Deutschland aber nur deshalb, weil die heute lebenden Deutschen mit denen von damals nichts mehr zu tun hätten und sich nicht mehr in ihrer Nachfolge empfänden. Es handle sich ja bereits um Großeltern oder Urgroßeltern, und Goldhagen betont auch, dass der »eliminatorische Antisemitismus« sich 1945 mit dem Übergang Deutschlands in eine Demokratie historisch erledigt habe. Meier meinte zudem, nach der deutschen Vereinigung ein verändertes Verhältnis zur Geschichte erkennen zu können, wo althergebrachte nationale Kontinuität nicht mehr zähle: »Ein neues Stadium der Identitäts-, genauer: der Desidentifikationsgeschichte« sei erreicht worden. Die Spaltung der Deutschen in Ost und West, die über die Wende und die Vereinigung hinaus Bestand hatte, habe zu einer »postnationalen Identität« geführt. Das übertrage sich »notwendig auch auf das Verhältnis zur eigenen Geschichte« – nämlich so, dass man kein Verhältnis mehr zu ihr habe, oder aber so, dass man zwar betroffen, aber nicht beteiligt sei.[17]

Schlinks *Vorleser* stellte auch da eine Gegenbewegung dar: Er hob die starre Gegenüberstellung der Generationen auf, die Goldhagen seiner Argumentation zugrunde legte. *Der Vorleser* ist kein autobiographischer Roman. Er enthält aber doch den Werdegang eines Juristen, den der Frankfurter Auschwitz-Prozess Mitte der sechziger Jahren geprägt hat, der, wie sein Romanheld, die akademische Laufbahn der eines Richters oder Anwalts vorzieht und der als Jura-Professor zu schreiben beginnt. Michael Berg bleibt auch über den Prozess hinaus

Hannas Vorleser. Er bleibt ihr verbunden und leugnet diese Verbundenheit nicht. Über die Jahre ihrer Haft schickt er ihr Audio-Kassetten, die er für sie bespricht. Ohne jemals persönliche Kommentare anzufügen, ohne ihr jemals zu schreiben, sendet er ihr sein Vorgelesenes und schließlich – nachdem er zu schreiben begonnen hat – auch seine eigenen, literarischen Arbeiten. Er wird zum Autor mit Hanna als seiner ersten Zuhörerin. Sie, die schuldig gewordene Repräsentantin der deutschen Geschichte, ist der Echoraum seiner Gedanken, auf sie hin schreibt er: »Hanna wurde die Instanz, für die ich noch mal alle meine Kräfte, alle meine Kreativität, alle meine kritische Phantasie bündelte.«[18] Erst nachdem er ihr vorgelesen hat, kann er das Manuskript an den Verlag schicken. Erst dann weiß er, dass es abgeschlossen ist.

Auch Hanna lernt in der Haft endlich lesen und schreiben. Die Briefe, die Michael Berg von ihr erhält, haben nur wenige Zeilen. Die Buchstaben sind kraftvoll ins Papier gedrückt, man sieht, dass diese Schrift erkämpft ist, Buchstabe für Buchstabe. Aber Hanna schreibt. Und sie lernt lesen, indem sie die Bücher, die Michael ihr auf Kassetten vorliest, aus der Gefängnisbibliothek bestellt und durch paralleles Hören und Lesen zu entziffern lernt. Lesen schlägt bei beiden ins Schreiben um. Das ist wohl zwangsläufig so, weil Lesen und Schreiben zusammengehören als zwei Seiten einer Sache. Der Weg zum Schreiben führt notwendigerweise übers Lesen. Michael Berg kommt aus einem Elternhaus, wo das Lesen ihm von Anfang an vertraut war. Der Vater ist Professor für Philosophie. Über ihn heißt es: »Denken war sein Leben, Denken und Lesen und Schreiben und Lehren.«[19] Und es ist eine besonders eindrückliche Szene, wenn Hanna, von der wir da noch nicht wissen, dass sie Analphabetin ist, einmal in dessen Abwesenheit das Arbeitszimmer des Vaters betritt und mit einer zarten Berührung der Fingerspitzen an den Buchrücken in den Regalen entlangstreicht.[20] Auch das ist schon fast ein Liebesakt oder zumindest eine erste, scheue Annäherung. Die Geste verrät all ihre Sehnsucht nach der unzugänglichen Welt der Bücher, der Sprache, des Lesens. Diese verschlossene Welt will sie für sich entdecken. Doch das gelingt ihr dann erst im Gefängnis.

Was im *Vorleser* das Lesen, ist in der *Deutschstunde* von Siegfried Lenz das Schreiben. »Sie haben mir eine Strafarbeit gegeben«, lautet der berühmte erste Satz, mit dem Siggi Jepsen, der in einem Heim für schwererziehbare Jugendliche gelandet ist, seinen Aufsatz über die »Freuden der Pflicht« beginnt. Das Thema schien ihm zu reichhaltig, um es in einer Klassenarbeit kurz abhandeln zu können. So viel wollte ihm dazu einfallen, dass er die Flut der Gedanken nicht organisieren konnte und schließlich das leere Blatt abgab. Deshalb muss er nun nachsitzen. Zuviel zu erzählen zu haben und darüber keinen Anfang zu finden, ist ein strafwürdiges Delikt. Er wird eingesperrt, damit er Zeit und Muße habe zum Schreiben. So wächst sich im Lauf von Wochen zum Roman aus, was bloßer Aufsatz nicht hatte werden können.

Es ist die Geschichte von Siggis Vater Jens Ole Jepsen, Dorfpolizist im schleswig-holsteinischen Örtchen Rugbüll. 1943 muss er dem Maler Max Nansen ein Malverbot überbringen, das die NS-Behörde in Berlin ausgesprochen hat, und muss es anschließend auch überwachen. Dabei war er mit Hansen von klein auf nachbarschaftlich verbunden, man kennt sich auf dem Dorf. Die ihm auferlegte Pflicht der Überwachung wird ihm jedoch zu einer Obsession. Er steigert sich so eifrig hinein, dass er gar nicht mehr damit aufhören kann, selbst dann nicht, als das Malverbot endlich wieder aufgehoben wird.

Den Maler Max Nansen hat Lenz dem Vorbild Emil Nolde nachempfunden, den er als Künstler schätzte und der ihm auch landschaftlich von Ferienaufenthalten auf der Ostseeinsel Alsen vertraut war, wo Lenz sich im Sommer zurückzog, um zu schreiben, und wo auch Nolde sich gerne aufgehalten hatte. Die Strafarbeit über die »Freuden der Pflicht« wird zum großen Roman über die Wirkungsmacht der Kunst und die Künstlichkeit von Machtansprüchen. Lenz untersucht die Konfrontation des nationalsozialistischen Staates mit einem Einzelnen, der die Kunst als Raum der Freiheit verteidigt, indem er das Geschehen ganz an den Rand des Landes in die tiefste Provinz verlegt.

Auffallend, dass der Roman, im September 1968 erschienen, den Generationenkonflikt seiner Zeit in der Rahmenhandlung aufnimmt. Siggi Jepsen sitzt ja gewissermaßen stellvertretend in Haft und leistet schreibend die Erinnerungsarbeit, die die Studentenbewegung von der Vätergeneration einforderte. Lenz, Jahrgang 1926, gehörte zwar selber noch zur Generation der Kriegsteilnehmer, sympathisierte aber mit dem Blick des unschuldigen Kindes, als das Siggi die Geschichte miterlebt hat, die er nun, zwölf Jahre danach, also Mitte der fünfziger Jahre, aufschreibt. Es ist die bewährte Kombination aus Rückschau und kindlichem Helden, wie sie auch Günter Grass knapp zehn Jahre vor Lenz in der *Blechtrommel* angewandt hat. Grass fing so an: »Zugegeben, ich bin Insasse einer Heil- und Pflegeanstalt, mein Pfleger beobachtet mich, lässt mich kaum aus dem Auge; denn in der Tür ist ein Guckloch, und meines Pflegers Auge ist von jenem Braun, welches mich, den Blauäugigen, nicht durchschauen kann.« Ganz ähnlich Lenz. Auch er stellt seinen erinnernden und schreibenden Helden unter Beobachtung. Selbst das Guckloch in der Zellentür hat er in die *Deutschstunde* übernommen, auch wenn es hier kein Pfleger ist, der einen Patienten überwacht, sondern der Pedell, der ein Auge auf den jugendlichen Häftling wirft. So verschieden der nachdenkliche Siggi Jepsen und der zu Jähzorn neigende Oskar Matzerath auch sind, so verbindet *Blechtrommel* und *Deutschstunde* das Erzählen aus kindlicher Perspektive. Sie sind Beobachter, Berichterstatter, Zeitzeugen, und auch wenn sie selbst in die Geschichte verstrickt sind, tragen sie dafür doch nur sehr bedingt die Verantwortung – so wie alle

Kinder. Das Erzählen aus der Erinnerung heraus in epischer Rückschau praktiziert dann auch Schlink im *Vorleser*. Auch Michael Berg ist ja zunächst noch fast ein Kind.

Deshalb können Oskar und Siggi auch nicht wirklich schuldig geworden sein. Bei Oskar, der mit Vollendung des dritten Lebensjahrs das Wachstum einstellte, war das eine bewusste, willentliche Entscheidung als Protest gegen die stickige, kleinbürgerliche Erwachsenenwelt, ja gegen die Existenz überhaupt, in die er sich dann aber trotzdem mit großer Lust und dämonischer Boshaftigkeit hineinwarf. Er war, aller Kindlichkeit zum Trotz, ein erotisch aufgeladenes, sexuelles Wesen. Das machte auch den Skandal aus, als das Buch 1959 erschien. *Die Blechtrommel* sprengte die vergangenheitspolitische Verdrucкstheit, indem Grass den Danziger Alltag in der Weimarer Republik und der NS-Zeit zeigte und nicht einfach bloß die bösen Nazis dämonisierte. Vor allem aber schlug er in der Atmosphäre der sexuellen Prüderie der Adenauerzeit wie eine Bombe ein. Politik mit Sexualität zu verknüpfen und Ideologie als etwas Sekundäres zu betrachten, das war Grass' revolutionäre Tat.

Oskar Matzerath trommelte gegen Verschweigen, gegen Lüge und Feigheit. *Die Blechtrommel* war der berühmteste Roman der deutschen Nachkriegsliteratur, das erste Buch nach 1945, das – mittlerweile in über 50 Sprachen übersetzt – Weltruhm erlangte und für das Grass 1999 mit dem Nobelpreis ausgezeichnet wurde. 1959 gab es noch keine Bestsellerliste, die hätte abbilden können, wie es im Buchhandel aufgenommen wurde. Bei der Aufstellung der erfolgreichsten Romane, die der *Spiegel* 1963 publizierte, fehlte es. Mag sein, dass die *Blechtrommel* eher als Longseller funktionierte, dass sie, kaum erschienen, schon zum Klassiker wurde und sich kontinuierlich immer weiter verkauft. Die DDR zögerte 28 Jahre bis zur ersten offiziellen Ausgabe. Sie erwies sich damit als noch spießiger als die Bundesrepublik. Bis heute sind rund 2,5 Millionen Exemplare in Deutschland verkauft worden – die genaue Auflage weiß auch der Steidl Verlag nicht.[21]

Auch Siggi Jepsen musste sich gegen den eigenen Vater zur Wehr setzen, der ihn als Spitzel missbrauchen wollte. Er ist mit dem Maler Max Nansen befreundet, geht bei ihm ein und aus als neugieriges Kind. Das versucht der Vater auszunützen, um zu erfahren, ob Nansen das Malverbot auch einhält. Aber Siggi durchschaut das Spiel und spielt es nur zum Schein mit, was der etwas tumbe Dorfpolizist nicht merkt. Nicht Überwachen und Strafen, sondern vielmehr das Sich-Entziehen und ins Leere laufen lassen der staatlichen Macht – das ist das Spiel, das hier gespielt wird. Es wirkt in die Familie hinein als stummer Konflikt zwischen Vater und Sohn. Darin war die *Deutschstunde* 1968 so zeitgemäß, wie sie auch über den Entstehungskontext hinausweist: Nach 1989 ließ sie sich sogar als Parabel auf die Stasiüberwachungen und Berufsverbote in der DDR lesen. Die Qualität eines Romans zeigt sich nicht zuletzt daran, dass er zwar in einem bestimmten historischen Horizont entstanden ist, sich in ihn einfügt und seinen konkreten geschichtlichen Ort benennt, dass er aber davon ablösbar ist und die überzeitlich wirksamen Konflikte so gestaltet, dass sie jederzeit begreiflich und auf die jeweilige Gegenwart anwendbar sind. Dann ist das Lesen das Gegenteil einer Flucht aus der Gegenwart in eine andere Welt: Dann holen wir das, was an der Vergangenheit nicht vergangen ist, in die Gegenwart zurück.

1968, in der Zeit der Studentenunruhen, der politischen Radikalisierung und der Zertrümmerung aller bürgerlichen Werte und ästhetischen Gewohnheiten muss die etwas altväterliche, behäbige, weit ausholende Schreibweise von Siegfried Lenz betont unzeitgemäß gewirkt haben. Aber gerade diese konservativ anmutende, gepflegte Unaufgeregtheit mochten wir Lenz-Leser. Da folgten die Sätze in endloser Gelassenheit aufeinander wie das langsame Anrollen der Brandung an die

Küste, da wurde beschrieben aus der reinen Lust am Beschreiben, und wir konnten uns tragen lassen von dieser jedes Wort auskostenden Sprache und einer Haltung, die sich Zeit nahm, um auch noch das Nebensächlichste in aller Detailfreude auszubreiten. Die *Deutschstunde* verarbeitete die Themen der Zeit – die NS-Vergangenheit und den Generationenkonflikt – in einem zeitlosen Gewand. Das mochte konservativ erscheinen, doch Lenz war in seiner Urteilszurückhaltung der Zeit weit voraus, die in ideologischen Gewissheiten, destruktiver Kritik und Selbstüberhebung versackte.

Er wollte zeigen und beschreiben und überhaupt erst zur Sprache bringen, wie und womit Menschen schuldig wurden. Das ist nur möglich, wenn man die Geschichte nicht sofort mit einem Urteil erstickt. In seiner Dankesrede zum Bremer Literaturpreis hatte Lenz 1962 programmatisch gesagt: »In unserer Welt wird auch der Künstler zum Mitwisser – zum Mitwisser von Rechtlosigkeit, von Hunger, von Verfolgung und von riskanten Träumen (...) Es scheint mir, daß seine Arbeit ihn erst dann rechtfertigt, wenn er seine Mitwisserschaft zu erkennen gibt, wenn er das Schweigen nicht übergeht, zu dem andere verurteilt sind.«[22] Damit war er durchaus ein Moralist, aber keiner, der von oben herab predigte und verkündete, sondern einer, der als Erzähler Anteilnahme aus der Nahdistanz erzeugte. Er setzte das widersprüchliche Alltagsleben gegen die Heilsversprechen der Ideologie.

Lenz machte schweigende Menschen sprechend, brachte ihre Konflikte zur Sprache und zeigte damit, wo das Verhängnis beginnt. Das Urteilen überließ er uns Lesern, was ihm auch immer wieder vorgeworfen wurde. Doch gerade dadurch blieb der Roman offen und lebendig und haltbar, auch wenn Lenz, der von der Kritik nicht immer freundlich behandelt wurde, mit dem »Makel der Lesbarkeit« leben musste, wie er es selbst einmal in einem Gespräch formulierte.[23] Mit den Erzählungen *So zärtlich war Suleyken* hatte er 1955 bereits einen großen Publikumserfolg gefeiert und war als Autor humoristischer, menschenfreundlicher Heimatliteratur bekannt. Auch die *Deutschstunde* war in ersten Entwürfen noch ein Roman über die masurische Heimat gewesen, doch gerade diese ins Schnurrige abgleitende, zu Sentimentalität verführende Beschwörung der Herkunftsregion hatte ihn an der Entfaltung der Geschichte gehindert und den Ton verdorben, sodass er das Geschehen schließlich nach Norddeutschland verlegte und sich damit auch von aller bundesdeutschen Vertriebenenromantik befreite.

Der Verlag wusste um die besondere Qualität des Romans und seines Autors und setzte sich gezielt dafür ein. Den Umschlag gestaltete der Grafiker Werner Rebhuhn, der auch schon das Cover von Cerams *Götter, Gräber und Gelehrte* entworfen hatte. Und so wie damals setzte er auch bei Lenz allein auf Schrift, allerdings auf schnörkellose sachliche Lettern. Es gab keine Illustration, sondern nur Autorennamen, Titel, Gattungsbezeichnung und Verlag. Am fettesten war der Nachname des Autors gesetzt, Indiz dafür, dass er als Marke bereits eingeführt war, dass man auf ihn als Bestsellerautor setzte, weil man davon ausgehen konnte, ein Lenz verkaufe sich schon deshalb, weil es sich um einen neuen Lenz handele. Die Buchstaben waren schwarz auf hellem Grund, nur der Romantitel leuchtete in Rot. Dazu wählten Verlag und Gestalter ein »ungewöhnlich schönes Blau« für den inneren Leineneinband, eine »ganz herrliche Farbe, sieht auch nach Wasser aus, nicht so tief blau wie preußischblau«, wie Verleger Albrecht Knaus an Lenz schrieb.[24] Damit hatten Lenz-Bücher eine Erscheinungsform gefunden, an der sich bis heute nur wenig geändert hat. Sie haben eine graphische Wiedererkennbarkeit: heller Umschlag, nackte Schrift.

Schon Monate vor der Auslieferung wurden tausend Leseexemplare an die Presse und den Buchhandel verschickt, so viele wie noch nie zuvor. Trotzdem blieb man bei der ersten

Auflage, die im September auf den Markt kam, mit zwanzigtausend Exemplaren relativ vorsichtig und musste entsprechend schnell nachlegen. Am Ende des Jahres war man bei der vierten Auflage angelangt und hatte die *Deutschstunde* insgesamt hunderttausend Mal ausgeliefert. Am 16. Dezember stand der Roman zum ersten Mal auf Platz 1 der Bestsellerliste des *Spiegel*; in der Jahresabrechnung landete er immerhin auf Platz 5, um 1969 dann aber unangefochten den Spitzenplatz zu erobern. Ende 1969 wurde die achte Auflage in Auftrag gegeben, womit insgesamt 175 000 Druckexemplare vorlagen.[25] Das ist, verglichen mit *Blechtrommel*, *Parfum* oder *Vorleser* nicht viel, im Lauf der Jahrzehnte und mit Übersetzungen in mehr als zwanzig Sprachen wurde aber trotzdem eine Millionenauflage daraus: bis 2000 waren es zwei Millionen. Aber was sind schon Zahlen. Ein bisschen wirkt das so wie beim Quartettspiel auf dem Schulhof, wenn man sich gegenseitig zu übertrumpfen sucht: Weltauflage, Übersetzungen, gesamte Bestseller des Autors und so weiter. Wer sticht? Doch Literatur ist kein Kartenspiel und auch kein sportlicher Wettkampf. Die Bedeutung eines Romans geht in den Zahlen nicht auf. Umso bemerkenswerter, dass sich auf den Bestsellerlisten immer wieder Qualität durchsetzt und dass da Bücher zu finden sind, die sich nicht nur mit der Geschichte auseinandersetzen, sondern auch selber geschichtsmächtig geworden sind.

Die Wirkung von Literatur ist langfristig angelegt. Darin übertrifft sie die – meist eher saisonalen Erregungen folgenden – Debatten um wissenschaftliche Thesen. Die großen Romane über die NS-Zeit haben das deutsche Bewusstsein nachhaltiger geprägt als alle Debatten, die – von Historikerstreit über Goldhagen bis zur Paulskirchenrede von Martin Walser – eher der Nachjustierung und Feineinstellung des jeweils Opportunen dienen. Solche Debatten machen vorherrschende Stimmungen sichtbar. Sie werden um Begriffe geführt wie Schlachten um Grenzverläufe. Literatur setzt dagegen das Widersprüchliche ins Verhältnis. In Romanen können verschiedene Perspektiven durchgespielt werden. Da geht es um die Zwischentöne und um Versuchsanordnungen, eben weil das Urteil noch nicht fertig ist. Fritz J. Raddatz hat in einer Laudatio auf den Goethe-Preisträger Siegfried Lenz 1999 darauf hingewiesen, dass schon in der *Deutschstunde* im Jahr 1968 jener Begriff gesetzt wurde, der mit Daniel Goldhagens Pamphlet drei Jahrzehnte später Skandal machte.[26] Da schreibt Siggi über seinen Vater, den willigen Dorfpolizisten, er sei der »ewige Ausführer«, der »tadellose Vollstrecker« gewesen.[27] Und schon 1964 in dem Stück *Das Gesicht* habe Lenz den Begriff benutzt: »Jeder Herrscher ist auf Vollstrecker angewiesen, und je dienstbarer diese sind, desto leichter kann er sich selbst vergeben.« Bei Lenz hat das aber nie die anklägerische Strenge wie bei Goldhagen, eben weil er ein Erzähler ist, der ein Gespür für die Fehlbarkeit und die Schwäche des Menschen besitzt. Man kann das versöhnlich finden. Man kann es aber auch als Möglichkeit sehen, sich mit eben diesen Schwächen auseinanderzusetzen.

WIEDER DA, IMMER DA

Bei nächtlichen Überlegungen nach dem fünften Bier, wenn wir uns mit schwerer Zunge endlich den absoluten Bestseller ausdenken, dann kommt meistens der Titel »Sex mit Hitler« oder etwas Ähnliches dabei heraus. Sex sells, glauben wir, und Hitler geht immer. Was Sex betrifft, so sind die Erfinder des *Bestseller-Codes*, Jodie Archer und Matthew L. Jockers, zwar eher skeptisch[1], weil sehr viel mehr Bücher, in denen Sex vorkommt, nicht zu Bestsellern geworden sind und nicht alle Bestseller von Sex handeln. Aber das ist kein echtes Gegenargument gegen die erotische Schubkraft, die ein Thema braucht, um zu zünden. Ähnliches ließe sich auch von Hitler sagen, doch auch wenn es mit ihm – wahlweise als Inkarnation des Bösen oder als Witzfigur – nicht immer auf die vorderen Plätze der Bestsellerliste reicht, hat es doch oft genug funktioniert. Hitlers Chauffeure, Hitlers Friseure, Hitlers Masseure, Hitlers Sekretärinnen, Hitlers Leibgarde, Hitlers Schneider, Hitler auf dem Obersalzberg, Hitler in der Wolfsschanze, Hitlers letzte Tage im Führerbunker, Hitlers Helfer, Hitlers Krieger, Hitlers willige Vollstrecker: Wahrlich, der Gröfaz hat sich auf dem Buchmarkt auf wundersame Weise vervielfacht und verewigt und sich seinen Lebensraum auf den Bestsellerlisten erobert.

Ganz anders als *Er ist wieder da*, die Groteske von Timur Vermes aus dem Jahr 2012[2], nahelegte, war er nie wirklich weg. Vermes spielte gekonnt mit dem Verschwinden im Er-

scheinen und mit der andauernden Faszination, die »der Führer« auslöst. Den, um den es ging, sparte er im Titel einfach
aus, wir wussten auch so, wer gemeint war. Dafür sorgte das
Cover, dessen weißer Grund lediglich durch das Schwarz
der charakteristischen Scheitelfrisur und ein stilisiertes Hitlerbärtchen akzentuiert wurde, in dem sich bei genauer Be-
trachtung der zusammengeschnurrte, als Quadrat gesetzte
Titel verbarg. Hitler ist mit wenigen graphischen Elementen
darstellbar und noch als Strichmännchen leicht zu erkennen.
Das macht ihn als Marke so brauchbar. Es reicht ja schon,
wenn wir uns zwei Finger unter die Nase halten. Charlie
Chaplin hat das als Erster verstanden und musste sich dafür noch nicht einmal verändern, weil er das Bärtchen schon
trug. Es reichte eine leichte Drehung der Figur ins Düstere,
und schon war aus dem lustigen Charlie der große Diktator
geworden.

Das Buchcover war so gut, dass es drei Jahre später auch
als Plakat für die Verfilmung genutzt wurde. Es wirkte direkt,
komisch, eindeutig und war sicher eine entscheidende Ursache

für den außergewöhnlichen Erfolg der doch eher überschaubaren Satire. Nach der Präsentation auf der Frankfurter Buchmesse stieg *Er ist wieder da* auf Platz 1 der Bestsellerliste und blieb dort für knapp ein halbes Jahr. Allein in der Woche vor Weihnachten wurden 80 000 Exemplare abgesetzt. Keiner fand sich 2012 häufiger unter deutschen Weihnachtsbäumen wieder als Adolf Hitler. Bis zum Sommer 2015 lag die Verkaufsauflage in Deutschland bei rund zwei Millionen[3], dazu gab es Ausgaben in 41 Ländern.

Vermes, studierter Historiker und Boulevard-Journalist, setzte sich ironisch mit dem medialen Hitlerhype auseinander, den er doch zugleich bediente. Seine Geschichte war so simpel wie das Bärtchen auf dem Umschlag: Hitler erwacht 2011 auf einer Brache in Berlin zu neuem, altem Leben. Vermes konnte für diese Idee auf den seit 1945 herumgeisternden Mythos zurückgreifen, Hitler sei gar nicht tot. Stalin hatte 1945 in Potsdam behauptet, man habe seine Leiche keineswegs identifiziert, Hitler halte sich vielmehr in Spanien oder Südamerika verborgen.[4] Es war ein wenig so wie in Horrorfilmen, wo das Böse auch niemals endgültig besiegt wird, sondern in die Welt hinaus entflieht, um irgendwann, irgendwo wieder zuzuschlagen, sogar dann, wenn da nur noch eine verkohlte Leiche herumlag. Wollte Stalin in dieser Story als der Gute erscheinen, dann war ihm ein lebendiger Hitler viel nützlicher als ein toter. So kam es, dass Hitler, der seine Erfolge stets den Fehlern der Gegner zu verdanken hatte, auch im Tod wieder jemanden fand, der, wie Joachim Fest bemerkte, »ihm im Nachhinein und wie in einer verspäteten Demonstration aller Epochenirrtümer einige Zeit lang ein halbmythisches Nachleben ermöglichte.«[5]

So tauchte er am Beginn von *Er ist wieder da* noch einmal aus dem Nebel der Mythologie auf. Er stank nach Benzin, schien ein wenig verwirrt, ansonsten aber unbeschadet, doch musste er sich mit seinem Weltbild aus *Mein Kampf* und dem Glauben, er befinde sich immer noch im Krieg, in der neuen Zeit zurechtfinden. Prompt gerät er ins Fernsehen und macht Karriere als Comedy-Star, weil er überall, wo er hinkommt, für einen begnadeten Hitler-Parodisten gehalten wird, der niemals aus der Rolle fällt. Die Medien-Maschine präsentiert ihn als subtilen Satiriker, der mit der Waffe der Ironie aufklärerisch wirkt, wenn er seine Hetz-Reden hält. Er aber meint es ernst und ist wild entschlossen, jetzt, beim zweiten Mal, seinen Propagandafeldzug erfolgreich zu Ende zu führen. Schließlich bekommt er für seinen Besuch in der NPD-Zentrale in Berlin-Adlershof, wo er die jungen Nazis als Waschlappen beschimpft, sogar den Grimme-Preis. In der Unterhaltungsindustrie – und das ist die Pointe – erfüllt sich sein Totalitätsanspruch noch einmal. Da kann der Führer wieder Führer sein, auch wenn es ihn irritiert, dass ständig gelacht wird im Publikum. Hitler kehrt zurück als Entertainer und muss sich dafür kein bisschen verändern.

Die Idee, unsere Gegenwart durch seine Augen zu betrachten und mit ihm als einem von Missverständnis zu Missverständnis marschierenden Ich-Erzähler Komik zu erzeugen, war nicht schlecht, auch wenn sie nicht über 400 Seiten und all die aus *Mein Kampf* gespeisten Tiraden trug. Vermes wollte Hitler nicht als Dämon oder als Trottel vorführen, sondern demonstrieren, dass auch wir Heutigen einem wie ihm hinterherlaufen könnten. Also zeigte er ihn als einen ganz sympathischen Kerl. »Wir haben nicht zu viel Hitler«, sagte er in einem Interview, »sondern zu viel vom gleichen Hitler. Immer dieselben Erklärungen, immer dieselben Zugänge, immer dieselben Perspektiven. Und wir haben zu oft die Verweigerungshaltung von Leuten, die Hitler nur als Monster akzeptieren – um sich selbst besser zu fühlen.«[6] Das war als Botschaft allerdings ein bisschen schlicht, und die Behauptung, es habe an ernsthafter und vielfältiger Auseinandersetzung mit Hitler als Faszinosum gefehlt, stimmte schon gar nicht. Da reicht schon der Verweis auf die beiden großen Hitler-Bücher der siebziger Jahre, die Biographie von Joachim Fest[7] und die *Anmerkungen* von Sebastian Haffner[8], der gerade Hitlers »Leistungen« und »Erfolge« in den Fokus rückte, um verstehen zu können, warum so viele Menschen von ihm begeistert waren. Denn im Grunde sind wir es – ins Negative gekehrt – noch immer, wenn wir von Hitler nicht lassen können.

Lustiger als der Roman war die von Christoph Maria Herbst eingelesene Hörbuchfassung. Herbst parodierte Hitlers heiser grollende Redeweise artistisch und ließ auch die anderen Figuren in ihrem jeweiligen Sprach-Duktus zu Wort kommen. Hitler ist ja nicht nur leicht zu zeichnen, sondern auch leicht nachzumachen, mit seinem gerollten »R« und der Verwandlung von Umlauten. Ärr est wöder do – so klang das bereits, als Thomas Pigor in einer Comic-Verfilmung von Walter Moers den Hitler gab. »Der Bonker« war 2006 ein großer Hit auf Youtube.[9] In diesem kleinen Song sah man Hitler als knollennasige Moers-Figur zusammen mit Schäferhund Blondie in der Badewanne im Führerbunker sitzen, wo er die Aufforderung seiner hitlerköpfigen Quietsche-Entchen, doch endlich zu kapitulieren, entschlossen zurückwies: Niemals! Mit den Comics über »Adolf, die alte Nazi-Sau« hatte Moers bereits in den neunziger Jahren begonnen und Hitler damit in eine Reihe mit seinen anderen Comic-Helden, dem »kleinen Arschloch« und dem »alten Sack« gestellt. Hitler hatte sich damit längst in eine Witzfigur verwandelt, als Timur Vermes einen Comedy-Star aus ihm machte. Die Idee, ihn in die Gegenwart zu versetzen, stammte ebenso von Moers wie dessen nur leicht abgewandelter Titel *Äch bin wieder da!*.[10] Vermes befolgte das Bestsellergesetz, Bekanntes zu wiederholen und zu variieren. Seine Hitlerparodie war ein alter Hut, der aussah wie neu.

Zunächst hatte Vermes als Boulevard-Journalist und als Ghostwriter sein Geld verdient. Auf einem Marktplatz in der Türkei entdeckte er dann ein Buch mit dem Titel *Hitler's se-*

cond book, was ihn auf die Idee gebracht habe, Hitlers drittes Buch zu schreiben und Hitler als Erzähler zu installieren. Vermes betätigte sich also auch da als eine Art Ghostwriter und zwang uns Leser in Hitlers Kopf hinein, dem er seine Geisterstimme verlieh. Ein halbes Jahr später war er fertig. Zehn der elf Verlage, denen seine Agentin das Manuskript anbot, wollten es haben.[11] Eichborn erhielt den Zuschlag. Da war auch schon die Adolf-Reihe von Walter Moers erschienen.

Hitlers *Zweites Buch* war 1961 auf die Bestsellerliste geraten, als das Institut für Zeitgeschichte diese zu Hitlers Lebzeiten unveröffentlichte Schrift herausbrachte.[12] Hitler hatte sie 1928 einem Weggefährten diktiert, nachdem die NSDAP bei der Reichstagswahl bei desaströsen 2,6 Prozent gelandet war und sich mit zwölf Sitzen im Parlament begnügen musste. Es sollte eine Fortsetzung von *Mein Kampf* sein, aber vor allem die Grundsätze der nationalsozialistischen Außenpolitik darlegen. Hitler versuchte, seine Idee vom »Lebensraum im Osten« zu entwickeln, die seinem Kriegs- und Eroberungsdrang zugrunde lag, galt es doch, laut Hitler, das »Missverhältnis zwischen Volkszahl und Grundfläche zu korrigieren«.

Dass das *Zweite Buch* nicht erschien, lag aber nicht daran, dass es viel Unsinn enthielt – das galt für *Mein Kampf* auch –, sondern an parteitaktischen Erwägungen und daran, dass der Verlag von einer Veröffentlichung abriet, weil sich schon *Mein Kampf* so schlecht verkaufte, dass ein weiteres Buch auf dem Markt kontraproduktiv gewirkt hätte. Da wäre noch deutlicher zu merken gewesen, was für ein grauenhaft schlechter Autor Hitler war. Das Lektorat hätte viel Arbeit gehabt mit Sätzen wie diesen: »Weil eine politische Operation im Erfolg nicht ganz sicher ist oder im Resultat nicht restlos befriedigend sein wird, verzichten (die zaudernden Politiker) nicht nur auf die Durchführung, sondern erwarten im Falle diese trotzdem stattfindet, daß sie zumindest nur mit zurückgehaltenen Kräften erfolgt, ohne vollständige Hingabe in der stillen

Hoffnung, sich vielleicht ein Hintertürchen des Rückzugs offen halten zu können, das ist der Soldat, der auf freiem Felde von einem Tank angegriffen wird und in Ansehung der Unsicherheit des Erfolges seines Widerstandes diesen von vornherein auch nur mehr mit halber Kraft führt.«[13] Nein, Hitler war kein Mann des klaren Stils und schon gar kein Bestsellerautor.

Dass das *Zweite Buch* 1961 reüssierte, mag auch daran gelegen haben, dass *Mein Kampf* seit 1945 verboten war, was die Neugier anwachsen ließ. Aber auch Hitlers Kampfschrift war zunächst alles andere als ein Erfolg gewesen. Sie verkaufte sich erst dann millionenfach, als er die Macht übernommen hatte und jeder, der dazugehören wollte, glaubte, sie haben zu müssen. Nach 1945 stand das Buch auf dem Index, bis dann 2016, nachdem das Copyright siebzig Jahre nach Hitlers Tod ausgelaufen war, eine historisch-kritische Ausgabe erschien[14] und prompt zum Bestseller wurde. *Mein Kampf* landete im Mai 2016 hinter Thilo Sarrazins *Wunschdenken* und vor Peter Wohllebens Baumkunde auf Platz 2. Timur Vermes lieferte im *Spiegel* die Leseanleitung dazu: »Je mehr Vorwissen Sie haben, desto besser, aber lassen Sie sich nicht abschrecken: Das wichtigste Vorwissen haben Sie bereits. Anders als Hitlers Zeitgenossen wissen Sie, wie die Geschichte ausging. Sie wissen also: In diesem Buch *müssen* erhebliche Fehler sein. Sie können das Ganze auch als eine Art politisches Suchspiel betrachten, bei dem sicher ist: Wenn Sie keinen Fehler finden, haben Sie was falsch gemacht.«[15]

Sarrazins paranoide Weltsicht auf Platz 1, *Mein Kampf* auf Platz 2 und der deutsche Wald auf Platz 3: Man konnte dieses Sachbuch-Spitzentrio für ein getreues Abbild der deutschen Seele halten. Man konnte aber auch erkennen, dass Hitler es nicht aus eigener Kraft geschafft hatte – ganz abgesehen davon, dass Platz 2 für ihn doch wohl eine Demütigung gewesen wäre. Die historisch-kritische Edition umzingelte und neutralisierte seinen Text mit Kommentaren, wissenschaftlichen Anmerkungen und Hintergrundinformationen, sodass Rechtsradikale an der Lektüre keine Freude haben konnten. Die luden sich das Werk sowieso aus dem Internet herunter, wo es leicht zu finden ist, oder sie benutzten eine von rund 20 Millionen Originalausgaben, von denen so manche auf einem unzerbombten deutschen Dachboden überdauert hat. Er war ja nie weg. Und *Er ist wieder da* lag 2016 noch in allen Buchhandlungen.

»Lachen mit Hitler – geht das? Darf man das überhaupt?«, fragte der Verlag scheinheilig im Klappentext. Die korrekte Antwort lautete selbstverständlich: »Ja!«, weil Satire bekanntlich alles darf. Aber ganz so einfach ist es in Deutschland nicht. Dreißig oder vierzig Jahre früher wäre es keinesfalls opportun gewesen, über Hitler zu lachen, ohne sich dem Verdacht der Verharmlosung auszusetzen. Charlie Chaplin durfte das als Amerikaner, »Monty Python« taten es mit britischem Humor. Wir Deutschen hatten aber bitteschön ernst zu bleiben angesichts der historischen Schuld. Auch gegen Vermes erhoben manche Kritiker den Vorwurf, er verniedliche Hitler mit seiner Satire. Dabei ist es zweifellos ein historischer Fortschritt, wenn wir über ihn Witze machen. Indem wir ihn dem Gelächter preisgeben, treiben wir die Entdämonisierung voran. Wer auslachbar ist, hat seine Kraft verloren. Nach all den biographischen, soziologischen, ideologiekritischen, psychologischen, ökonomischen und politischen Analysen war die humoristische Entkrampfung fällig. Sie schließt die weitere wissenschaftliche Auseinandersetzung keineswegs aus. Doch sie ist ein Indiz dafür, dass die Aufarbeitung der NS-Geschichte in eine neue Phase eingetreten ist.

Klar ist aber auch, dass Hitler und all der Schrecken, der mit seinem Namen und seiner Gestalt verbunden ist, sich durch eine Satire weder begreifen noch bannen lässt. Die Satire spielt bloß mit dem Schrecken. Ihr strategischer Vorteil und ihr erkenntnistheoretischer Nachteil bestehen darin, dass für sie das Element der Unterhaltung wichtiger ist als die Analyse. Zum Vorteil wird der Nachteil deshalb, weil keiner der Erklärungsansätze, was Hitler möglich gemacht hat, ausreicht, auch wenn unser Grundbedürfnis immer wieder nach der einen, beruhigenden Ursache des Ganzen verlangen mag. Bei jeder Katastrophe – sei es ein Flugzeugabsturz oder ein Terroranschlag oder ein Naturereignis – tendiert die menschliche Vernunft dazu, den Grund herausfinden zu wollen. Kennen wir die Ursachen, sind wir schon ein bisschen beruhigter, weil wir glauben, damit das Unglück verstanden zu haben und folglich eine Wiederholung verhindern zu können. Genau dasselbe erhoffen wir uns auch von der Erforschung historischer Katastrophen, von denen Nationalsozialismus und Holocaust die denkbar größten gewesen sind. Dass die Person Hitler eine der Ursachen gewesen ist, dürfte kaum bezweifelt werden. Ohne seine Ambitionen und seine biographisch-psychologisch zu verstehenden Absichten wäre die Geschichte anders verlaufen. Welchen Stellenwert wir ihm aber tatsächlich zubilligen, war in der Forschung immer umstritten. Da haben sich die Koordinaten im Lauf der Jahrzehnte verschoben – auch innerhalb der doch definitionsgemäß auf die Person konzentrierten Biographik.

Alan Bullock, 1952 der erste in der langen Reihe der Biographen, sah in Hitler eher einen Opportunisten als einen Überzeugungstäter, eine These, die seither gründlich revidiert worden ist.[16] Mit Ian Kershaws zweibändigem Werk, das 1998 und 2000 erschien, war es erneut ein Brite, der Maßstäbe setzte.[17] Er beschrieb das »Dritte Reich« als unübersichtliches Geflecht konkurrierender Kräfte mit Hitler als zentralem Bezugspunkt. Peter Longerich rückte 2015 dann die Person und das Handeln Hitlers ins Zentrum.[18] Das war auch der Ausgangspunkt von Joachim Fest gewesen, der mit seiner Hitler-Biographie 1973 auf Platz 10, 1974 auf Platz 2 der Sachbuch-Bestseller landete.

Nur Solschenizyns *Archipel Gulag* verkaufte sich damals noch besser. 1978 eroberte dann Sebastian Haffner mit seinen *Anmerkungen zu Hitler* den Spitzenplatz und kam 1979 hinter Christiane F. noch einmal auf Platz 2.

Damit sind die siebziger Jahre ein Höhepunkt unserer Hitlerfaszination. Auch dafür gibt es mehrere Gründe: Das gesellschaftliche Klima hatte sich mit der sozialliberalen Koalition verändert. Die NS-Zeit rückte nach bald dreißig Jahren weiter in die Vergangenheit. Angetrieben auch von der Achtundsechziger-Bewegung verstärkte sich die Auseinandersetzung mit dem Nationalsozialismus, weil die nachfolgende Generation die Väter zur Rede stellte. Zur Modernisierung der Gesellschaft gehörte ein forciertes Geschichtsbewusstsein. Aber es waren eben nicht die linken Antifaschisten mit ihrer strengen Moral, nicht die damals vorherrschenden Strukturalisten oder gar marxistische Theoretiker, die auf der Bestsellerliste landeten, sondern zwei konservative, bürgerliche Autoren, die mit ihrem personalen Ansatz quer zu den vorherrschenden Forschungsrichtungen ihrer Zeit standen. Fest und Haffner repräsentierten das aufklärerische Gebot der Epoche, wandten aber eine andere Methode an. Vielleicht war aber gerade diese Gegenläufigkeit eine Basis für ihren Erfolg: Sie fanden Leser in der akademischen Linken ebenso wie im breiten bürgerlichen Publikum. Haffner und Fest lieferten Erzählungen in einer eingängigen, journalistischen Sprache.

Joachim Fest verteidigte seinen Ansatz gleich im Vorwort gegen mögliche Angriffe von links und gegen alle Positionen, denen die Persönlichkeit nur wenig bedeute im Vergleich mit den »Interessen, Verhältnissen und materiellen Konflikten innerhalb der Gesellschaft«. Hitler erscheine in diesen »vielfach variierten Thesen als grundsätzlich austauschbar« oder jedenfalls nur als »ein Faktor unter anderen, doch keine bestimmende Ursache«.[19] Ja, schlimmer noch sei die nächste Behauptung seiner Gegner: Jede biographische Darstellung diene, ob gewollt oder nicht, den »Rechtfertigungsbedürfnissen des einstigen Millionenanhangs«, der die eigene Verantwortung für das Geschehene nur zu gerne »den pathologischen Launen des dämonischen und unerreichbar gebietenden Führers« überantworte.[20] Fest wies diesen moralischen Einwand zurück – schon deshalb, weil Hitler ohne den Hintergrund und die »objektiven Voraussetzungen«, die seinen Aufstieg möglich machten, nicht zu beschreiben sei. Den Gegensatz – hier Biographisches und dort Systematisches – gebe es gar nicht.

Hitlers anhaltende Attraktivität auf dem Buchmarkt ist nicht nur damit zu erklären, dass wir unentwegt ihm als Person die ganze Verantwortung übertragen müssten. Wir leiden zwar nicht an einer Kollektivschuld, aber womöglich an einer kollektiven Zwangsneurose, einer Negativfixierung, die uns zu immer neuen Wiederholungsbewegungen zwingt. Wie alle Neurotiker hoffen wir so hartnäckig wie vergeblich darauf, uns in der ewigen Wiederholung zu befreien. Aber es gibt nicht die Lösung, sondern nur den Abgrund, der sich immer aufs Neue öffnet. Das historische Trauma ist zu stark, um es überschreiten zu können.

Fest bezeichnete Hitler als »Vereinigungspunkt so vieler Sehnsüchte, Ängste und Ressentiments«. In ihm demonstriere noch einmal – und vielleicht ein letztes Mal – ein großer Einzelner seine Macht über den Geschichtsprozess. Das sei ihm gelungen, weil er das Talent besessen habe, »die vielen sich durchkreuzenden Stimmungen« seiner Zeit zu erfassen und zu bündeln.[21] Daraus speiste sich Hitlers »demagogisches Genie«, große Menschenmassen zu begeistern und hinter sich zu versammeln. Das ist im Übrigen derselbe Mechanismus, der auch in Bestsellern wirkt. Auch die Bücher, die wir lieben, haben die Gabe, disparate Zeitstimmungen zu erfassen und zu bündeln. Hitler verkörpert, so gesehen, das Bestsellerprinzip. Deshalb eignet er sich so sehr als Gegenstand für immer neue Bestseller, was in den neunziger Jahren in den Fernsehdokumentationen und zugehörigen Büchern des ZDF-Redakteurs Guido Knopp ausgebeutet werden konnte.

Hitlers Talent, Stimmungen zu erfassen und auf ihnen zu spielen, hatte auch Sebastian Haffner herausgearbeitet. In seinen brillanten *Anmerkungen* verfolgte er nicht den breiten biographischen Zugriff und strebte auch keine flächendeckende Darstellung der Geschichte des »Dritten Reiches« an. Mit knappen Thesen und unerschrockenem Blick schlug er Schneisen für ein besseres Verständnis. Dass daraus ein großer Bestseller wurde, hatte nun wirklich nichts mit moralischer »Überantwortung« zu tun. Haffner würdigte kühl die »Leistungen« und »Erfolge« Hitlers, bevor er dessen »Fehler«, »Irrtümer« und »Verbrechen« analysierte. Solange Hitler nur als hysterischer Redner und Vernebelungskünstler in Erscheinung trat, gelang es ihm kaum je, mehr als fünf Prozent der Stimmen zu holen. Erst die Weltwirtschaftskrise, die er als Gunst der Stunde für sich zu nutzen verstand, und schließlich das große Wirtschaftswunder der raschen Vollbeschäftigung machten die große Mehrheit der Deutschen zu seinen Anhängern.

Haffner sah durchaus, dass der Aufschwung auf Pump finanziert war und alle Elemente der Politik, vom Autobahnbau über die Verfolgung politischer Gegner bis zur gigantischen Aufrüstung bereits auf den Krieg ausgerichtet waren. Wäre Hitler 1937 auf der Höhe seiner Triumphe ermordet worden, wäre er, so Haffner, ähnlich wie Bismarck als großer Staatsmann in die Geschichte eingegangen, obwohl er nie ein Staatsmann gewesen sei, weil er sich nicht für den Staat, sondern bloß für seine Ideen interessiert habe. Dass seine Erfolge eher aus der Schwäche der Gegner als aus eigener Stärke resultierten, ändert daran nichts. Denn darin, diese Schwächen zu erkennen und sich zu Nutze zu machen, erkennt Haffner Hitlers Stärke. Deshalb ist er eben nie ein wirklicher Bestsellerautor gewesen – aber einer, der den Stoff für Bestseller liefert.

IM TURM, IM DUNKEL, IM LICHT

Vielleicht ist *Der Turm* von Uwe Tellkamp das meist-ungelesene Buch der Jahrzehnte nach 1989 gewesen: 750 000 verkaufte Exemplare zwischen 2008 und 2012.[1] Endlich der große Roman über die Endzeit der DDR. Ein *Zauberberg* aus dem Osten. Aber was interessierte uns eigentlich an diesem nicht mehr existierenden Staat, der von Bremen, Köln oder Freiburg aus gesehen so fern lag wie die Mongolei? *Der Turm* war das ideale Geschenkbuch, ziegelsteinschwer und bildungsbeladen, voller Preziosen und Satzkostbarkeiten: »Über die Dächer der tieferliegenden Häuser, die zur Grundstraße hin stark abfielen, glitt der Schein des Eismonds, ließ die Firste erglänzen und gab den verschneiten Gärten pudrige Aufhellungen, die an den Grenzen, weiß erhöht hier und da von einzeln stehenden, schneebedeckten Holzstapeln oder Schuppen, mit den Schatten verschmolzen, die Sträucher und Bäume warfen.«

Das gefiel uns also? Aber ließ es sich auch lesen? Schon nach der »Ouvertüre«, einem ersten Satz, der sich über mehrere Seiten hinweg an sich selbst berauschte, waren wir erschöpft. Wer sich Winterbilder aus dem 19. Jahrhundert ins Wohnzimmer hängte, fand so ein Geschmeide schön und hatte vielleicht auch die Muße für die folgenden knapp tausend Seiten dieser *Geschichte aus einem versunkenen Land*[2], wie der Untertitel märchenhaft raunte. Alle anderen stellten das Buch einstweilen ins Regal oder legten es auf den Nachttisch, um Abend für Abend nach ein paar Sätzen wunderbar einzuschlafen.

Das Versprechen eines versunkenen Landes hätte auch schon zu Daniel Kehlmanns alle Experten überraschendem Millionenseller *Die Vermessung der Welt* drei Jahre zuvor gepasst. Dieser hartnäckig in indirekter Rede gehaltene Roman über Alexander von Humboldt und den Mathematiker Carl Friedrich Gauß aus der Frühzeit der bürgerlichen Epoche stand 37 Wochen lang auf Platz 1 der Bestsellerliste und verkaufte sich mehr als eine Million Mal. Das hätte niemand im Voraus erwarten können, weder der Autor noch der Verlag. Ein Buch über Humboldt und Gauß? Ich bitte Sie! Suhrkamp, wo Kehlmanns Bücher bis dahin erschienen waren, hatte ihn ausgerechnet mit diesem Titel zu Rowohlt ziehen lassen und musste den märchenhaften Erfolg nun von ferne ertragen. Wieder einmal zeigte sich die grandiose Unberechenbarkeit der Buchkäufer. Wir Leser sind es, die über den Erfolg entscheiden, und manchmal lieben wir es, nicht nur die Marketingexperten zu überraschen, sondern auch uns selbst.

Auch wir konnten nicht ahnen, dass wir uns für Humboldt und Gauß interessieren würden. Obwohl Kehlmann im Grunde nur die Biographien der beiden gegensätzlichen Protagonisten erzählte, gelang es ihm, aus der Gegenüberstellung des Entdeckers und des notorischen Zuhausebleibers komische Funken zu schlagen. Da wurden im Kontrast zueinander zwei Lebensweisen deutlich, die auf unterschiedliche Art ein gemeinsames Ziel hatten, das unseren Wünschen entsprach: Die Welt erkennbar und verfügbar zu machen, sie zu kartographieren und zu berechnen und zu ordnen, sei es in Raum und Zeit oder im abstrakten Prinzip der Zahl. Der Weltreisende und der Schreibtischmensch unterschieden sich so gesehen kaum. Aber sonst unterschieden sie sich eben sehr, zwei völlig verschiedene Typen – der Überhebliche und der Bescheidene im Dienst derselben Sache – das ist die ganze Spannbreite der Aufklärung. Das erzählerische Tempo, mit dem Kehlmann seine Helden aufeinanderprallen ließ, tat ein Übriges. Er versöhnte Bildungsbedürfnis und Unterhaltsamkeit, Ernst und Heiterkeit, und es gelang ihm, die Sehnsucht nach dem verlorenen Zeitalter des bürgerlichen Aufbruchs hinter einem milde ironischen Tonfall zu verbergen.

Das Bürgertum ist immer dann am prächtigsten, wenn es untergeht und sich darin auf sich selbst besinnt. Der Schmerz des Verlustes ist ihm als Melancholie von Anfang an eingeschrieben, weil es den Wandel und den Fortschritt und also seine eigene Abschaffung propagiert. Eigentlich geht es andauernd und schon immer unter, in Thomas Manns *Buddenbrooks* ebenso wie in Uwe Tellkamps *Turm*. Dazwischen liegen zwar hundert Jahre, doch stilistisch war das kaum zu bemerken – als sei die Zeit, allen Untergängen zum Trotz, einfach stehengeblieben. Genau davon handelte der *Turm*. Demonstrativ ließ Tellkamp die Uhren schlagen und ticken, ohne dass sie etwas bewirkten. Die Sekundenzeiger der »Bahnhofsuhren in verästelten Trakten des anatomischen Instituts« verharrten länger als schicklich auf der Zwölf. Draußen in der Gegenwart des Jahres 2008 mit all seinen Krisen, Bankenpleiten und dem großen Börsencrash hatten die Bürger auch nichts zu bestellen.

Vielleicht war *Der Turm* weniger DDR-Endzeit-Roman als das zeitlose Buch zum gerade aktuellen Weltwirtschafts-Katastrophenszenario. Das inselhafte DDR-Bürgertum in seiner morbiden Pracht lud zur Erholung ein und entfaltete eine Sogkraft auf uns wie einst das Lungensanatorium des *Zauberbergs* auf Hans Castorp. Wir hätten uns auch gerne so abgeschottet von Krise und Gesellschaft, doch uns wollte das nicht gelingen, und wir wohnten auch nicht mehr in so schönen, alten, zerbröselnden Villen mit Erkern und Türmchen. Ein Stadtviertel wie der Dresdner Weiße Hirsch oben auf dem Berg über Loschwitz und der blauen Brücke über die Elbe wäre im Westen längst kaputtsaniert und up to date gemacht worden. Mit Tellkamps Roman in der Umhängetasche pilgerten auf einmal Literaturtouristen hierher, um die Schauplätze der Erzählung in der Wirklichkeit aufzuspüren und das Vorhandene mit ihrer Phantasie abzugleichen.

In der Tageszeitung *Die Welt* wurde Tellkamp für seine »klar antikommunistische« Haltung und die »schneidende Verachtung für das Proleten- und Kleinbürgertum« gerühmt. *Der Turm* sei der »ultimative Roman über die DDR, diese lächerliche sowjetische Satrapie auf deutschem Boden, und zwar aus der Sicht derer, die nicht eine Sekunde daran zweifelten, dass sie dagegen waren«.[3] Das stimmte zwar nicht ganz, weil Christian Hoffmann, der jugendliche Held, schließlich – nach Verhaftung, Knast und Zwangsarbeit im Karbidwerk und Braunkohletagebau – zu einem erstaunlichen Einverständnis mit seiner Lage und diesem haltlosen Staat gelangte. Christian war als Schüler und später als NVA-Soldat so hochmütig-arrogant wie verklemmt und verpickelt. Sein Vater, der Chirurg, war ein notorischer Frauenheld, Lügner und Spitzel, und Onkel Meno, der Intellektuelle, war ein opportunistischer Schleicher, der verblasene Texte schrieb. Das Dresdner Bildungsbürgertum wurde uns eben nicht als politische und moralische Unschuld vorgeführt, sondern mit all seinen Illusionen, Abhängigkeiten und Feigheiten. Bildung schützt vor Mitläufertum nicht. Auch diese Lesart erlaubte der *Turm*. Bürgertum hieß jedoch, den eigenen Untergang lustvoll zu zelebrieren und sich dauerhaft darin einzurichten, denn nur darin ist das Bürgertum ewig und groß.

In seiner ungebrochenen Thomas-Mann-Nachfolge feierte Tellkamp auf ästhetisch-sprachlicher Ebene das Überleben dieser Schicht im Zerfall. Darin lag sein konservatives Versprechen, das in eine gesamtdeutsche Gegenwart hineinfiel, in der das Bildungsbürgertum wieder einmal erlebte, wie es zwischen den von ihm selbst entfesselten Produktivkräften zerrieben wurde. Jeder Bürger und wir alle wissen, dass das kapitalistische Zeitalter in seinem Streben nach Wachstum und Erfolg und dem Begehren nach Wohlstand all die inneren

Widersprüche mitproduziert, die es schließlich aus sich heraus zerstören. Doch ausgerechnet in der sozialistischen DDR hatte das Bildungsbürgertum – und davon handelte *Der Turm* – wie in einem Schutzraum überlebt, ein bisschen angestaubt, moralisch angegriffen, aber immerhin: All das, was es im Westen nicht mehr gab an Hausmusikbeflissenheit und klassischer Lektüre, an Familienseligkeit und Weihnachtsidylle mit Schneeflocken, kam uns aus diesem Roman entgegen wie aus einem biedermeierlichen Museum. Wir konnten ihn wie die Landschaft in einer Glaskugel schütteln, dann schneite es darin. Der Weiße Hirsch war eine Puppenstube des bürgerlichen Zeitalters. Der *Turm* als Titelmetapher signalisierte Abgeschiedenheit und wehrhaften Glanz.

Aber nicht nur das: Im *Turm* überlebte auch die DDR, ohne deren traurige Existenz es diese Nische in der Gesellschaft, mit der Tellkamp uns vertraut machte, nicht gegeben hätte. Wie vor ihm schon Thomas Brussig in der Mauerfall-Satire *Helden wie wir*[4], wie Ingo Schulze in dem Wenderoman *Neue Leben*[5] und wie ein paar Jahre später auch Eugen Ruge mit der Familienburleske *In Zeiten des abnehmenden Lichts*[6] bewahrte Tellkamp das »versunkene« Land, indem er es von sich wegschrieb. All diese Autoren, die in der DDR aufgewachsen waren, rekonstruierten ihre Heimat, unter deren Verlust sie fast ebenso sehr litten, wie sie den Untergang ihres Staates begrüßt hatten. So ergab sich das merkwürdige Phänomen, dass in der Literatur postum eine DDR auferstand und weiterlebte, wie es sie tatsächlich nie gegeben hatte.

Der Essayist und Alltagsforscher Michael Rutschky bemerkte dieses seltsame Phänomen schon Mitte der neunziger Jahre. Vor 1989 sei die DDR eine künstliche Zwangsgemeinschaft gewesen, beruhend auf den imperialen Interessen der Sowjetunion und der Logik des Kalten Krieges, schrieb er. Danach aber habe sie sich in eine »Kultur-, Erfahrungs- und Erzählgemeinschaft« verwandelt, »in der überlieferte Elemente sich erhalten und umbilden. In diesem Sinne als Kultur hat die DDR zuvor nie entstehen können; dazu braucht es freien Austausch und Kommunikation, vor der die SED ihre Bürger ja schützen zu müssen glaubte. So hat es zu Zeiten der Mauer die DDR als Kultur eigentlich nie gegeben.«[7]

Rutschky untermauerte seine These mit einigen schlagenden Geschichten aus der Nachwendezeit. Er erzählte von einem westdeutschen Jugendlichen, der als Hausbesetzer nach Berlin-Mitte kam und dort die DDR entdeckte. Die DDR, das waren für ihn die Schrippen, die kleiner und fester waren als im Westen, Zigaretten der Marke Caro oder Club, und statt Dosenbier trank man in seinen Kreisen das von den Puhdys beworbene Berliner Pilsner aus der Flasche. Rutschky nannte diese Lebensweise »ironischen Konsum als Kunstform« und kam zu dem Schluss: »Diese Ostberliner Hausbesetzerszene bildet samt Sympathisanten in sich eine neue, imaginäre DDR, ein anderes Deutschland. Daß das Haus unseres jungen Mannes nur ein Viertel Ostler, aber drei Viertel Westler beherbergt, ändert daran nichts. Daß sich manche Sitten, wie er erzählt, angleichen, bekräftigt die Existenz dieser imaginären DDR als eines eigenen Soziotops: Während die Ostbewohner sich das strenge Händeschütteln bei Begrüßung und Abschied teilweise abgewöhnten, gewöhnte er es sich teilweise an; dasselbe gilt für gewisse Elemente des Jugendsprachgebrauchs in der alten DDR, daß dort die Kids statt ›stark‹ (so im Westen) ›schau‹ sagten, ›der Film ist schau‹, und als Steigerung dieses ›schau‹ den seltsamen Laut ›urst‹ verwandten: es finden sich, erzählt der junge Mann, westliche Siedler, die sich diese Worte angelernt haben.«[8]

Die eigentliche, neue DDR entstand jedoch in der Provinz, ja, so sagte Rutschky treffend, sie ist »feste, selbstbewusste Provinz«. Früher, hinter der Mauer, war die DDR gezwungenermaßen provinziell. Die Bewohner der postumen DDR als Kulturraum konnten sich dafür entscheiden: für die Ehrlichkeit, die Einfachheit der Provinz – gegen die Dekadenz und den Zynismus des Westens. Und so wurden sie erst jetzt wirklich eine DDR-Familie. Das Kleine, Überschaubare, Nischenhafte konnte deshalb die DDR in toto abbilden. Die DDR *war* ja definitionsgemäß klein und abgeschlossen; sie hatte diesen Ort hinter der Mauer planvoll bezogen.

Als Leser in Ost und West wurden wir auf unterschiedliche Weise heimisch im *versunkenen Land*. Die einstigen DDR-Bürger schufen sich einen Ort, an dem sie sich zusammenschließen konnten, um der Heimatlosigkeit im neuen Westen zu trotzen. Sie wurden heimisch, wo es ihnen die Heimat zuvor so schwer gemacht hatte. Volker Braun brachte diese ambivalenten Gefühle in dem Gedicht *Das Eigentum* zum Ausdruck. Es ist ein zentraler Text der Wendezeit, eine Hymne der Übergangsgesellschaft. »Da bin ich noch, mein Land geht in den Westen«, begann er in leiser Melancholie und setzte fröhlich fort: »Ich selber habe ihm den Tritt versetzt«. Und dann folgten die jetzt schon klassischen Zeilen: »Was ich niemals besaß, wird mir entrissen. / Was ich nicht lebte, werd ich ewig missen. / Die Hoffnung lag im Weg wie eine Falle. / Mein Eigentum, jetzt habt ihrs auf der Kralle.«[9]

Die Westdeutschen dagegen fanden in der imaginären DDR wie in einer Matruschka-Puppe versteckte bürgerliche Versatzstücke, die geeignet waren, ihre traditionslose Leere auszufüllen, und die damit auch ihnen ein Heimatversprechen boten. Erste Ausflüge in den Osten hatten in den Jahren nach der Wende den Eindruck entstehen lassen, dass die Zeit sich dort um ein paar Jahrzehnte verspätete, als könnten wir hinter Holzzäunen und auf gepflasterten Landsträßchen Kindheitsbilder aus den Fünfzigern heraufbeschwören. So tauchten wir ein in eine imaginäre Vergangenheit.

Der Erfolg der DDR-Romane nach dem Ende der DDR auf dem gesamtdeutschen Buchmarkt wäre nicht zu begreifen, wenn sie nur das ostdeutsche Heimatbedürfnis oder nur die westdeutsche Aufarbeitungswut und Sentimentalität bewirtschaftet hätten. Der Deutsche Buchpreis, der seit 2005 auf der Frankfurter Buchmesse vergeben wird und die Kraft hat, Bücher in Bestseller zu verwandeln, spiegelte diese vagabundierenden Bedürfnisse wider. Regelmäßig wurden Bücher aus dem Erzählraum DDR ausgezeichnet. Tellkamps *Turm* schaffte es derart preisgestützt immerhin auf Platz 5 der Jahresbestsellerliste 2008. Die gelungene Verfilmung unter der Regie von Christian Schwochow kam dann 2012 in die Kinos, als Eugen Ruges *In Zeiten des abnehmenden Lichts* den Deutschen Buchpreis erhielt und zum Bestseller wurde, was eingeschränkt auch für Lutz Seilers Roman *Kruso* im Jahr 2014 galt. So reichten diese Titel den Staffelstab des Erfolgs von einem zum anderen weiter. Denn unsere Bedürfnisse sind nicht ein für allemal befriedigt, wenn wir aus einer beglückenden Lektüre wieder auftauchen. Leseglück verlangt nach Wiederholung. So entstehen Moden als Bewegungen, die sich selbst ernähren. In den achtziger Jahren war das die Welle der lateinamerikanischen Literatur von Gabriel García Márquez bis zu Isabel Allende. In den Neunzigern folgte zunächst eine kleine Hollandwelle mit Cees Nooteboom und Harry Mulisch, dann die große Skandinavienwelle mit Jostein Gaarder, Peter Høeg, Marianne Frederiksson und natürlich den Krimis von Henning Mankell, die dann erst durch den Erfolg der Harry-Potter-Reihe zurückgedrängt wurden. Die DDR-Romane bildeten zwischen 2006 und 2014 eine eigene kleine Länder-Serie.

Vor 1989 war die DDR weniger bestsellertauglich. Länder müssen, wie auch Dinge und Menschen, ferngerückt sein, bevor wir Sehnsüchte nach ihnen entwickeln. Das, was verschwunden ist, kann aus einem Gefühl des Mangels heraus zum Bucherfolg werden oder aber als Aufgabe und Bürde des Unbewältigten. Solange der sozialistische Staat existierte, gab es zwar das politische Phänomen der Dissidentenliteratur: Autoren, die in der DDR gar nicht oder nur unter Schwierigkeiten publizieren durften, erhielten im Westen umso größere Aufmerksamkeit. Die Zensur in der DDR funktionierte als Aufmerksamkeitsverstärker im Westen und führte sich damit eigentlich ad absurdum, weil die Bücher dadurch erst in den Fokus gerieten und als sogenannte »Bückware« dann auch in der DDR unter den Ladentischen gehandelt und von Hand zu Hand weitergereicht wurden.

Bestseller als einen Effekt des freien Marktes konnte es in der DDR nicht geben, auch wenn es sich bei Erwin Strittmatter, Dieter Noll oder Hermann Kant durchaus um Bestsellerautoren handelte, die sich jenseits ihrer politischen Opportunität einer großen Leserschaft erfreuten. Im Westen waren sie weniger verbreitet, ja, wie Strittmatter, kaum bekannt. Erfolge in der DDR waren hier verdächtig, nur Hermann Kant schaffte es mit der *Aula* auch im Westen zu Bekanntheit. Grundsätzlich aber hatte der westdeutsche Buchmarkt kein Interesse daran, DDR-Bucherfolge oder Großauflagen herauszustellen, sondern warf sich aufs Verbotene. Das war viel interessanter. Westdeutsche Verlage verstanden sich als Korrektiv einer im Osten nicht vorhandenen freien Öffentlichkeit. West-Bestseller wurden daraus jedoch nur selten. Christa Wolfs *Kassandra* schaffte das nur deshalb, weil ihre Neuinterpretation des Mythos der antiken Mahnerin und Seherin aus der Zeit des Trojanischen Krieges mit den aktuellen Bedürfnissen der westdeutschen Frauen- und Friedensbewegung kompatibel war. Erfolgreicher war Reiner Kunze mit der kleinen, doch eher harmlosen Textsammlung *Die wunderbaren Jahre*, die 1977 zum bestverkauften Buch des Jahres geworden war. Das ließ sich kurz nach der Ausbürgerung von Wolf Biermann tatsächlich nur politisch erklären.

Kunze hatte ohne Genehmigung der Behörden in der Bundesrepublik publiziert; in der DDR wäre er nicht gedruckt worden. Im April 1977 folgte er seinem Buch und übersiedelte in den Westen, sodass die kleinen Prosastücke, die heute vielleicht in der Rubrik »Das Pubertier« eingeordnet werden würden, noch stärker politisch aufgeladen wurden. Sicher galt die kritische Stoßrichtung der DDR-Pädagogik, weil Kunze vom Aufwachsen im Arbeiter- und Bauernstaat erzählte und Indoktrination in der Schule und militaristische Erziehung beklagte. Doch was die Verhaltensweisen der fünfzehnjährigen Tochter betraf, ihre Proteste, die Ablehnung der bürgerlichen, spießigen Welt der Erwachsenen, ihre Vorliebe für Schlabberpullover und verdreckte Jeans, waren seine Beobachtungen bruchlos auf die Verhältnisse im Westen und die Jugendlichen dort zu übertragen. Das Elend des Kalten Krieges bestand ja genau darin, dass selbst hormonelle Vorgänge und so unverdächtige, unvermeidliche Lebensphasen wie die Pubertät gegen die andere Seite in Stellung gebracht und von den Ideologen in Ost und West gewissermaßen persönlich genommen wurden. Gut war, was dem Gegner schadete, und schlecht, was ihm nützen konnte.

Dieses Spiel war mit dem Untergang der DDR keineswegs beendet. Die Ideologen lebten ja weiter. Das im Feuilleton als Gesellschaftsspiel betriebene Warten auf den »großen Wenderoman« war nichts anderes als eine fortgesetzte Indienstnahme der Literatur für aktuelle politische Interessen. Es reichte nicht aus, dass die DDR »versunken« war, sie musste auch ideologisch abgewickelt werden. Und: Sie diente dazu, all das nachzuholen, was an historischen Brüchen und Auseinandersetzungen mit der Vergangenheit in Bezug auf den Nationalsozialismus versäumt worden war. Für Westdeutsche war es jetzt leicht, kompromisslos zu sein im Umgang mit historischer Schuld. Sie waren ja nicht selber bei der Stasi. Schuld waren immer die anderen, die das Pech gehabt hatten, in der DDR leben zu müssen.

Doch Literatur ist etwas anderes als Journalismus. Sie befolgt keine öffentlichen Anweisungen, sondern antwortet auf die Fragen der Gegenwart in ihren eigenen Rhythmen. Der sogenannte »Wenderoman« konnte erst entstehen, als es gelang, die historische Auftragslage zu ignorieren oder zumindest satirisch zu unterwandern. So machte es Thomas Brussig mit *Helden wie wir*, einer Groteske, deren Held mit dem nur für Sachsen aussprechbaren Namen Klaus Uhltzscht die Mauer im Alleingang zu Fall brachte. Er musste nur die Hose herunterlassen und sein durch einen Treppensturz monströs angeschwollenes Geschlechtsteil präsentieren, und schon öffneten die konsternierten Grenzer wie in Trance die Schranken. Die DDR als Lachnummer, das Weglachen der Geschichte als Erfolgsrezept: Klaus Uhltzscht war eine neue Version des deutschen Simplicissimus, der nichts kapiert und stets von großen Taten träumt. Ein Muttersöhnchen, das seine erste Erektion beim Anblick der Schlagersängerin und Moderatorin Dagmar Frederic vor dem heimischen TV-Gerät erlitt, musste zwangsläufig bei der Stasi enden. Ein Komplexgeschüttelter, der sich beim ersten Geschlechtsverkehr seines Lebens – in einer Küche über einem Hamsterkäfig – den Tripper holte und sich danach die schwere Frage vorlegte, ob Gonorrhö konterrevolutionär sei, war als nützliches Glied der sozialistischen Gesellschaftsordnung noch lange nicht verloren.

Brussig pflegte nicht den filigranen Humor, sondern den derben Scherz unter der Gürtellinie. Ein zu klein geratener Schwanz erhob sich zum Maßstab der Geschichte: Nicht die genialen Ideen bewegten die Welt, sondern die Sorge ums Genital. Dieser Tonfall traf 1995 unseren Nerv. Wir konnten lachen, weil Brussig all unsere Vorurteile gegen die blöden Ossis überbot. Und wir konnten endlich über uns selbst und all das lachen, was wir ansonsten so schrecklich ernst nehmen mussten. Das Leben in der DDR erschien als vermeidbares Missverständnis und Betriebsunfall. Wer wie Klaus Uhltzscht zu dumm war, um die Verhältnisse zu durchschauen, dem konnte man auch keinen Vorwurf machen. Dummheit schützt vor Strafe. Da verwandelte sich sogar die Stasi in einen lustigen Verein, dessen Mitglieder Salzstangen knabberten und sich nur des Vergehens der Beihilfe zur Masturbation schuldig machten.

Helden wie wir war ein erstes Aufflackern, ein Wegwischen der Schwere und die Konstruktion eines »Wir«, das eine gesamtdeutsche Leserschaft fand. Doch es dauert noch einmal zehn Jahre, bis Ingo Schulze mit *Neue Leben* dann tatsächlich einen Roman über die Jahre des Umbruchs vorlegte. Sein Held hieß Enrico Thürmer, drei Jahre vor Tellkamps *Turm*. Ganz egal, ob es sich dabei um ein Gebäude aus Elfenbein handelte oder um den Teil einer Befestigungsanlage, die Metapher war wohl unausweichlich, wenn es darum ging, die DDR in ihrem Wesen zu erfassen. Fünfzehn Jahre mussten vergehen, um die nötige Draufsicht zu entwickeln, wie sie der Blick aus dem Turm ermöglicht. Schulze beschrieb das Jahr 1989 als biographischen Wendepunkt im Leben seines briefeschreibenden Erzählers. In der DDR arbeitete Enrico Thürmer als Dramaturg im Theater in Altenburg, danach fand er sich als Herausgeber eines Anzeigenblattes wieder. Vom Künstlertum wechselte er in die Geschäftswelt, aus einem, der sich mit Sprache befasste, wurde ein Mann der Zahlen und der Ökonomie. Das geschah ihm, ohne dass er es so geplant hätte. Die Wende führt Regie über die Menschen und ihre Lebensläufe. Doch der zugrunde-liegende Konflikt zwischen Künstler und Bürger war ja schon der Konflikt von Thomas Mann. *Neue Leben* spielte zwar in der Wendezeit, doch der historische Erzählraum wies weit dar-über hinaus. Das ist ein Kennzeichen aller Literatur, die den Moment ihrer Entstehung und ihren Anlass überdauert. Die Konflikte, die darin geschildert werden, mögen an einen be-stimmten historischen Augenblick gebunden sein und in der jeweiligen Kostümierung auftreten, aber sie gehen nicht darin auf und sind auch in anderen Ländern und Zeiten nachvoll-ziehbar als eigene Erfahrungen. So wirkten gerade die Teile des Romans, die im Herbst 1989 spielen, am langweiligsten.

Vielleicht deshalb, weil wir über diese Zeit schon so viel gelesen hatten und sich den Leipziger Montagsdemos oder den Treffen am »Runden Tisch« keine überraschenden Erkenntnisse mehr abtrotzen ließen. Erich Loests Roman *Nikolaikirche* über den Leipziger Herbst mussten wir nur deshalb lesen, um uns der Details zu erinnern. Und Günter Grass' Tagebuch des Jahres 1990 bewies nicht viel mehr, als dass Grass schon im Voraus wusste, dass er recht haben würde. Seine Kritik an der Politik der Treuhand und am Verlauf der Einheit, die er dann in dem Roman *Ein weites Feld* erzählerisch zu machen versuchte, stand schon fest, bevor die Dinge entschieden waren.

Von Literatur verlangen wir mehr als nur dass sie recht hat, und oft auch das Gegensätzliche. Sie soll die Wirklichkeit abbilden, so getreu wie nur möglich, und zugleich offen sein für unsere Träume und Sehnsüchte. Wir wünschen sie uns voller Mitgefühl und zugleich hart genug, um widerstandsfähig zu sein gegen Sentimentalitäten aller Art. Sie soll »welthaltig« sein, um dieses abgeschmackte Kritikerwort einmal zu benutzen, zugleich aber ganz nah bei uns und unserer doch eher überschaubaren Alltagswelt. Das Fremde soll sie uns zeigen, aber bitte so, dass es uns vertraut erscheint. Das Unwahrscheinliche soll sie möglich machen. Sie soll bewahren, was uns in der Wirklichkeit verloren geht, und uns zugleich auf neue, bessere Ideen bringen. Sie soll Geschichte aufbewahren, Vergangenheit »bewältigen« – noch so ein Unwort – und trotzdem immer zupackend, aktuell, gegenwärtig sein. Sie soll das Allgemeine sichtbar machen und doch immer dicht am einzelnen Schicksal bleiben, damit wir mitleiden und mitfiebern und uns zurechtfinden im historischen Großzusammenhang.

All diese Bedürfnisse befriedigt auf geradezu ideale Weise der sogenannte Familien- oder Generationenroman. Die Familie ist ja immer schon da, und sie ist voller Geschichten. Sie ist das Vertraute und gleichzeitig das Fremde, und sie macht deutlich, dass wir mit keinem Atemzug voraussetzungslos existieren. So wie wir geworden sind, sind wir nur geworden, weil wir die geschichtliche Last der Ahnenreihen aufgeladen bekamen und uns dazu verhalten müssen – egal, ob wir etwas davon wissen oder nicht und ob wir etwas damit zu tun haben wollen oder uns abwenden. Emanzipation und Freiheit, falls es so etwas gibt, beginnen in der Auseinandersetzung mit der Familie und der damit zusammenhängenden eigenen Verflochtenheit in die Geschichte. Familienforschung ist immer auch Selbsterforschung, sie bietet aber auch einen direkten Weg aus der für viele jüngere Autoren vergleichsweise undramatischen Gegenwart.

Wer alte Familienfotos betrachtet, kennt die Wirkung, die sie entfalten: Wir sehen fremde Menschen in ihren fremden Leben, die auf merkwürdige, undurchschaubare Weise mit uns verbunden sind. Sie tragen fragwürdige Frisuren, seltsame Brillen und üppige Sonntagsgewänder zur Feier ihrer selbst. Uns rührt die Ahnungslosigkeit gegenüber der Zukunft, mit der sie in die Kamera blicken. Wir Späteren blicken ja aus einer anderen Zeit zurück und wissen, was aus ihnen geworden ist. Sie wirken naiv, fast ein bisschen lächerlich, und wenn wir Pech haben, entdecken wir da an der Festtafel unter all den Verwandten plötzlich uns selbst, wie wir einmal waren. Bilder von Familienfesten sind gefährliche Abgründe.

Eugen Ruge legte 2011 mit *In Zeiten des abnehmenden Lichts* den »Roman einer Familie« vor, der diesem Patina-Effekt der Zeit konsequent nachspürte.[10] Über vier Generationen hinweg, von 1952 bis zum Beginn des dritten Jahrtausends mit der noch ganz und gar unverstandenen Katastrophe des 11. September 2001, führte das Geschehen quer durch die Geschichte der DDR und weit darüber hinaus, nach Mexiko und nach Russland – immer entlang der eigenen Familie und des roten Fadens der sozialistischen Utopie, die, so oder so, Orientierung bot. Nicht nur die Provinzialität war ein Kennzeichen der DDR, sondern auch die familiäre Binnenstruktur, nach deren Muster die kommunistische Elite einen Staat entwarf.

Der historische Weg führt aus der Illusion ins Leere, aus der Zukunftsgewissheit in die Ratlosigkeit, von der Anziehungskraft zur Fluchtbewegung. Das war, hochgerechnet auf fünfzig Jahre, eine ernüchternde Bilanz, doch Ruge nahm es nicht tragisch, sondern mit Humor. Komik entstand bei ihm nie auf Kosten der Figuren und schon gar nicht aufgrund einer billigen postumen Überlegenheit. Sie ergab sich aus der jeweiligen Situation. Im Zentrum der Ereignisse stand der 90. Geburtstag des Patriarchen Wilhelm am 1. Oktober 1989. Dieser Großvater hatte eine knackige proletarische Biographie: 1952 war er mit seiner Frau Charlotte aus dem Exil in Mexiko in die DDR zurückgekehrt und hatte es seither zu einer respektablen Funktionärslaufbahn gebracht. Sein Sohn Kurt floh vor der Naziherrschaft ins russische Exil, nach dem Hitler-Stalin-Pakt wurde er verhaftet, kam in ein Lager und wurde nach Sibirien verbannt. Dort heiratete er die Russin Irina, die Mutter des Erzählers, die sich später in der DDR immer ein wenig fremd fühlt und sich an ihrem russischen Akzent und am Alkohol wärmt.

Der in der Verbannung geborene Sohn Alexander ist die Figur, die in etwa dem Autor Eugen Ruge entspricht. Auch Ruge wurde 1954 in Soswa im Ural geboren. Sein Vater ist der Historiker Wolfgang Ruge, der umfangreiche Werke zur Geschichte der Arbeiterbewegung schrieb. Die umfangreichen Materialien, die der Vater hinterließ, Briefe und Tagebuchaufzeichnungen, waren auch eine Grundlage für die literarische Familienrecherche. Mit seinem Roman folgte Ruge der Familienrealgeschichte, auch wenn nicht alle Daten übereinstimmen und manches erfunden sein mag, um die Wirklichkeit zu verdeutlichen.

Trotz der Fülle der Geschichten und der Menge des historischen Materials ging Ruge nicht im Stoff unter. Die Geschichten vom Exil, von Verfolgung und Unterdrückung und neuer Gewalt, vom Niedergang der Utopie, von Korruption, Kompromissen und Gehorsam, von Lebenslügen, Überzeugungen und Selbstgerechtigkeiten, die das 20. Jahrhundert ausmachten, waren ja schon oft erzählt; Jenny Erpenbeck hat in ihrem Roman *Heimsuchung* ganz ähnliche DDR-Familienverhältnisse aus der Nomenklatura bearbeitet. Überzeugend aber war die vielfache perspektivische Brechung, die durch die lebendige Figurenvielfalt entstand. Bei Ruge konnten wir uns nicht mehr auf eine Seite schlagen, und auch wenn wir die Früheren mit ihren Hoffnungen lächerlich fanden, wir konnten sie doch verstehen und lieben.

Auch *In Zeiten des abnehmenden Lichts* war nicht einfach bloß ein Roman über die DDR und ihren Niedergang, sondern ein Panorama von Lebensgeschichten, die in diesem historischen Rahmen stattfanden, weil sich nun mal jedes Leben notwendigerweise zu einer bestimmten Zeit und an einem bestimmten Ort vollzieht – mit allen Schwierigkeiten, die sich daraus ergeben. 2011 war all das, wovon Ruge erzählte, ja schon tief im Boden der Geschichte versickert. Das Licht, das die sozialistische Utopie einmal ausgestrahlt hatte, war kaum noch erkennbar. Dass die Generationen vor uns um eine bessere Welt gekämpft hatten und in diesem verlöschenden Licht kreisten, erschien uns in unserer ewigen Gegenwart nur noch als merkwürdige Skurrilität. Was sie einst bewegte, der Streitwert ihrer Ideen, war verblasst. So zeigte sich, dass auch die ideologischen Gewänder nur Kostüme waren, die in unserem Blick wie Verkleidungen erschienen. Im Rückblick wirkten sie wie alle Moden ein wenig lächerlich. Doch Ruges Figuren hatten Bestand, jenseits der Zeiten, und sie hatten unseren Respekt. Und vielleicht erzählte er gerade deshalb mehr von der DDR und den Nöten des Lebens, Wünschens und Hoffens als all die Bücher, die sich direkt an den Ideologien abarbeiteten.

Es ist das ewige Spiel mit der Geschichte und der Zeitlosigkeit. *Hundert Jahre Einsamkeit* hieß der Bestseller von Gabriel García Márquez in den achtziger Jahren, als Lateinamerika den Platz der Sehnsüchte besetzte und nicht die bröckelige DDR. Denn darum geht es doch im Leben und im Lesen: zu erfahren, wie wir selber zu denen werden konnten, die wir heute sind. Lesend begeben wir uns auf die Spur dieses rätselhaften Vorgangs, wie sich die Schichten der Geschichte in unserem Bewusstsein ablagern und schließlich das hervorbringen, was wir unser »Ich« nennen. Das ist etwas ganz und gar Offenes, das im Hallraum der Zeiten steht, und doch sind wir so unverwechselbar wie ich und du. Als Leser erkunden wir unsere Herkünfte und unsere Möglichkeiten. Wir lieben die Bücher, die uns auf dieser Reise begleiten.

BÜCHER, DIE WIR LIEBTEN

Die Bücher, die wir liebten, sind alle noch da. Manche von ihnen lesen wir noch heute, lesen sie immer wieder. Sie sind uns feste Begleiter. Andere sind längst vergessen, und es verirrt sich kaum noch einer von uns zwischen ihre vergilbten Seiten. Doch alle zusammen bilden den Boden, auf dem wir stehen. In ihn ist alles eingesickert, was einmal vorhanden war, und jedes neue Buch geht aus diesem Grund hervor, ganz egal, ob es darum weiß oder nicht. Nichts geht verloren.

Die Bücher, die wir liebten, haben scheinbar nichts miteinander zu tun außer der Tatsache, dass sie einmal in großer Zahl gekauft worden sind. Jedes einzelne steht für sich und seinen historischen Augenblick. In der Draufsicht aber bilden sie einen Flickenteppich, ein Muster, eine Struktur. Da gibt es Fäden, die sich der Länge nach durchziehen – die allgegenwärtige deutsche Geschichte etwa –, die gekreuzt werden von den querlaufenden Fäden der wechselnden Moden und Stimmungen. Und es gibt die vielen Einzelheiten, die sich punktuell da hinein fügen. Jeder Punkt ist ein Leseabenteuer. Jede einzelne Lektüre ist im Gesamtbild aufgehoben. Wo viele von uns dasselbe Buch gelesen haben, entstehen die Knoten, die alles zusammenhalten.

Die Bücher, die wir liebten, erzählen ihre Geschichten. Und sie erzählen etwas über uns, weil sie ohne uns Leser nicht existieren würden. Vor allem verraten sie, wie ängstlich wir gewesen sind. Die Geschichte der Bestseller ist eine Geschichte unserer Ängste und unserer Sorgen. Wenn sie uns Fluchtmöglichkeiten boten, verrieten sie auch, wovor wir jedes Mal davongelaufen sind.

Die Bücher, die wir liebten, nahmen uns auf und führten uns wieder dorthin zurück, von wo wir kamen. Wir entkamen nicht, wir wurden aufgehoben. Ganz egal wie disparat und widersprüchlich unsere Sehnsüchte waren, sie hatten alle darin Platz. Und wir liebten sie umso mehr, je besser sie es vermochten, unsere Spannungen auszuhalten und aufzulösen.

Die Bücher, die wir liebten, liebten auch uns. Sie haben aus uns bessere Menschen gemacht. Sie können nicht anders, weil Leser bessere Menschen sind. Als Leser sind wir bescheiden. Als Leser hören wir zu. Als Leser erproben wir andere Sichtweisen als immer bloß die eigene. So lernen wir verstehen und erweitern unseren Horizont. Lesen ist eine demokratische Tugend. Es ist kein Zufall, dass Diktatoren Bücher mehr fürchten als jede feindliche Armee. Weil zu den Büchern ja auch Leser gehören und Leser sich dem Einfluss der Macht entziehen.

Die Bücher, die wir liebten, gewähren uns unsere eigenen demokratischen Rechte. Formuliert hat sie der französische Schriftsteller Daniel Pennac. Die Rechte der Leser sind zugleich auch die Rechte der Schreibenden, weil Schreiben nichts anderes ist als ein umgekehrter Lesevorgang. Der Schriftsteller liest die Welt und schreibt auf, was er gelesen hat. Wir lesen seine Lektüre und machen daraus unser eigenes Buch. Wir haben jederzeit das Recht, nicht zu lesen. Das Recht, Seiten zu überspringen. Das Recht, ein Buch nicht zu Ende zu lesen. Das Recht, es noch einmal zu lesen. Das Recht, zu lesen, was wir wollen. Das Recht, den Roman als Leben zu sehen. Das Recht, überall zu lesen. Das Recht herumzuschmökern. Das Recht, laut zu lesen. Und das Recht zu schweigen.[1]

Auch wenn wir schweigen, lesen wir weiter.

Ohne zu lesen, wären wir gar nicht da.

CHRONIK

Aufgeführt sind alle im Text erwähnten Bücher nach Erscheinungsjahr. Nicht alle, aber fast alle waren auch Bestseller. Nicht immer war das Erscheinungsjahr auch das Jahr des größten Erfolgs.

1945   Theodor Plievier: *Stalingrad*
1945   Erich Maria Remarque: *Arc de Triomphe*
1946   Eugen Kogon: *Der SS-Staat*
1947   Wolfgang Borchert: *Draußen vor der Tür*
1948   Dale Carnegie: *Sorge dich nicht, lebe!*
1949   C. W. Ceram: *Götter, Gräber und Gelehrte*
1950   Ernst von Salomon: *Der Fragebogen*
1951   Ferdinand Sauerbruch: *Mein Leben*
1954   Hugo Hartung: *Ich denke oft an Piroschka*
1954   Thomas Mann: *Bekenntnisse des Hochstaplers Felix Krull*
1955   Werner Keller: *Und die Bibel hat doch recht*
1955   Hans Niklisch: *Vater, unser bestes Stück*
1956   Erich Fromm: *Die Kunst des Liebens*
1957   Alexander Barrantay: *Lieben – aber wie?*
1957   Heinz G. Konsalik: *Der Arzt von Stalingrad*
1957   Lobsang Rampa: *Das dritte Auge*
1958   Boris Pasternak: *Doktor Schiwago*
1958   Heinrich Böll: *Doktor Murkes gesammeltes Schweigen*
1958   Franz Kafka: *Das Schloß*
1958   Klaus Mehnert: *Der Sowjetmensch*
1958   C. Northcote Parkinson: *Parkinsons Gesetz*
1958   George F. Kennan: *Rußland, der Westen und die Atomwaffen*
1959   Bernhard Grzimek: *Serengeti darf nicht sterben*
1959   Günter Grass: *Die Blechtrommel*

2012   Timur Vermes: *Er ist wieder da*

2014   Julia Enders: *Darm mit Charme*

2014   Wilhelm Schmid: *Gelassenheit*

2014   Jan Wagner: *Regentonnenvariationen*

2015   Peter Wohlleben: *Das geheime Leben der Bäume*

2016   Margot Käßmann: *Sorge dich nicht, Seele*

2016   Nele Neuhaus: *Im Wald*

2016   Sebastian Fitzek: *Das Paket*

2016   Eckart von Hirschhausen: *Wunder wirken Wunder*

2016   Juli Zeh: *Unterleuten*

2017   Rolf Peter Sieferle: *Finis Germania*

2017   Andreas Michalsen: *Heilen mit der Kraft der Natur*

2017   Peter Wohlleben: *Das geheime Netzwerk der Natur*

2017   Daniel Kehlmann: *Tyll*

ANMERKUNGEN

DER ERSTE SATZ

1 Theodor Plievier: *Stalingrad*. Berlin 1945. Zitiert nach einer West-Berliner Lizenzausgabe von 1948, S. 5.
2 Ebd., S. 9.
3 Vgl. Christian Adam: *Der Traum vom Jahre Null. Autoren, Bestseller, Leser: Die Neuordnung der Bücherwelt in Ost und West nach 1945*. Berlin 2016, S. 66.
4 Vgl. *Der Spiegel* 16/1962, S. 86.
5 Christian Adam, a. a. O., S. 66.
6 C. W. Ceram: *Götter, Gräber und Gelehrte. Roman der Archäologie*. Reinbek 1949, S. 15.
7 Zitiert nach David Oels: *Rowohlts Rotationsroutine. Markterfolge und Modernisierung eines Buchverlags vom Ende der Weimarer Republik bis in die fünfziger Jahre*. Essen 2013, S. 294.
8 Kurt W. Marek: »Wie Götter, Gräber und Gelehrte entstand«. In: *100 Jahre Rowohlt. Eine illustrierte Chronik*. Herausgegeben von Hermann Gieselbusch, Dirk Moldenhaupt, Uwe Naumann, Michael Töteberg. Reinbek 2008, S. 159.
9 Walter Kiaulehn: *Mein Freund, der Verleger*. Reinbek 1967, S. 219.
10 Ebd., S. 220 f.
11 Vgl. David Oels, a. a. O., S. 284 f.
12 Ebd., S. 287 f.
13 Kurt W. Marek: »Wie Götter, Gräber und Gelehrte entstand«, a. a. O., S. 160.
14 *Der Spiegel* 44, 27. 10. 1949.
15 Kurt W. Marek: »Wie Götter, Gräber und Gelehrte entstand«, a. a. O., S. 162.
16 *Der Spiegel* gab 1962 325 000 verkaufte Exemplare an und setzte

Salomons Fragebogen damit auf Platz 20 der Belletristik-Bestseller nach 1945. *Der Spiegel* 16/1962, S. 86.

17 *Der Spiegel* 44, 27.10.1949.

18 *Der Spiegel* 16/1962, S. 86.

19 David Oels: *Rowohlts Rotationsroutine*, a.a.O., S. 263f. und S. 274.

20 *100 Jahre Rowohlt*, a.a.O., S. 161.

21 C.W.Ceram: *Götter, Gräber und Gelehrte*, Neuauflage, Reinbek 2008, S. 397.

22 David Oels: *Rowohlts Rotationsroutine*, a.a.O., S. 276.

23 Christian Adam, a.a.O., S. 362.

24 Ebd.

25 Michael Ende: *Momo*. Stuttgart 1973, S. 5.

26 J.R.R.Tolkien: *Der Herr der Ringe*. Stuttgart 1969, S. 37.

27 Bora Ćosić: *Konsul in Belgrad*. Wien, Bozen 2016, S. 50.

LIEBESVERHÄLTNISSE

1 Ulrich Raulff: *Wiedersehen mit den Siebzigern: Die wilden Jahre des Lesens*. Stuttgart 2014, S. 29.

2 Navid Kermani: *Sozusagen Paris*. München 2016, S. 73 f.

3 Martin Walser: *Die Verwaltung des Nichts. Aufsätze*. Reinbek 2004, S. 115.

4 Der Kommunikationswissenschaftler Thomas Kopfermann definiert Lesen als »komplexen dialogischen Vorgang« bzw. als »doppelten dialogischen Vorgang zwischen Text und Leser und zwischen Lesern über den Text«. Literarisches Lesen ist für ihn jedoch eine »anthropologische Grundfertigkeit«, die »signifikant mehr« umfasse. Er unterscheidet instrumentelles, zweckorientiertes Lesen und identifikatorisches Lesen und spricht davon, dass es sich dabei immer – und unabhängig vom Inhalt – um den Eintritt in eine Gegenwelt handle. (Vgl. Thomas Kopfermann: *»Lies, damit ich ihn selbst höre.« Schriften zur Kommunikationspädagogik*. St. Ingbert 2008, S. 63 f.)

5 Richard David Precht: *Wer bin ich – und wenn ja wie viele?* München 2007, S. 16 f.

6 Peter Handke: *Die Geschichte des Bleistifts*. Frankfurt/Main 1985, S. 293.

7 Martin Walser: *Die Verwaltung des Nichts*, a.a.O., S. 115.

8 Hans-Georg Gadamer: »Philosophie und Literatur«. In: *Was ist Li-*

teratur? Phänomenologische Forschungen 11. Freiburg / München 1981, S. 27.

9 Thomas Kopfermann: »Lesen ist biografisch / lebensgeschichtlich und gesellschaftlich geprägt: Familie, Leserbiografien, Schule, (schulisches vs. individuelles Lesen), Medienzusammenhang, gesellschaftliche Einschätzungen, Erwartungen, geschlechtsspezifische Unterschiede.« A.a.O., S. 64.

10 Peter Bichsel: *Der Leser. Das Erzählen.* Frankfurt / Main 1982, S. 33.

11 Ebd., S. 43.

12 Ebd., S. 33.

13 Bora Ćosić: *Konsul in Belgrad,* a.a.O., S. 50.

14 Hans-Jost Frey: *Lesen und Schreiben.* Basel, Weil am Rhein 1998, S. 8 f.

15 Rainer Maria Rilke: *Die Gedichte.* Frankfurt / Main und Leipzig 1986, S. 503.

16 A.O.Scott: *Kritik üben. Die Kunst des feinen Urteils.* München 2017, S. 90.

17 Jan Philipp Reemtsma: *Was heißt: einen literarischen Text interpretieren?* München 2016, S. 203 f.

18 Peter Sloterdijk: *Du musst dein Leben ändern. Über Anthropotechnik.* Frankfurt / Main 2009, S. 44.

19 Julian Barnes im Gespräch mit Ian McEwan, in: *Die Zeit* 41/2016, 17.10.2016.

20 Peter Bichsel: »Ich halte mich für schwer überschätzt.« *Tagesanzeiger,* 12.4.2017. (http://www.tagesanzeiger.ch/kultur/buecher/ich-halte-mich-fuer-schwer-ueberschaetzt/story/31992502).

21 Philipp Theison: Der Geschmack der Masse. *Neue Zürcher Zeitung,* 17.9.2016 (http://www.nzz.ch/feuilleton/zeitgeschehen/bestseller-literatur-der-geschmack-der-masse-ld.117195).

STIMMUNGEN

1 Thilo Sarrazin: *Deutschland schafft sich ab. Wie wir unser Land aufs Spiel setzen.* München 2010, S. 7.

2 Das im August 2010 erschienene Buch kam bereits im Januar 2012 auf 1,5 Millionen verkaufter Exemplare. Vgl. https://de.wikipedia.org/wiki/Deutschland_schafft_sich_ab.

3 Siegfried Kracauer: »Über Erfolgsbücher und ihr Publikum«. In: ders.: *Das Ornament der Masse,* Frankfurt / Main 1963, S. 64–74.

4 Vgl. dazu Werner Faulstich: *Bestandsaufnahme Bestseller-Forschung. Ansätze – Methoden – Erträge.* Wiesbaden 1983, S. 77.

5 Ebd., S. 80.

6 Jodie Archer, Matthew L. Jockers: *The Bestseller Code. Anatomy of the Blockbuster Novel.* New York 2016.

7 Zitiert nach Marc Felix Serrao: Der Bestseller-Code. In: *Frankfurter Allgemeine Sonntagszeitung* 42/2016, 23.10.2016, S. 21.

8 Elke Heidenreich: *Nero Corleone. Eine Katzengeschichte.* München 1995.

9 Annette C. Anton: »›Ein Bestseller ist wie Eintopf‹. Gespräch«. In: *Seitenweise Erfolg. 40 Bestseller und ihre Geschichte.* München 2008, S. 33.

10 Werner Faulstich: »Bestseller – ein Phänomen des 20. Jahrhunderts. Über den Zusammenhang von Wertewandel, Marktmechanismus und Literaturfunktionen aus medienkulturhistorischer Sicht«. In: Werner Arnold, Erdmann Weyrauch (Hrsg.): *Wolfenbütteler Notizen zur Buchgeschichte.* Wiesbaden 1996, S. 136.

11 Heinz Bude: *Das Gefühl der Welt. Über die Macht der Stimmungen.* München 2016, S. 22.

12 Ebd., S. 38 f.

13 Ebd., S. 39.

14 Ebd., S. 40.

15 Ebd., S. 9.

16 Ebd., S. 34.

17 Botho Strauß zitiert diesen für alle große Literatur zentralen Satz in seinem Band: *Paare, Passanten.* Frankfurt/Main 1981, S. 103.

18 Octavio Paz: Essays 1, Frankfurt/Main 1984, S. 253 f.

SORGE DICH NICHT, LESE!

1 Zitiert nach der überarbeiteten Ausgabe in Neuübersetzung von Ursula Gaïl nach der revidierten amerikanischen Fassung von 1984. Bern, München, Wien 1989 (49. Auflage), S. 15.

2 Ebd., S. 18

3 Ebd., S. 17.

4 Ebd., S. 16.

5 Ebd., S. 17.

6 »In vielen anderen Berufen, als Cowboy etwa, als Schauspieler, Autohändler oder Romancier, war er gescheitert. Zu seinem Erfolg

wurde, anderen Erfolglosen Erfolgsrezepte zu offerieren.« Jochen Hieber, *FAZ*, 1.2.1997.

7 Eva Illouz: *Die neue Liebesordnung. Frauen, Männer und Shades of Grey*. Berlin 2013, S. 28.

8 Ebd.

9 *Der Spiegel* 49/1951 (5.12.1951), S. 38 ff.

10 Ebd.

11 Ebd.

12 Ebd.

13 Annette C. Anton: »›Ein Bestseller ist wie Eintopf‹. Gespräch«, a.a.O., S. 34.

14 In diesen Kontext stellt zum Beispiel Rolf Schmiel, der mit *Senkrechtstarter* selbst eine Art kritischen Ratgeber verfasst hat, Carnegies Ratgeber. Rolf Schmiel: *Senkrechtstarter. Wie aus Frust und Niederlagen die größten Erfolge entstehen*. Frankfurt / Main 2014. S. 113 f.

15 Carnegie, a.a.O., S. 17.

16 Helmut Schmidt: *Außer Dienst*. München 2008.

17 Wilhelm Schmid: *Gelassenheit. Was wir gewinnen, wenn wir älter werden*. Berlin 2014.

18 Margot Käßmann: *Sorge dich nicht, Seele*. Wetzlar 2016.

19 Wilhelm Schmid: *Mit sich selbst befreundet sein. Von der Lebenskunst im Umgang mit sich selbst*. Frankfurt / Main 2004, S. 39 f.

20 Ebd.

21 Hans-Georg Gadamer: *Über die Verborgenheit der Gesundheit*. Berlin 2010, S. 145.

22 Dr. med. Eckart von Hirschhausen: *Die Leber wächst mit ihren Aufgaben*. Reinbek 2008.

23 Giulia Enders: *Darm mit Charme. Alles über ein unterschätztes Organ*. Berlin 2014.

24 Ebd., S. 14.

25 Ebd.

26 Philipp Schneider: Tief drin. *Süddeutsche Zeitung*, 6./7.5.2017, S. 48.

27 Ijoma Mangold: Das ist doch alles ganz natürlich. Darm mit Charme ist die brave Antwort auf Charlotte Roche. *Die Zeit*, 24.7.2014 (http://www.zeit.de/2014/31/giulia-enders-darm-charme).

28 Giulia Enders: *Darm mit Charme*, a.a.O., S. 12.

29 Philipp Schneider: Tief drin, a.a.O.

30 Ebd.

31 Eckart von Hirschhausen , a.a.O., S.36.

32 Ebd., S.155.

33 Ebd., S.124.

34 Laut Auskunft des Rowohlt Verlages.

GUT, BESSER, BEST

1 Auch deshalb nicht, weil es sie in so vielen verschiedenen Überset-zungen und Ausgaben gibt, die gar nicht alle am Markt registrier-bar sind.

2 Diese Aufteilung des Buchmarktes klingt plausibel, ist es aber nicht, und es zeigt sich in der Praxis immer wieder, dass Bücher auf einer Seite eingeordnet werden, die auch auf der anderen stehen könnten. Das trifft zum Beispiel auf literarische autobiographische Erzählungen zu, die zu den Sachbüchern geschlagen werden. Die Grenze zwischen Fiction und Non-Fiction ist ebenso fließend wie die zwischen erzählerischer und faktenorientierter Darstellung.

3 https://de.wikipedia.org/wiki/Bestsellerliste

4 So definierte es Dieter E. Zimmer schon 1971. In: Heinz Ludwig Arnold (Hg.): *Literaturbetrieb in Deutschland*. München 1971, S. 98.

5 So schlägt es Ralf Schnell vor: »Bestseller sind Bücher, die auf An-hieb mindestens 30 000 Exemplare verkaufen lassen, Best-Bestseller solche, die Auflagen von über 100 000 erleben, Steady- oder Dauer-Seller schließlich jene Publikumserfolge, die ihre hohen Auflagen über Jahre hinweg halten.« In: ders., *Die Literatur der Bundesrepu-blik. Autoren, Geschichte, Literaturbetrieb*. Stuttgart 1986, S. 26 f.

6 Bei den *Spiegel*-Jahresbestsellern 1996 auf Platz 10, 1997 auf Platz 8.

7 Laut Wikipedia war die Startauflage der deutschen Ausgabe vom Februar 2008 mit 120 000 Exemplaren schon durch die Vorbestel-lungen des Buchhandels nahezu ausverkauft, genaue Angaben über reale Verkaufszahlen gebe es aber nicht. Auf der Jahresbest-sellerliste des *Spiegel* tauchte der »Tatsachenroman« nicht auf.

8 In: Michael Meyer: Der Bestseller-Code. Deutschlandradio Kultur, 28.10.2016 (http://www.deutschlandradiokultur.de/buchmarkt-der-beststeller-code.976.de.html?dram%3Aarticle_id=369765).

9 Nele Neuhaus: *Im Wald*. Berlin 2016.

10 https://www.youtube.com/watch?v=u22kRqwDEg8

11 *Spiegel*-Bestsellerliste vom 24.10.2016.

12 Vgl. Ernst Fischer: »Bestseller in Geschichte und Gegenwart«. In: Joachim-Felix Leonhard u.a. (Hg.): *Medienwissenschaft. Ein Handbuch zur Entwicklung der Medien- und Kommunikationsformen.* Berlin, New York 1999, Bd. 15, S. 768.

13 Im Oktober 2017 führten sie gemeinsam die Bestsellerliste an. Dan Brown: *Origin.* München 2017. Daniel Kehlmann: *Tyll.* Reinbek, 2017.

14 Karina Liebenstein: *Bestsellerlisten 1962 bis 2001. Eine statistische Analyse.* Erlangen 2005, S. 25.

15 Ebd., S. 51 f.

16 https://www.buchmesse.de/images/fbm/dokumente-ua-pdfs/2016/buchmarkt_deutschland_2016_dt.pdf_58507.pdf

17 Vgl. Erhard Schütz u.a. (Hg.): *Das BuchMarktBuch. Der Literaturbetrieb in Grundbegriffen.* Reinbek 2005. Darin das Stichwort »Bestseller«, S. 47.

18 Sonja Marjasch: *Der amerikanische Bestseller. Sein Wesen und seine Verbreitung unter besonderer Berücksichtigung der Schweiz.* Bern 1946, S. 12.

19 Allerdings aktualisiert der Online-Buchhändler Amazon das interne Verkaufsranking auf den vorderen Plätzen stündlich, auf den hinteren immer noch mehrmals am Tag. Hier lassen sich deshalb auch kurzfristige Kaufimpulse ablesen, und manchmal sind Bücher dort schon vor Erscheinen nur aufgrund der Vorbestellungen auf vorderen Bestsellerplätzen.

20 Die SWR-Bestenliste, die von Kritikern erstellt wird, erscheint zwar monatlich und bietet die »Bücher des Monats«, sie ist aber eben keine Bestsellerliste, da es dabei allein um inhaltliche, nicht aber um ökonomische Aspekte geht.

21 Burkhart R. Lauterbach bezeichnet Longseller als »steady bestseller« und nennt als ein Beispiel für Bücher mit »sehr gutem Umsatz während der Dauer von zwei oder mehr Messzeiten« Margaret Mitchells *Gone with the Wind.* (Burkhart R. Lauterbach: Bestseller. Tübingen 1979, S. 9.) Dale Carnegies *Sorge dich nicht, lebe* wäre ein anderes Beispiel, oder aus der jüngsten Vergangenheit Peter Wohllebens *Das geheime Leben der Bäume.* Auf der Jahresbestsellerliste des *Spiegel* gibt es immer wieder Bücher, die sich dort über mehrere Jahre halten. So belegte Christiane F. mit *Wir Kinder vom*

Bahnhof Zoo von 1979 bis 1981 dreimal in Folge Platz 1 der Sachbuchbestsellerliste. Dieses Buch mit seinen erzählerischen, durchaus romanhaften Qualitäten ist auch ein Beispiel dafür, wie schwer es ist, zwischen Sachbuch und Belletristik, Fiction und Non-Fiction präzise zu unterscheiden.

22 Lauterbach, a. a. O., S. 108.

23 Vgl. Eva Illouz, a. a. O., S. 20 f.

24 Dieter E. Zimmer, in: Arnold, *Literaturbetrieb*, a. a. O., S. 113.

25 Annette C. Anton: »›Ein Bestseller ist wie Eintopf‹. Gespräch«, a. a. O., S. 35.

26 Vgl. Felix Zwinzscher: So werden Bestsellerlisten wirklich gemacht. *Die Welt*, 4. 2. 2016.

27 Vgl. Schütz: *Das BuchMarktBuch*, a. a. O., S. 48.

DIE SPRACHE DER NATUR

1 Bertolt Brecht: »An die Nachgeborenen«. In: *Gedichte*. Hg. von Jan Knopf. Frankfurt / Main 2008, S. 355.

2 Peter Wohlleben: *Das geheime Leben der Bäume. Was sie fühlen, wie sie kommunizieren – die Entdeckung einer verborgenen Welt*. München 2015.

3 Eckart von Hirschhausen: *Wunder wirken Wunder. Wie Medizin und Magie uns heilen*. Reinbek 2016, S. 11.

4 Peter Wohlleben: *Das geheime Netzwerk der Natur*. München 2017.

5 Michael Pilz: Kein Netzwerk ist sozialer als der Wald. *Die Welt*, 16. 9. 2017 (https://www.welt.de/kultur/article168684699/Kein-Netzwerk-ist-sozialer-als-der-Wald.html).

6 Joseph von Eichendorff, Gedichte. Online zu finden im Projekt Gutenberg: http://gutenberg.spiegel.de/buch/joseph-von-eichendorff-gedichte-4294/114

7 So Peter Wohlleben in einem Interview auf »Phoenix«: https://www.youtube.com/watch?v=6YQmKuWZ3cc

8 Ebd.

9 Wohlleben: *Das geheime Leben der Bäume*, a. a. O., S. 14 ff.

10 Ebd., S. 37.

11 Ebd., S. 22.

12 https://www.youtube.com/watch?v=6YQmKuWZ3cc

13 Brigitte Kronauer: *Natur und Poesie*. Stuttgart 2015, S. 14.

14 Ebd., S. 12.

15 Andreas Michalsen: *Heilen mit der Kraft der Natur. Meine Erfahrung aus Praxis und Forschung. Was wirklich hilft*. Berlin 2017.

16 Bestsellerliste vom 18.6.2017, *Spiegel* 26/2017.

17 Vgl. Wikipedia, https://de.wikipedia.org/wiki/Landlust

18 https://www.youtube.com/watch?v=6YQmKuWZ3cc

19 Peter Wohlleben: *Der Wald. Ein Nachruf*. München 2013.

20 Ebd.

21 Jan Wagner: *Regentonnenvariationen*. Berlin 2014.

22 Jan Wagner: *Selbstporträt mit Bienenschwarm*. Berlin 2017.

23 Maja Lund: *Die Geschichte der Bienen*. München 2017.

24 http://www.matthes-seitz-berlin.de/reihe/naturkunden.html

25 Michael Tomasello: *Eine Naturgeschichte der menschlichen Moral*. Berlin 2016.

26 Allerdings gab es im Jahr 2017 ein sehr schönes, so unterhaltsames wie lehrreiches Buch mit dem Titel *Kritik der Vögel*. Die Autoren Jürgen und Thomas Roth, die aus dem Umfeld des Satiremagazins *Titanic* stammen, schreiben ironisch darüber, was am Kiebitz, Spatz oder Rotrückenwürger verbesserbar wäre.

27 Lauren Redniss: *Blitz und Donner. Das Wetter: Vergangenheit, Gegenwart und Zukunft*. Berlin 2015.

28 Ulrich Raulff: *Das letzte Jahrhundert der Pferde. Geschichte einer Trennung*. München 2015.

29 Wohlleben: *Das geheime Leben der Bäume*, a.a.O., S. 137 f.

30 Bernhard Grzimek: *Serengeti darf nicht sterben. 367 000 Tiere suchen einen Staat*. Berlin 1959.

31 *Der Spiegel*, 16/1962, S. 86.

32 wikipedia, https://de.wikipedia.org/wiki/Serengeti_darf_nicht_sterben

33 Brigitte Kronauer: *Die Konstanz der Tiere*, a.a.O., S. 11.

LAST UND LUST DER LISTEN

1 Ben Schott: *Schotts Sammelsurium*. Berlin 2004.

2 http://www.tenoftheday.de/die-10-groessten-bestseller-aller-zeiten/

3 So gab die *Frankfurter Allgemeine Sonntagszeitung* beispielsweise für den *Da Vinci Code* im Oktober 2016 80 Millionen verkaufter Auflage an. Das wäre zwar immer noch Platz 8 auf der Ten of the day-Liste, doch Vorsicht ist in jedem Fall geboten.

4 Eva Illouz, a.a.O., S.12.

5 In der Kolumne »Beckmann kommentiert« im Magazin *Buchmarkt* wurde im Jahr 2011 noch angegeben, dass Bücher über 20 Euro in Deutschland kaum bestsellertauglich seien. Das stimmt heute nicht mehr; auch die Buchpreise steigen tendenziell, und unter den Top Ten sind immer auch Titel mit bis zu 30 Euro Ladenpreis zu finden. (Vgl. http://www.buchmarkt.de/content/45977-beckmann-kommentiert.htm)

6 https://de.wikipedia.org/wiki/Bestsellerliste

7 Werner Faulstich, a.a.O., S.8.

8 Vgl.http://www.buchmarkt.de/content/45977-beckmann-kommentiert.htm und Rainer Schmitz: »Mythos Bestseller«. In: *Kodex. Jahrbuch der Internationalen Buchwissenschaftlichen Gesellschaft. Bestseller und Bestsellerforschung.* 2/2012, S.4.

9 https://de.wikipedia.org/wiki/Bestsellerliste

10 Vgl. Oliver Fink: Mit Lust und Liste. *Tagesspiegel,* 4.10.2003. (http://www.tagesspiegel.de/kultur/mit-lust-und-liste/453610.htm)

11 Faulstich, a.a.O., S.8.

12 Zitiert nach Schmitz: »Mythos Bestseller«, a.a.O., S.4.

13 Johann Peter Eckermann: *Gespräche mit Goethe in den letzten Jahren seines Lebens.* Berlin, Weimar 1982, S.139. (http://gutenberg.spiegel.de/buch/-1912/56) Das Zitat im Zusammenhang: »›Überhaupt‹, fuhr Goethe fort, ›lernt man nur von dem, den man liebt. Solche Gesinnungen finden sich nun wohl gegen mich bei jetzt heranwachsenden jungen Talenten, allein ich fand sie sehr spärlich unter Gleichzeitigen. Ja ich wüßte kaum einen einzigen Mann von Bedeutung zu nennen, dem ich durchaus recht gewesen wäre. Gleich an meinem ›Werther‹ tadelten sie so viel, daß, wenn ich jede gescholtene Stelle hätte tilgen wollen, von dem ganzen Buche keine Zeile geblieben wäre. Allein aller Tadel schadete mir nichts, denn solche subjektive Urteile einzelner obgleich bedeutender Männer stellten sich durch die Masse wieder ins Gleiche. Wer aber nicht eine Million Leser erwartet, sollte keine Zeile schreiben.‹«

14 *Die Zeit* Nr.23, 6.6.1957, S.6.

15 Rudolf Walter Leonhardt: Die fünf Bücher des Monats. Ebd.

16 Lobsang Rampa: *Das dritte Auge. Ein tibetanischer Lama erzählt sein Leben.* München 1957.

17 *Der Spiegel* 7, 12.2.1958, S.45.

18 Ebd.

19 Vgl. Adam, a. a. O., S. 308.

20 *Die Zeit* Nr. 36, 1. 9. 1961.

21 *Spiegel*-Bestsellerliste vom 31. 10. 2016.

22 *Der Spiegel* 43/1961.

23 Rainer Schmitz: »Mythos Bestseller«. In: *Kodex* 2/2012, a. a. O., S. 5.

24 Ebd.

25 Mündliche Auskunft von Jörg Sundermeier, Verleger des Berliner Verbrecher Verlags.

26 Felix Zwinzscher: So werden Bestsellerlisten wirklich gemacht. *Die Welt*, 4. 2. 2016.

27 Rolf Peter Sieferle: *Finis Germania*. Schnellroda 2017.

28 In eigener Sache. »Finis Germania« und die Spiegel-Bestsellerliste. *Spiegel Online*, 25. 7. 2017 (http://www.spiegel.de/kultur/literatur/finis-germania-und-die-spiegel-bestsellerliste-in-eigener-sache-a-1159667.html).

29 So *Spiegel*-Redakteur Sebastian Hammelehle, in: Spiegel 25/2017.

DIE SPRACHE DER BILDER

1 Gerhard Falkner: *Bekennerschreiben. Essays, Reden, Kommentare, Interviews und Polemiken*. Fürth 2017.

2 Marc Reichwein: Diese schönen Bücher könnten auf den Catwalk gehen. *Die Welt*, 4.8.2015 (https://www.welt.de/kultur/literarische welt/article144809942/Diese-schoenen-Buecher-koennten-auf-den-Catwalk-gehen.html).

3 Hans von Trotha: Wieso Verlage uralte Signalreize nutzen. Deutschlandfunk Kultur, Lesart, 4.9.2017 (http://www.deutsch landfunkkultur.de/trends-aufdeutschen-buchcovern-wieso-ver lage-uralte.1270.de.html?dram%3Aarticle_id=395061).

4 Christiane Lutz: Wie sieht das perfekte Buchcover aus? *Süddeutsche Zeitung*, 15.11.2016 (http://www.sueddeutsche.de/kultur/literatur-wie-sieht-das-perfekte-buchcover-aus-1.3249138).

5 Sebastian Fitzek: *Das Paket*. München 2016.

6 Christiane Lutz, a. a. O.

7 Eugen Kogon: *Der SS-Staat*. München 1946.

8 Ebd., Einleitung S. IX.

9 *Der Spiegel* 1/1976.

10 Ferdinand Sauerbruch: *Das war mein Leben*. München 1951.

11 Vgl. Udo Benzenhöfer: »›Schneidet für Deutschland!‹ Bemerkun-

gen zu dem Film ›Sauerbruch – Das war mein Leben‹«. In: ders. (Hg.): *Medizin im Spielfilm der fünfziger Jahre*. Pfaffenweiler 1993, S. 60 ff.

12 In seiner Geschichte der Nachkriegs-Bestseller hebt Christian Adam besonders diesen Aspekt hervor. Nicht nur Sauerbruch selbst stand dafür, sondern auch der eigentliche Autor seiner Memoiren, der Journalist Rudolf Berndorff, der vor 1945 Chefredakteur der *Berliner Illustrierten Zeitung* gewesen war und unter Pseudonym Bücher wie *Tannenberg. Wie Hindenburg die Russen schlug* geschrieben hatte. Adam, a.a.O., S. 235.

13 Alexander Barrantay: *Lieben – aber wie? Das Liebes-, Lehr- und Lesebuch für schwache Stunden*. München 1957.

14 Ebd., S. 67.

15 Hugo Hartung: *Ich denke oft an Piroschka*. Berlin 1954.

16 Der *Spiegel* meldete in Ausgabe 16/1962 1,17 Millionen und setzte Hartungs Roman damit auf Platz 1 der Bestseller zwischen 1945–1962.

17 Adam, a.a.O., S. 277.

18 Hans Niklisch: *Vater, unser bestes Stück*. München 1955.

19 *Spiegel* 16/1962, S. 86.

20 Eric Malpass: *Morgens um sieben ist die Welt noch in Ordnung*. Reinbek 1967.

21 Dieter E. Zimmer: »›Die Herzen großer Publikumszahlen …‹ Über die Karriere eines Bestsellers am Beispiel Eric Malpass«. In: Arnold, *Literaturbetrieb*, a.a.O., S. 102.

22 Eva Kausche-Kongsbak: *Florian*. Hamburg 1968.

23 Dieter E. Zimmer, a.a.O., S. 105 f.

24 Ebd., S. 112 f.

25 Ebd., S. 113.

DEM LEBEN INS MAUL SCHAUEN

1 Hildegard Knef: *Der geschenkte Gaul. Bericht aus einem Leben*. München 1970.

2 Jürgen Trimborn: *Hildegard Knef. Das Glück kennt nur Minuten*. München 2005.

3 Gabriele von Bülow, Volker Klotz, Karl Reininghaus, Renate Remlinger, Thomas Rothschild, Anne Seuffert, Gisela Ulrich: »Roßtäuschung. Hildegard Knefs ›Der geschenkte Gaul‹«. In: Heinz Ludwig

Arnold (Hg.): *Deutsche Bestseller – Deutsche Ideologie. Ansätze zu einer Verbraucherpoetik.* Stuttgart 1975, S. 8.

4 Ebd., S. 8.

5 Ebd., S. 7 f.

6 Die ebenfalls sehr erfolgreiche Verfilmung von *Papillon* mit Steve McQueen in der Hauptrolle kam erst 1973 in die Kinos, war also keine Ursache des Bucherfolgs, sondern dessen Konsequenz.

7 Gabriele von Bülow u. a., a. a. O., S. 33 und S. 40.

8 Hans-Jost Frey: *Lesen und Schreiben,* a. a. O., S. 14.

9 Gabriele von Bülow u. a., a. a. O., S. 21.

10 Hildegard Knef: *Der geschenkte Gaul,* a. a. O., S. 118.

11 Ebd.

12 Carl Zuckmayer: *Als wär's ein Stück von mir. Erinnerungen.* Frankfurt / Main 1966.

13 Marcel Reich-Ranicki: Fragen Sie Reich-Ranicki. *Frankfurter Allgemeine Sonntagszeitung,* 30.5.2006. http://www.faz.net/aktuell/feuilleton/buecher/fragen-sie-reich-ranicki/fragen-sie-reich-ranicki-ist-carl-zuckmayer-zu-unrecht-vergessen-1332423.html

14 Ebd., S. 37.

15 Ebd., S. 38.

16 Carl Zuckmayer: *Geheimreport.* Göttingen 2002.

17 Marcel Reich-Ranicki: *Mein Leben.* Stuttgart 1999.

18 Ebd., S. 260.

GOTT UND DIE WELT

1 Werner Keller: *Und die Bibel hat doch recht.* Düsseldorf 1955.

2 *Die Zeit* 45/1955, 10.11.1955 (http://www.zeit.de/1955/45/und-die-bibel-hat-doch-recht).

3 Heinrich Böll: *Doktor Murkes gesammeltes Schweigen.* Köln 1958.

4 Franz Kafka: *Das Schloß.* Frankfurt / Main 1951.

5 C. Northcote Parkinson: *Parkinsons Gesetz.* Düsseldorf 1957.

6 George F. Kennan: *Rußland, der Westen und die Atomwaffe.* Berlin (West) 1958.

7 Klaus Mehnert: *Der Sowjetmensch.* Frankfurt / Main 1958.

8 Alexander Solschenizyn: *Der Archipel Gulag.* München 1974.

9 Theodor Heuss: *Erinnerungen 1905 bis 1933.* Tübingen 1963.

10 Hanna Frielinghaus-Heuss: *Heuss-Anekdoten.* München 1964.

11 John F. Kennedy: *Zivilcourage.* München 1964.

12 Hans Habe: *Der Tod in Texas. Eine amerikanische Tragödie.* München 1964.

13 Konrad Adenauer: *Erinnerungen 1945–1953.* Stuttgart 1965.

14 Karl Jaspers: *Wohin treibt die Bundesrepublik?* München 1966.

15 Rudi Dutschke u.a.: *Rebellion der Studenten.* Reinbek 1968.

16 Albert Speer: *Erinnerungen.* Berlin 1969.

17 Joachim Fest: *Hitler. Eine Biographie.* Berlin 1973.

18 Erich von Däniken: *Erinnerungen an die Zukunft. Ungelöste Rätsel der Vergangenheit.* Düsseldorf 1968.

19 Erich von Däniken: *Zurück zu den Sternen. Argumente für das Unmögliche.* Düsseldorf 1970.

20 *Die Welt,* 2.1.2009 (https://www.welt.de/kultur/article2963512/Johannes-Mario-Simmel-Geschmaeht-aber-gelesen.html).

21 Johannes Mario Simmel: *Und Jimmy ging zum Regenbogen.* München 1970.

22 Johannes Mario Simmel: *Der Stoff aus dem die Träume sind.* München 1971.

23 Johannes Mario Simmel: *Im Frühling singt zum letzten Mal die Lerche.* München 1990.

24 So der Titel eines seiner letzten Bücher, München 1998.

25 Ephraim Kishon: *Der Blaumilchkanal.* München 1971.

26 Hans Küng: *Existiert Gott? Antwort auf die Gottesfrage der Neuzeit.* München, 1978.

27 Sebastian Haffner: *Anmerkungen zu Hitler.* München 1978.

28 Robert Jungk: *Der Atomstaat. Vom Fortschritt in die Unmenschlichkeit.* München 1977.

29 Raymond Moody: *Leben nach dem Tod.* Reinbek 1977. Ders.: *Nachgedanken über das Leben nach dem Tod.* Reinbek 1978.

30 Shere Hite: *Hite-Report. Das sexuelle Erleben der Frau.* München 1977.

31 Günter Wallraff: *Der Aufmacher. Der Mann, der bei Bild Hans Esser war.* Köln 1977.

32 Horst Stern u.a.: *Rettet die Vögel – wir brauchen sie.* München 1978.

33 Jacob Holdt: *Bilder aus Amerika.* Frankfurt / Main 1978.

MASKERADEN

1 Günter Wallraff: *Ganz unten*. Köln 1985, S. 12.
2 »Dieses Buch ist wie ein Fluch für mich«. *Der Spiegel*, 15.6.1987 (http://www.spiegel.de/spiegel/print/d-13524434.html).
3 »Wallraff machte glauben, das Buch sei von ihm«. Gespräch mit Uwe Herzog. *Welt am Sonntag*, 22.4.2012 (https://www.welt.de/politik/deutschland/article106211893/Wallraff-machte-glauben-das-Buch-sei-von-ihm.html).
4 Hermann L. Gremliza in: *konkret* 11/1987, S. 41, Rede zur Verleihung des Karl Kraus-Preises.
5 Günter Wallraff: *Ganz unten*, a.a.O., S. 41.
6 Ebd., S. 157.
7 Ebd., S. 22.
8 https://de.wikipedia.org/wiki/Ganz_unten
9 Ebd., S. 12.
10 Ebd., S. 14.
11 Ebd., S. 11.
12 Christiane F.: *Wir Kinder vom Bahnhof Zoo*. Hamburg 1978, S. 3.
13 https://de.wikipedia.org/wiki/Wir_Kinder_vom_Bahnhof_Zoo#-cite_ref-1
14 *Der Spiegel*, 6.4.1981 (http://www.spiegel.de/spiegel/print/d-14325822.html).
15 http://www.drogen-wissen.de/DRUGS/DW_GE/statistik.shtml
16 https://www.tagesschau.de/inland/drogentote-105.html
17 Peter Scholl-Latour: *Der Tod im Reisfeld*. München 1980.
18 http://www.sueddeutsche.de/medien/jahre-polittalk-im-deutschen-tv-mobiliar-mit-meinung-1.1136758
19 https://de.wikipedia.org/wiki/Peter_Scholl-Latour
20 Ebd.

DER DUFT DES ERFOLGS

1 Patrick Süskind: *Das Parfum*. Die Geschichte eines Mörders. Zürich 1985.
2 Ebd., S. 188.
3 Ebd., S. 37.
4 Alexander Kissler: Warum sind die Menschen so aufdringlich?

Süddeutsche Zeitung, 19.5.2010 (http://www.sueddeutsche.de/kul
tur/sueskind-portrait-warum-sind-die-menschen-so-aufdringlich-
1.798654).

5 Vgl. dazu David Wieblitz: *Geniale Bestseller. Der Genieroman als Erfolgsrezept.* Marburg 2009, S. 49 f. Wieblitz' präziser Analyse verdankt dieses Kapitel viele Daten und Einsichten.

6 Stand: Herbst 2017, Verlagsauskunft.

7 David Wieblitz: *Geniale Bestseller,* a. a. O., S. 56.

8 So stand *Das Parfum* 2017 beim Online-Buchhändler amazon kontinuierlich unter den Top Hundert des Verkaufsrankings.

9 Wieblitz, a. a. O., S. 57.

10 Vgl. Kissler, a. a. O.

11 Wieblitz, a. a. O., S. 52.

12 Kissler, a. a. O.

13 Patrick Süskind: Ich bin 1949 … In: *Theater heute,* 11/1981, S. 42, zitiert nach Wieblitz, a. a. O., S. 53.

14 Süskind, *Das Parfum,* a. a. O., S. 366 f.

15 Ebd., S. 183.

16 https://de.wikipedia.org/wiki/Der_Kontrabass

17 Kissler, a. a. O.

18 Ebd.

19 Süskind, *Das Parfum,* a. a. O., S. 199.

20 Kissler, a. a. O.

BÖSE MÄDCHEN

1 Ute Ehrhardt: *Gute Mädchen kommen in den Himmel, böse überall hin. Warum Bravsein uns nicht weiterbringt.* Frankfurt / Main 1994, S. 11.

2 Ebd., S. 16.

3 Ebd., S. 15.

4 Ebd., S. 13.

5 Ebd., S. 217 ff.

6 *Spiegel* 32, 7. 8. 1995.

7 *Annabelle,* Januar 1997.

8 Ebd.

9 Ute Ehrhardt, a. a. O., S. 223.

10 *Annabelle,* Januar 1997.

11 Erich Fromm: *Die Kunst des Liebens.* Frankfurt / Main 1956.

12 Robin Norwood: *Wenn Frauen zu sehr lieben. Die heimliche Sucht, gebraucht zu werden.* Reinbek 1987.

13 Alice Schwarzer: *Der kleine Unterschied und seine großen Folgen. Frauen über sich. Beginn einer Befreiung.* Frankfurt / Main 1975.

14 Alice Schwarzer: *Der kleine Unterschied und seine großen Folgen,* a. a. O.

15 Ebd., Vorwort.

16 Ebd.

17 Ebd.

18 Eva Illouz, *Die neue Liebesordnung,* a. a. O., S. 57.

19 Ebd.

20 Ebd., S. 11.

21 Ebd., S. 58 f.

22 Ebd., S. 59.

23 Ebd., S. 39.

24 Charlotte Roche: *Feuchtgebiete.* Köln 2008.

WER BIN ICH, WENN ICH MAL WEG BIN?

1 Roland Reng: Hat Hape Kerkeling den Jakobsweg ruiniert? *SZ-Magazin,* 52/2007.

2 »Vor allem bin ich nicht ich«. Gespräch mit Hape Kerkeling, *Die Zeit,* 9.11.2006.

3 »Ich bin mein schärfster Kritiker«. Gespräch mit Hape Kerkeling. *Hörzu,* 27.12.2015.

4 Ebd.

5 So Programmleiterin Bettina Feldweg in: *Seitenweise Erfolg,* a. a. O., S. 154.

6 Gespräch mit Martin Walser, *Frankfurter Rundschau,* 26.3.2007.

7 »Vor allem bin ich nicht ich«, a. a. O.

8 Hape Kerkeling: *Ich bin dann mal weg.* München 2006, S. 18.

9 Ebd., S. 19.

10 *Zeit*-Interview, 9.11.2006, a. a. O.

11 Ebd.

12 *Ich bin dann mal weg,* a. a. O., S. 21.

13 Richard David Precht, a. a. O., S. 138.

14 Ebd., S. 24.

15 Ebd., S. 337.

16 Ebd., S. 11.

17 So Jens-Christian Rabe in der *Süddeutschen Zeitung* (»Der erste Schritt zum Glück«,13.6.2008).

18 Ebd.

19 Jostein Gaarder: Sofies Welt. *Roman über die Geschichte der Philosophie*. München 1993, S. 25.

20 Ebd., S. 51.

LESEN, LIEBEN, SCHREIBEN

1 Bernhard Schlink: *Der Vorleser*. Zürich 1995, S. 43.

2 Ebd., S. 38.

3 Ebd., S. 68.

4 Ebd., S. 18.

5 Ebd., S. 43.

6 Ebd., S. 185.

7 *Der Spiegel* 13, 29.3.1999, S. 242 (http://www.spiegel.de/spiegel/print/d-10630228.html).

8 Bernhard Schlink im Gespräch mit Andreas Kilb, *FAZ*, 20.2.2009 (http://www.faz.net/aktuell/feuilleton/buecher/im-gespraech-bernhard-schlink-herr-schlink-ist-dervorleser-geschichte-1100720.html?printPagedArticle=true#pageIndex_2).

9 *The Guardian*: Readers guide to a moral maze. 9.2.2002 (https://www.theguardian.com/books/2002/feb/09/fiction.books).

10 So die Auskunft des Diogenes Verlages 2017.

11 So im Gespräch mit Andreas Kilb, a.a.O.

12 Bernhard Schlink, *Der Vorleser*, a.a.O., S. 151.

13 Ebd., S. 99 f.

14 Ebd., S. 161 ff.

15 Gespräch mit Andreas Kilb, *FAZ*, a.a.O.

16 Vgl. Eberhard Rathgeb: *Die engagierte Nation. Deutsche Debatten 1945–2005*. München 2005, S. 394 ff.

17 Christian Meier: »Auszug aus der Geschichte«. *FAZ*, 27.12.1996, S. 23.

18 Schlink, *Der Vorleser*, a.a.O., S. 176.

19 Ebd., S. 31.

20 Ebd., S. 60.

21 Vgl. *Zeit Online*, 13.4.2015 (http://www.zeit.de/news/2015–04/13/literatur-blechtrommel-als-paukenschlag-der-nachkriegsliteratur-13133029).

22 Zitiert nach: Siegfried Lenz: *Deutschstunde. Roman*. Hamburger Ausgabe Band 7, Hamburg 2017. Kommentarteil, S. 632.

23 Ebd., S. 638.

24 Ebd., S. 604.

25 Ebd., S. 625 f.

26 Fritz J. Raddatz: Meister der erzählten Moral. Der neue Goethe-Preisträger der Stadt Frankfurt heißt Siegfried Lenz. Eine Würdigung. *Die Zeit* 35, 26. August 1999 (http://www.zeit.de/1999/35/Meister_der_erzaehlten_Moral/komplettansicht).

27 Lenz, *Deutschstunde*, a. a. O., S. 63 (am Ende von Kapitel 3).

WIEDER DA, IMMER DA

1 A.a.O., vgl. oben S. 39 f.

2 Timur Vermes: *Er ist wieder da*. Frankfurt / Main 2012.

3 https://de.wikipedia.org/wiki/Er_ist_wieder_da

4 Vgl. Joachim Fest: *Hitler*, a. a. O., S. 1024.

5 Ebd.

6 »Wir haben zu viel vom gleichen Hitler.« *Süddeutsche Zeitung*, 13. 12. 2012.

7 Joachim Fest: *Hitler. Eine Biographie*. Frankfurt / Main 1973.

8 Sebastian Haffner: *Anmerkungen zu Hitler*. München 1978.

9 https://www.youtube.com/watch?v=np2ymo0iMfk

10 Walter Moers: *Äch bin wieder da!* Frankfurt / Main 2007.

11 http://hochschulanzeiger.faz.net/magazin/themen/karriere-machen/wie-wird-man-eigentlich-bestsellerautor-im-interview-timur-vermes-13880465.html

12 Institut für Zeitgeschichte: *Hitlers zweites Buch*. Stuttgart 1960.

13 Vgl. zu Hitlers *Zweitem Buch*: *Der Spiegel* 40/28. 9. 1960.

14 Hitler: *Mein Kampf. Eine kritische Edition*. Hg. von Thomas Hartmann, Thomas Vordermeyer, Othmar Plöckinger und Roman Töppel. Im Auftrag des Instituts für Zeitgeschichte. München, Berlin 2016.

15 Timur Vermes: Unser Kampf. *Der Spiegel*, 9. 1. 2016 (http://www.spiegel.de/kultur/tv/mein-kampf-timur-vermes-ueber-adolf-hitlers-kampfschrift-a-1071103.html).

16 Alan Bullock: *Hitler. Eine Studie über Tyrannei*. Düsseldorf 1953.

17 Ian Kershaw: *Hitler. 1889–1936*. München 1998. Ders.: *Hitler 1936–1945*. München 2000.

18 Peter Longerich: *Hitler*. Berlin 2015.
19 Joachim Fest, a. a. O., S. 20.
20 Ebd., S. 21.
21 Ebd., S. 22.

IM TURM, IM DUNKEL, IM LICHT

1 https://de.wikipedia.org/wiki/Der_Turm_(Tellkamp)
2 Uwe Tellkamp: *Der Turm. Geschichte aus einem versunkenen Land*. Berlin 2008.
3 Tilman Krause: Die Kraft zu widerstehen. *Die Welt*, 15. 10. 2008.
4 Thomas Brussig: *Helden wie wir*. Frankfurt 1995.
5 Ingo Schulze: *Neue Leben*. Berlin 2005.
6 Eugen Ruge: *In Zeiten des abnehmenden Lichts*. Reinbek 2011.
7 Michael Rutschky: »Wie erst jetzt die DDR entsteht«. In: *Merkur* 49. Jahrgang (1995), S. 851–864.
8 Ebd.
9 Volker Braun: »Das Eigentum«. In: ders.: *Lustgarten Preußen. Ausgewählte Gedichte*. Frankfurt / Main 1996.
10 Eugen Ruge: *In Zeiten des abnehmenden Lichts*. Reinbek 2011.

BÜCHER, DIE WIR LIEBTEN

1 Daniel Pennac: *Wie ein Roman*. Köln 2004.

BILDNACHWEIS

Abdruck mit freundlicher Genehmigung des Rowohlt Verlags (Abbildungen S. 21 und S. 121), der Sammlung Gedenkstätte Buchenwald (Abbildung S. 111, Foto: Katharina Brand), des Verlags Kiepenheuer & Witsch (Abbildung S. 155), des Carlsen Verlags (Abbildung S. 162), der S. Fischer Verlage (Abbildung S. 184) und des Piper Verlags (Abbildung S. 198).